마음읽기 수면교육

아기 수면 전문가의 **7년** 노하우로 만든 마법의 수면법

마음 읽기 수면교육

★ 경수현 지음 ★

아침사과

추천의 글

우리는 '엄마, 아빠'라는 이름을 갖게 되면 "나는 좋은 부모가 될 거야.","내 아이를 정말 잘 키우고 싶어."라는 마음이 커져 그야말로 '엄마 모드, 아빠 모드'로 전환하게 된다. 아기의 성장에 '잠'은 아주 중요한 부분이다. 아이가 편안하게 잘 수 있도록 '아기 잠'에 대한 정보를 다양한 경로로 찾아보고 육아 관련 서적들과 이미 아이를 키우고 있는 선배 부모들에게 조언을 구하며 부모의 역할을 잘하기 위해 애쓴다.

하지만 이 책의 저자는 그것이 전부는 아니라고 이야기한다. 수면교육을 하더라도 부모의 마음 상태, 즉 심리적 건강이 중요하며, 그와 함께 내 아이의 개별성을 이해해야 한다고 강조한다. 심리상담사로서 저자의 글에 반가움을 느끼며 그 내용에 전적으로 동의한다.

아이는 부모라는 거울을 통해 성장한다. 누구나 처음 해보는 '엄마', '아빠'라는 역할이 불안하고, 나조차 알지 못하고 있는 내면 아이로 힘든 점이 있을 수 있다. 내 아이가 편안하게 잘 자고, 부모와 안정적인 애착을 형성하며 건강한 마음으로 행복하게 성장하기를 바란다면 이 책을 읽어보기를 권한다.

심리·정서연구소 소장, 전문예술심리상담사 한경아

아이를 키우며 잠 때문에 고통스러웠던 시절, 《마음읽기 수면교육》을 알았더라면 얼마나 좋았을까요. 이 책은 아이를 편안하게 잠들도록 돕는 방법을 체계적으로 알려줄 뿐만 아니라 아이의 마음을 깊이 이해하게 하고 올바른 육아 방향을 제시합니다. 많은 부모님을 대신해 7년간의 노하우를 책에 온전히 담아낸 경수현 작가에게 감사의 마음을 전합니다. 부모와 아이 모두에게 평온을 선사할 《마음읽기 수면교육》은 아이 잠으로 힘든 모든 부모님들께 훌륭한 지침서가 될 것입니다.

《어느 날, 나에게 공황장애가 찾아왔습니다》저자,
지여우 책쓰기 아카데미 대표 허경심

자연주의 출산 병원에서 조산사 경험을 쌓은 모성간호학 교수로서 저는 출산후 많은 부모들이 아기들의 수면 문제로 어려움을 겪는 것을 지켜보았습니다. 《마음읽기 수면교육》은 전통적인 수면교육의 틀을 넘어서는 독창적이며 획기적인 접근법을 제시합니다. 이 책은 단순한 수면 교육서가 아닙니다. 부모가 아이의 잠에 대한 욕구와 마음을 이해하고 존중하는 방법을 가르치며, 아이가 편안하게 잠들 수 있도록 돕습니다. 곧 아기를 맞이할 예비부모, 혹은 아기를 처음 만나 어려움을 겪고 있는 부모들에게 필수 지침서로 추천하고 싶습니다.

(전)고려대학교 간호대학 초빙교수 / 연구교수,
(현)가톨릭관동대 간호학과 조교수 전송이

아직 '엄마'라는 호칭이 익숙하지 않던 어느 날, 밤 10시가 넘도록 자지러지게 우는 아기를 달랠 힘조차 남아 있지 않아 결국 아기가 지쳐 잠들 때까지 울게 내버려 둔 적이 있다. 죄책감, 불안, 무기력, 분노, 수치심 등 온갖 부정적인 감정이 나와 아기를 멀어지게 할 것 같았지만 어찌할 도리가 없었다. 여러 수면교육 이론대로 울던 아기는 결국 잠드는데 성공했지만, 그날의 기억은 지금도 마음에 깊은 흉터로 남아 있다.

이 책은 지금까지의 수면교육 이론과 다르게 아기의 마음을 읽어주어야 아기가 쉽게 스스로 잠들 수 있다고 강조하며, 아기 잠에 대한 새로운 관점을 제시한다. 저자는 아기 잠 문제의 원인과 아기 마음의 연관성을 똑 부러지게 설명하면서도 특유의 믿음직스럽고 친근한 동네 언니 같은 태도와 섬세하고 부드러운 말투로 아기 잠으로 고생하는 부모들에게 따뜻한 위로를 보낸다. 엄마들의 아기 잠에 대한 고민과 수면교육에 대한 마음의 부담을 동시에 덜어주는 이 책을 아기와 함께 울었던 지난날의 나와, 세월이 많이 흘렀음에도 여전히 '엄마'로서 그때의 나와 같은 어려움에 처한 초보 엄마들에게 선물하고 싶다.

(전)서울지방변호사회 이사 / (전)KNS뉴스통신법률 자문위원,
현재 진행 중인 워킹맘이자 변호사 김진미

부모가 애정으로 아기의 욕구에 귀를 기울이고, 관찰을 통해 아기가 온몸으로 표현하는 감정을 수용하고 반영해주면 아기는 편안하게 잠들 수 있습니다. 수면교육에 감정코칭을 접목한 이러한 시도는 단순한 아기 재우기를 넘어, 부모가 자녀를 하나의 존재로서 온전히 맞이하는 토대를 마련해줍니다. 후배 부모님들께 아기 잠을 통해 얻은 아기 존중의 경험을 제대로 알려주고자 노력하는 저자의 진솔한 이야기는 아기를 처음 만나 자녀 양육에 어려움을 겪고 있는 초보 부모님들에게 좋은 안내서가 될 것입니다.

가트맨 공인 (사)감정코칭협회 감정코칭 수석강사,
하하부모교육상담연구소장 김미숙

프롤로그

"아기와 처음 마주친 순간, 가슴이 뭉클해져 아기를 꼭 끌어안고 몇 번이나 다짐했습니다. 세상에서 가장 예쁜 내 아기를 가슴 깊이 사랑하리라! 그런데 어느 순간부터 잠을 자지 않고 울기만 하는 아기에게 너무 지쳐 화까지 납니다. 아기도 힘들어서 우는 걸 텐데 아기의 마음을 알아주지 못하는 나는 너무 나쁜 엄마인 것 같습니다. 나라는 사람은 정말 엄마의 자격이 있는 걸까요? 제발 도와주세요."

수많은 육아 서적 중에서 이 책을 선택하여 이 글을 읽고 있는 분이라면 아마도 아기 수면 문제로 혹독한 나날을 보내고 있는 분들일 것입니다. 저는 이러한 엄마들의 고충을 함께 짊어져 온 '7년차 영유아 수면교육 컨설턴트'로서, 육아에 지친 엄마들로부터 위와 같은 절박한 SOS를 받을 때마다 안타까운 마음이 앞섭니다.

누구에게나 처음은 있습니다. 두 아이의 엄마이자 지금은 '아기 마음 통역사'라고 불리울 정도로 베테랑 수면교육 컨설턴트가 된 저 역시도 그랬습니다. 아무리 애쓰며 달래도 그치지 않는 고집스러운 첫째의 울음에 화가 났던 적도 있고, 조금만 불편해도 수시로 깨어 잠 못 드는 까다로운 기질의 둘째에게 지쳐 버렸던 적도 있습니다. '나도 제발 좀 쉬어도 보고, 잠도 좀 푹 자 보자!'라고 아기에게 소리치고 싶었던 적도 한두 번이 아닙니다. 아기 잠 때문에 쉬지도 자지도 못하는 것에 대한 분노와 괴로움, 아기에 대한 죄책감, 그런 제 자신에 대한 수치심까지, 저 또한 여러 부모와 마찬가지로 어려운 감정들을 혹독하게 경험하며 부모로서 성장해 왔습니다.

이런 감정들은 그 자체로 나쁜 것은 아닙니다. 부모도 사람이기 때문입니다. 저에게 도움을 청하며 컨설팅 요청 메일을 보낸 분들도, 이 책을 손에 들고 뭐라도 해보려는 분들도 이미 부모로서 아기를 위하여 최선을 다하고 있는 것입니다. 힘들지만 포기하지 않고 어떻게든 방법을 찾으려고 애쓰고 있기 때문에 그렇습니다. 그 과정에서 저와 만나게 되었거나 이 책에 닿았을 것이니 이러한 노력들 역시 부모의 사랑인 거지요.

사랑은 결과이기보다는 과정이고 행위입니다. 당장 아기를 잘 재우지 못했다고 하더라도, 울며 보채는 아기를 바로 진정시키지 못했다고 하더라도, 아기는 부모로서 애쓰고 있는 엄마와 아빠를 느끼고 알고 있습니다. 아기 역시 부모를 힘들게 하려고 울거나 자주 깨는 것이 아닙니다. 아기는 이미 본능적으로 부모를 사랑하고 부모에게 사랑받고자 애를 쓰고 있습니다. 다만 부모나 아기나 모두 처음이라 서투르기에 시행착오를 겪는 것뿐입니다.

'수면교육' 하면 많은 사람들이 '아기가 울다 지쳐 잠들어 버리게 하는 것' 혹은 '아기에게 부모의 위안에 대한 기대를 아예 포기 시키는 것' 같은 이미지를 떠올립니다. 제가 컨설팅을 처음 시작했던 2018년 당시에는 몇몇 분의 노력으로 국내에 수면교육의 순기능에 대한 여론이 조금씩 떠오르고 있기는 했지만, 여전히 '수면교육=아동학대'라는 인식이 전반적으로 깔려 있었습니다.

하지만 저는 저의 아이들과 제가 도움을 준 지인의 아기들을 통해 수면교육을 제대로 하려면 오히려 아기들을 충분히 관찰하고 그 마음을 읽어 줘야 한다는 것을 알게 되었습니다. 아기의 마음을 읽는 방식으로 수면교육을 하면 수면교육을 유지한 기간이 길면 길수록 아기들은 정서적으로 안정되고 편안해졌습니다. 아기가 행복해지니 엄마 아빠도 행복해진 것은 두말할 필요도 없었지요.

수면교육은 이렇게 아기와 부모 모두에게 도움이 되는 교육이고, 교육 기간도 길어야 몇 주면 끝나는 데다, 그 결과는 누가 봐도 명확하고 드라마틱합니다. 그런데도 잘못된 인식으로 인해 부모들이 두려움에 휩싸여 회피하고 있다는 게 안타깝기만 합니다. 이렇게 단기간에 부모도 아기도 크게 성장하며 사랑하게 되는 교육이 세상에 또 있을까요?

저는 이러한 사실을 후배 부모들에게 제대로 알려 주고 싶었습니다. 아기와의 첫 단추를 잘못 끼워 고생하는 부모들도 안쓰러웠지만, 이 경험들이 만든 악순환의 고리에서 까다롭고 떼를 부리는 아기로 낙인찍힌 채 힘들어할 아기들도 안쓰러웠습니다. 그래서 그동안 쌓아온 노하우를 알려드리고자 마음먹었습니다.

그렇게 시작한 컨설팅의 성과에 대한 입소문이 맘카페에 퍼지기 시작하자 반응이 엄청나게 뜨거웠습니다. 길어봐야 2주 정도의 짧은 시간 안에 아기들이 전과 달리 많이 울지도 않고, 스스로 잘 자며 중간에 깨지도 않고, 나아가 수면교육 이전보다 훨씬 편안하고 행복해 보인다는 사실에 많은 부모들이 믿을 수 없다며 놀라워했습니다.

그런데 그러한 후기들에 끌려 저에게 컨설팅을 신청하면서도 부모들은 '정말로 아기 마음에 상처를 입히지 않으면서 스스로 잠들도록 하는 것이 가능한지' 여러 차례 물어왔습니다. 가능하다고 답하면 이번에는 제가 '안눕(안았다 눕혔다 하며 재우는 온건한 수면교육 방법)'이나 '쉬닥(아기를 눕힌 상태로 쉬~소리를 내며 토닥여 주면서 재우는 온건한 수면교육 방법)' 혹은 '퍼버(아기를 울게 놔두되 일정 시간 간격을 정해 두고 위안을 주는 강경한 수면교육 방법)' 등으로 불리는 기존에 알려진 수면교육 방법들처럼 '아기 잠'에 대한 비밀 답안을 가지고 있을 것이라고 확신했습니다. 그 답안을 아기에게 적용하기만 하면 '뚝딱!' 하고 아기가 잘 자게 되는 것이라고요.

하지만 저는 아기 잠에 대한 어떠한 답안도 가지고 있지 않습니다. 제 아이들을 시작으로 600명에 가까운 아기에게 평화로운 잠을 선사하며 알아낸 아기 잠의 비밀이란 그저 '답은 아기가 가지고 있다!'라는 너무나도 당연한 육아의 진리였습니다. 아기들은 엄마 아빠에게 말을 할 수 없었을 뿐, 잠에 대해서 원하는 바가 명확하게 있었습니다. 하지만 아기가 원하는 바를 알아차리지 못한 엄마 아빠의 오해로 인해 '내내 안아서 재워 주세요.'라거나 '잠들 때까지 둥가둥가를 해주세요.'라고 잘못 해석되고 있었습니다.

컨설팅 기간 중에 제가 부모들에게 전한 것은 오로지 '아기의 마음 통역'이었습니다. 분명 아기들이 원하는 바가 있을 것이라고 생각하며 애정을 가지고 귀 기울여 관찰해 보면, 아기들은 자신이 말하고자 하는 바를 온몸으로 이야기합니다. 그 이유를 듣고 아기의 하루에 반영해 주면 아기들은 마법처럼 편안하게 잠듭니다. 너무나 신기하게도 말입니다.

아기 잠에 대한 멋진 이 마법은 저만 부릴 수 있는 것은 아닙니다. 외국인과 이야기를 나누려면 처음에 아무것도 모를 때는 통역이 필요하지만 스스로 외국어를 잘하게 되고 나서는 통역이 필요 없어지는 것처럼, 부모들도 아기의 욕구를 어떻게 읽어야 할지 알게 된다면 충분히 아기가 원하는 수면교육을 해 줄 수 있습니다. 몇십만 원짜리 컨설팅을 받지 않아도, 책값의 몇 배나 되는 인터넷 자료를 사지 않아도, 그저 내 아기의 이야기를 잘 들으면 아기가 엄마 아빠의 귀에 정답을 속삭여 줍니다.

수면교육은 단순히 아기를 잘 자게 만드는 기술이 아니라, 아기의 마음을 깊이 이해하고 그 니즈에 따라 아기를 양육하는 것입니다. 아기가 잠에 대하여 느끼는 것과 필요로 하는 것을 잘 파악하고 대응해 주는 것이 수면교육의 핵심입니다. 그렇게 함으로써 아이는 '나는 이해받고 존중받는 존재이다.'라고 느끼게 되고, 부모 역시 '나는 내 아이를 잘 이해하고, 아이에게 필요한 것을 제공할 수 있는 능력이 있다.'고 느끼게 됩니다. 이러한 상호작용은 아이와 부모 모두에게 자기효능감을 높여 주며, 더 나아가 육아를 하며 맞닥뜨릴 수 있는 미래의 어려움을 함께 극복할 단단한 토대를 마련해 줍니다.

아직도 '수면교육이 꼭 필요할까? 아기가 나를 미워하게 되면 어떻게 하지?'라는 걱정이 된다면 이 책의 내용을 천천히 따라가 보길 권합니다. 이 책은 '몇 개월의 아기는 얼마나 자야 할까?'라든가 '어떤 것이 효과적인 수면교육 방법일까?'에 대한 단순한 해답을 제시하지 않습니다. 대신 부모들이 스스로에게 하루에도 몇 번씩 던졌을 '어떻게 이 아이의 마음을 읽어 주고 반응해 줘야 할까?'라는 질문에 대해 제가 찾은 답을 수면교육을 통해 풀어가는 방법을 담고 있습니다. 오랜 시간 동안 제 아이들과 부딪히며 시행착오를 통해 깨달은 이 많은 것들을 이 책을 통해 하루라도 더 빨리 자기 것으로 만들어 사랑하는 아기와 편안하고 행복한 일상을 만들어 나가면 좋겠습니다.

2024년 5월

경수현

Part 2.

수면교육 컨설턴트가 알려 주는 아기 잠의 비밀과 팁

Part 3.

하면 할수록 애착이 돈독해지는 마음읽기 수면교육 시작하기

Part 4.

마음읽기 수면교육으로 아기 스스로 잠을 원하는 일과 만들어 주기

Part 5.

마음읽기 수면교육으로 울음 걱정 없이 스스로 자는 아기로 만들어 주기

Part 1

수면교육 컨설턴트가 들려주는 말도 많고 탈도 많은 수면교육 이야기

1

당신이 모르는, 어린 아기에게도 수면교육을 꼭 해야 하는 이유

수면교육을 하면 육아가 편해질 수 있다는 것을 알면서도, 아기를 울려 가며 교육을 하는 것이 옳은 것인지에 대해 고민하는 사람들이 제법 많습니다. 그런데 어린 아기에게도 수면교육을 권장하는 이유는 단순히 아기가 쉽게 잠들고 긴 시간 동안 잘 수 있게 돼서 엄마 아빠의 심신이 편해지기 때문만은 아닙니다. 수면교육은 우리가 아는 것 이상으로 아기에게 큰 유익을 가져다줄 수 있습니다.

수면교육을 본격적으로 시작하기 전에, 이러한 수면교육의 효과에 대해서 제대로 이해하고, '부모로서 어떤 목적을 가지고 이 교육을 하려고 하는가'에 대해 깊이 생각해 볼 필요가 있습니다.

우리 아기를 쑥쑥 자라게 해주고
똑똑하게 만들어 주는 마법 같은 잠

잠은 인간의 수명에 큰 영향을 미치는 3대 요소 중 하나라고 얘기될 만큼 신체 건강에 중요한 역할을 합니다. 잠을 잘 자는 아기는 그렇지 못한 아기보다 더 쑥쑥 잘 자라고 똑똑해진다고 해도 과언이 아닙니다.

이미 잘 알고 있듯이 잠을 잘 때는 성장 호르몬이 분비되는데, 성장 호르몬은 단순히 키를 자라게 해주는 것뿐만 아니라 면역력도 높여줍니다. 또한 잠자는 동안 손상된 신체 조직과 세포를 회복시키고 새로 생성하는 작용을 합니다. 성장 호르몬은 3단계 수면인 '깊은 잠' 단계에서 가장 왕성하게 분비되므로 질 좋은 잠을 푹 자야 아기가 쑥쑥 클뿐더러 아기 몸의 회복력도 증가하게 되는 것이지요.

게다가 잠은 기억과 사고에 있어서도 아주 큰 역할을 맡고 있습니다. 잠은 단기 기억소에 저장되어 있던 기억을 장기 기억소로 옮기는 기억응고화의 기능을 합니다. 잠을 잘 잘수록 기억력이 좋아진다는 얘기입니다. 또한 잠 중 렘수면(REM, Rapid Eye Movement sleep)이라는 것이 있는데, 이 렘수면은 명칭이 의미하듯 안구가 신속하게 움직이는 잠이고 보통 꿈을 꾸는 경우가 많습니다. 렘수면 시간에는 잠을 자고 있는 듯이 보이나 뇌파는 깨어 있을 때의 알파파(α波)를 보이는 얕은 수면 상태이며 전기비료 역할을 해 신경통로들이 무성하게 자랄 수 있게 해줍니다.

이 때문에 뇌가 발달하는 어린 시기일수록 하루 중 수면이 차지하는 비율이 높고, 그중에서도 렘수면의 비율이 높습니다. 만 5세 아이의 비렘수면(non-

REM)과 렘수면의 비율은 70:30인 데 비해, 생후 6개월 아기는 50:50에 이를 정도입니다.[1] 이러한 잠의 생리를 생각하면 생애 초기일수록 뇌가 발달하는 데 잠이 얼마나 중요한지 알 수 있습니다.

또한 잠은 뇌세포의 기능을 저하시키는 노폐물들을 청소하는 중요한 역할도 맡고 있습니다. 잠을 푹 자고 나면 노폐물들로 인해 저하되었던 뇌의 능력이 다시금 향상되어 뇌기능을 충분히 활용할 수 있게 됩니다. 이러한 잠의 역할로 인해 잠이 부족하면 기억력, 집중력이 저하되어 학습능력이 떨어질 뿐만 아니라 심한 경우 ADHD 증상을 보이기까지 합니다.[2]

학계에서도 ADHD와 수면 부족의 연관성을 꾸준히 얘기하고 있으며, ADHD 환자들을 지원하고 교육하는 미국의 비영리기관인 CHADD(Children and Adults with Attention-Deficit/Hyperactivity Disorder, 주의력결핍 아동과 성인을 위한 비영리단체)에서도 ADHD 아이들에게 잠을 잘 재우는 것이 중요하다고 교육할 정도이니, 아기가 똑똑하게 쑥쑥 크는 데 잠이 얼마나 중요한지 아무리 강조해도 모자라지 않습니다. 아기를 똑똑하게 키우기 위해 아기 발달을 촉진한다는 비싼 장난감을 사주는 것보다 그저 잠을 좀 더 잘 잘 수 있게 해주는 것이 훨씬 효율적일 수 있다는 말입니다.

수면교육을 하면 까다로운 아기도 순하게 바뀐다

아기가 스스로 자는 잠, 즉 질 좋은 잠은 아기의 정서발달을 촉진합니다. 잠을 충분히 자지 못하면 일시적으로 성격이 까다로워질 수 있습니다. 이는 렘수면 단계를 충분히 거치지 못했기 때문인데, 렘수면은 감정을 풍부하게 만들어주고 이성적인 통제를 강화하는 역할을 합니다. 따라서 아기가 충분히 수면을 취했을 때 정서적으로 훨씬 안정된 모습을 보이게 되는 것입니다.

또한 어린 아기는 아직 세상을 충분히 이해하고 인지하지 못하기 때문에, 수면교육으로 규칙적인 생활 습관을 가지게 해주면 정서적으로 큰 안정감을 줄 수 있습니다. 아기가 하루 동안 무슨 일이 어떻게 일어날지 이해하고 예측할 수 있게 되면 아기의 일상 스트레스와 피로감이 크게 줄어들기 때문입니다.

이러한 수면교육의 특장점은 아기의 기질까지 바꾸어 까다로운 아기를 순한 아기로 변하게 만들어준다는 것입니다. 물론 아기의 선천적인 기질을 잠으로 바꿀 수 있는 것은 아니지만, 적어도 아기가 겪는 수면 문제가 까다로운 기질 때문이라는 오해를 풀어줄 수는 있습니다. 즉 수면 문제로 인해 만성적으로 잠이 부족한 아기는 늘 까다로울 수밖에 없으니, 부모는 아기가 까다로운 기질을 가진 아이라고 알고 있게 되는 것이지요. 그러나 수면교육을 통해 잠의 질을 충분히 회복시켜 주면 이런 아기들이 언제 그렇게 까다롭게 굴었냐는 듯 순하고 행복한 아기로 변하여 부모를 기쁘게 해주곤 합니다.

또한, 실제로 유전적 기질상 까다로운 아기라고 하더라도 수면교육을 통해 잠이 가진 이성적 통제 강화 능력과 진정 능력을 키워 주면 자기조절을 잘하는 아기로 키울 수 있습니다. 자신의 감정을 스스로 진정시키는 경험을 꾸준히 하도록 해주는 것은 학습을 통해 자기 감정 통제 능력을 강화해 주는 것과 같기 때문입니다.

아무리 좋고 빠른 차라도 브레이크가 없으면 컨트롤이 불가능해 빠르게 달리는 능력을 제대로 쓸 수 없듯이, 스스로의 감정에 브레이크를 걸 수 있는 능력은 아기가 가진 많은 능력을 좀 더 옳은 방향으로 강화할 수 있는 중요한 열쇠가 됩니다. 이것이 바로 어린 아기에게 수면교육을 해야 하는 중요한 이유입니다. 따라서 내 아이가 까다로운 아기라면 더더욱 수면교육을 하루라도 빨리 시작하는 것이 필요합니다.

독자들과 나누는 육아 경험담

우리 집 둘째 무지개는 까다로운 기질을 가진 아이입니다. 아마 오은영 박사님이 보면 대번에 그렇게 단언할 거라고 우스갯소리로 이야기할 정도로 어마무시한 녀석입니다. 태어나자마자 터진 울음소리부터 다른 아이들과는 사뭇 달랐고, 친정에 데리고 가면 처음에는 '도대체 얼마나 애를 울렸길래 애 목이 쉬었냐'고 타박하시던 친정 부모도 도저히 울음을 그치게 할 방도가 없어 어찌할 수 없다며 10분도 안 되어 두 손 두 발 다 들 정도로 굉장했습니다. 고백컨대 저의 수면교육 컨설팅은 이 아기 맹수를 어떻게든 잠 재워 보고자 온갖 공부와 시도를 하다가 탄생하게 된 것이므로, 말하자면 우리 무지개는 독자 여러분 아기의 대선배이자 제 컨설팅의 살아 있는 표본이요, 개국공신이랍니다.

저는 종종 제가 수면교육을 시작하지 않았다면 아마도 산후우울증이 육아우울증으로 번져서 지금까지도 몹시 힘들었을 거라고 생각하곤 합니다. 까다로운 무지개는 깨어 있는 내내 짜증을 내고 신경질을 부렸기에 수면교육을 통해 아이가 가진 잠을 최대한 끌어내어 저의 멘탈 휴식시간을 확보해야 했습니다. 그래서 제 멘탈의 생존을 건 수면교육을 시도했고, 다행히도 무지개는 잠이 많은 편이어서 수면교육 시도가 성공하자 평화가 찾아왔습니다. 잠을 아주아주 충분히 잔 무지개는 천사 같았습니다. 딱 5개월까지는요.

5개월이 넘어가며 아이가 깨어 있는 시간이 늘어나자 다시 대짜증의 시기가 찾아왔습니다. 아주 잘 먹고 잘 자는데도 내내 짜증을 냈고, 혹시나 싶어 젖을 물려봐도 조금 빨다가 도리질치면서 울어댔습니다. 그런 아기를 보며 혹시 겉으로 드러나지 않는 큰 병은 아닌가 고민까지 했을 정도입니다. 이 큰 병의 진단명이 '싫어증'이었다는 것을 알게 된 것은 제 육아 라이프의 웃픈 에피소드입니다. 조금만 마음에 안 들어도 '이거 싫어!'를 연발하는 바로 그 병, 싫어증 말입니다.

이러한 아이의 기질을 다루는 데 수면교육은 정말 신의 한 수였습니다. 수면교육을 통해 어린 아기 때부터 매일 연습해 온 '규칙을 따르기 위한 자기조절 능력'이 훈육할 때에도 큰 효력을 발휘했기 때문입니다. 훈육에 2시간이나 소요되더라도, 무지개가 진정할 수 있다는 것을 이미 알고 있었기에 기다릴 수 있었고, 무지개 역시 세상에는 자신이 따라야 하는 규칙이라는 것이 있다는 것을 분명하게 알고 있었습니다. 그리하여 폭풍이 한번 지나고 나면 그 자리에는 스스로 규칙을 따르려고 애쓰는 사랑스러운 무지개가 남게 되었습니다.

지금도 무지개는 여전히 까다롭지만, 그러한 까다로움을 스스로 조절할 줄 아는 기특한 어린이로 자라고 있습니다. 무지개의 타고난 기질을 염두에 두었을 때, 만약 수면교육을 하지 않았더라면 지금쯤 〈금쪽 같은 내 새끼〉에 사연을 신청하고 있지 않을까 생각하곤 한답니다. 그만큼 수면교육은 제 모든 육아비결의 시작점이자 구세주입니다.

수면교육, 아기를 위한 100세 만기 건강보험

건강한 삶을 추구할 때 절대로 빠지지 않는 중요한 요소가 바로 '질 좋은 수면'입니다. 그런데 수면클리닉을 찾는 성인에게 가장 먼저 실시하는 치료 방법은 다름 아닌 '생활 습관 개선'입니다. 그만큼 생활 습관과 수면은 밀접한 연관이 있다고 볼 수 있습니다.

아기에게 수면교육을 할 때에도 첫 번째로 중요한 것은 아기가 자신의 생체리듬에 맞는 일과를 따를 수 있도록 생활 습관을 개선해 주는 것입니다. 아래에 나와 있는 '아기의 질 좋은 수면을 위한 생활 습관 지침'을 살펴봅시다.

- 해가 뜨면 일어나게 하고 밤이 되면 자게 한다.
- 아기가 졸려할 때 잘 수 있게 해준다.
- 편안하고 어두운 수면환경을 만들어 준다.
- 아기가 자야 하는 시간이 되면 자극이 많지 않도록 주의한다.
- 규칙적인 생활 리듬을 가질 수 있게 해준다.

이 지침들을 읽어 보면 성인에게 바로 적용한다고 하더라도 충분히 효과를 발휘할 수 있을 정도로 성인을 위한 수면 지침과 큰 차이가 없다는 것을 알 수 있습니다. 이것은 곧 어릴 때부터 수면 습관을 단단하게 만들어 준다면 성인이 되어서도 좋은 수면 습관이 유지되기 쉬워 성인이 된 후 수면 문제가 발생할 확률이 줄어든다는 것을 의미합니다.

어른이 되면 스스로의 의지로 자신의 행동을 결정할 수 있으므로 생활 습관에 따른 수면 문제는 크게 없을 것 같지만 오히려 그렇지 않습니다. 국무조정실에서 진행한 2022년 청년삶 실태조사의 통계를 살펴보면 만 19세부터 만 34세까지의 성인들 중 8시간 이상 자는 성인은 30%가 되지 않고, 6시간 이상~8시간 이하로 자는 성인은 60~70%, 적정 수면 시간 중 최소 시간인 7시간에도 못 미치는 6시간 미만으로 자는 성인은 약 8~9%로 생각보다 많은 사람들이 성인이 되어서도 좋지 못한 생활 습관으로 수면 부족에 시달립니다.[3]

건강한 생활 습관과 수면의 질은 사람의 정신 건강과 신체 건강 모두에 밀접한 연관이 있으므로 삶의 질에도 크게 영향을 끼칩니다. 이러한 점을 생각한다면 수면교육을 통해 아기에게 질 좋은 잠을 자는 생활 습관을 잘 형성해 준다는 것은 아기에게 정신 건강과 신체 건강을 둘 다 확실하게 보장해주는 100세 만기 건강보험을 들어 주는 것과 같다고 볼 수 있습니다. 큰돈이 드는 것도 아니고, 많이 어렵지도 않으면서 지금 이 순간부터 아기의 평생 건강을 지켜줄 좋은 생활 습관을 길러 주는 것은 부모로서 마다할 이유가 없지 않을까요?

2

수면교육,
이것을 몰라서 실패한다

여러분 중에는 수면교육이 아기에게 도움이 된다는 사실에 진즉 동의하고 시도해 본 사람들도 상당히 많을 것입니다. 지금은 각종 커뮤니티와 블로그, 유튜브, 책 등을 통해 수면교육에 대한 정보를 찾는 것이 쉬워져 스스로 공부하는 것이 어렵지는 않습니다. 하지만 충분히 공부했음에도 실제로 진행해 보면 예상을 벗어나는 상황들이 너무 많이 생깁니다.

분명 수면교육을 하면 처음엔 어렵더라도 오래할수록 아기의 울음이 줄어들고 길게 잘 잔다고 들었는데, 잘 되다가도 안 되고 안 되다가도 잘 되어서 도무지 종잡을 수 없거나, 몇 날 며칠을 목이 쉴 정도로 울어대는 바람에 겁나서 포기하기도 합니다. 이런 상황이 답답하여 뜬눈으로 밤을 새우며 책과 인터넷을 다 뒤져 보아도 우리 아기 상황과 똑같으면서도 해결책까지 나와 있는 사례는 찾기가 어렵습니다.

육아 커뮤니티에서는 '수면교육 그거 해봐야 소용없다.'는 사람들과 '육아의 혁명이니 꼭 하라.'는 사람들 양쪽 모두 팽팽하게 자신들의 의견을 쏟아냅니다. 알면 알수록 혼란스럽고 도무지 이해하기도 어려워 점점 더 시도하기가 두려워집니다.

그런데 수면교육, 도대체 왜 실패할까요? 수면교육의 방향을 제대로 잡으려면 실패의 원인부터 알아야 합니다.

답은 의외로 습관에 있지 않다

수면교육이라는 단어를 들으면 어떤 이미지가 떠오르나요? 보통은 아기의 잘못된 수면 습관을 가르쳐서 고쳐 줘야 한다는 의미로 들리기 쉽습니다. 부모의 품에서 잠드는 데 익숙해져 있는 아기가, 익숙한 방식대로 위안을 제공해 주지 않으면 울며 부모가 안아 주기를 요구하게 되기 때문에 잠을 쉽게 못자는 것이라고 생각하는 것입니다. 따라서 아기의 수면 문제를 해결하기 위해서는 행동주의 학습이론을 적용하여, 이미 형성된 조건자극인 위안을 소거하여 엄마 아빠의 위안으로만 잠을 자던 아기가 위안 없이도 잠들 수 있도록 해야 한다고 주장한 것이 퍼버법이나 소거법 같은 기존 수면교육의 이론입니다.

하지만 잠은 고전적인 파블로프의 개 실험에서 종소리에 침을 흘리게 된 개처럼 졸리면 잠이 오는 것에 위안을 더해 '졸림+위안 ⇒ 잠'으로 조건화되는 것이 아닙니다. 위안을 통한 잠의 조건화가 논리에 맞다면, 스스로 잘 수 없을 뿐 위안을 주면 아기가 자야 하는데 아무리 안아 재우려고 해도 20~30분씩, 심지어 1시간이 넘도록 잠들지 않는 경우가 부지기수입니다. 게다가 '음식 → 침'처럼 자극과 반응으로만 설명하기에는 잠의 생리가 훨씬 복잡합니다(잠이 오는 원리는 Part 2에서 좀 더 상세히 살펴보겠습니다).

어린 아기의 수면 문제는 잘못된 인지에서 비롯된 습관에서 오는 것도 아닙니다. 아기가 우는 이유가 "지금까지는 엄마가 안아서 재워 줬는데 왜 엄마가 안아서 재워 주지 않지?"라고 생각하기 때문이라고 여기는 사람들이 많은데, 아기가 이런 생각을 하려면 최소한 자신과 엄마가 분리된 존재라는 것을 인지해야 합니다. 하지만 어린 아기들은 이렇게 명확하게 엄마의 위안을 요구하는 생각을 할 수가 없습니다. 아직 엄마와 분리개별화도 되지 못한 상태이기 때문입니다.

헝가리 출신의 소아과 의사이자 정신분석학자인 마가렛 말러(Margaret Mahler)는 아동과 어머니의 관계를 연구했는데, 그의 분리개별화 아기 발달에 따르면 '분리-개별화'는 생후 5, 6개월부터 24개월까지 진행되는 발달 단계입니다. 이 단계에 도달하면 아기는 자신에게만 몰두하며 외부와 자신을 구별하지 못했던 상태에서 자신과 타인을 구별할 수 있을 정도로 발달하게 됩니다. 즉, 분리개별화 발달이 진행되기 이전의 아기는 엄마와 자신을 구분하지 못하고 자신의 일부로 지각한다는 것입니다. 그러니 분리개별화 시기 이전의 아기가 '엄마가 안아서 재워 줬는데 왜 엄마가 안아 주지 않지?'라는 의식수준의 생각을 가지는 것은 불가능한 것이지요.

그리고 아기가 엄마와 자신이 분리된 존재임을 느끼고 자신의 생존에 중요한 엄마가 사라지는 것에 대한 불안을 느끼기 시작하는 시기가 바로 분리불안 시기입니다. 그러므로 분리불안 시기 이전의 아기가 잘 때 엄마가 사라진 것을 인지하고 두려움을 느껴 우는 것 역시 불가능합니다. 게다가 분리불안이 시작됐다고 하더라도 그 시점에서만 불안해할 뿐, 엄마가 보이지 않더라도 완전히 사라지는 것이 아니며 자신이 잠을 자는 공간도 충분히 안전하다는 것을 깨닫는 단계까지 넘어가면 엄마와 떨어져 잠드는 것은 아기에게 생각보다 큰 걱정거리는 아닙니다.

아기가 커가면서 분리개별화 과정을 겪으며 수면 습관과 연관된 아기의 의식수준이 조금씩 발달하기는 합니다. 하지만 이것이, 보통의 부모들이 생각하는 것만큼, 아기가 '왜 갑자기 엄마가 날 재워 주지 않지? 난 엄마가(혹은 아빠가) 재워 주면 좋겠어.'라고 생각하고 표현할 정도로 생각이 뚜렷하고 두드러지게 나타나려면 의존과 독립의 욕구를 동시에 표현하기 시작하는 재접근기(16~24개월 사이)는 되어야 합니다.

실제 컨설팅에서도 명확하게 부모에게 재워 달라고 직접적으로 요구하기 시작하는 것은 16~24개월쯤은 된 아기입니다. 그러니 재접근기가 뚜렷이 나타나기 이전의 아기들은 그저 배고프면 울고 불편하면 우는 것과 마찬가지로 잠에 있어서도 생리적인 욕구가 충족되지 못했기 때문에 울며 힘들어하는 것이지 자신의 의지로 잠을 거부하거나 잠을 깨는 것은 아닙니다.

그러면 부모가 안아서 재워 주는 것이 명확하게 수면 문제와 직결된 것처럼 보이는 현상은 어떻게 설명할 수 있을까요? 그것은 부모가 일방적으로 아기를 판단하여 재우기 때문에 발생합니다. 아기가 스스로 잠을 자고 싶은 상태가 아님에도 아기의 신호를 잘못 해석하여 재우려고 애쓰는 것이 문제를 일으키는 것입니다. 이렇게 되면 부모가 재우려고 애쓰는 타이밍이 아기 스스로 잠을 자고 싶은 상태가 아니었다는 것이 되니 잠을 재우려면 더 많은 노력이 필요하겠지요.

그리고 이렇게 아기의 니즈에 맞지 않는 잠을 재우는 날들이 지속될수록 잠에 대한 아기의 욕구는 점점 더 불만족스러워질 수밖에 없습니다. 이러한 불만족은 결국 푹 잠들지 못하고 자는 도중에 '중간 깸'이라는 형태로 나타나게 됩니다. 컨설팅을 받은 아기들의 여러 사례를 통해 확인해 보더라도, 분리개별화 단계가 충분히 진행되기 전의 어린 아기들은 잠에 대한 니즈만 잘 읽어 주면 부모가 위안으로 재워도 70~80%의 수면 문제가 해결되는 것을 볼 수 있습니다.

이러한 아기 수면의 생리를 이해하지 못한 상태에서 아기의 수면 문제를 단순한 인지-습관만의 문제로 생각하고 수면교육에 접근한다면 아기의 커다란 저항에 맞닥뜨릴 수 있습니다. 결론적으로, 위안을 제거한 상태로 울다가 잠들게 하는 것은 대부분의 부모들이 수면교육을 고민하는 시기에 해당하는 어린 아기들의 수면교육 성공에 주요 요소는 아니라고 할 수 있습니다.

〈참고〉

* 행동주의 학습이론: 인간은 주어진 자극에 의하여 수동적으로 학습하는 존재이며, 자극이 반복적으로 주어짐에 따라 반응이 누적되면서 학습이 일어난다고 보는 관점의 학습이론.
* 퍼버법: 보스턴 소아병원의 소아 수면장애센터 소장이자 내과 의사인 리처드 퍼버 박사가 1985년에 자신의 저서에 소개한 수면교육 방법으로, 아기에게 제한된 위안을 주며 울음을 기다리는 시간을 늘려가는 방식.
* 소거법: 시카고 아동병원에서 수면장애센터를 운영하며 아이들의 잠을 연구한 마크 웨이블러스 박사가 1987년에 쓴 그의 저서에 소개한 수면교육 방법으로, 아기가 자야 하는 시간에는 반응을 전혀 해주지 않는 방식.

아기는 책에 써 있는 것처럼 자지 않는다

두 번째로, 수면교육을 시도할 때 가장 많이 하는 실수는 아기 수면 문제와 관련해 '평균치의 답'이 있다고 생각하는 것입니다. 아기의 수면 문제로 매일이 너무 힘들다 보니 어딘가에 해답지가 있어서 그것만 찾으면 문제가 바로 해결될 거라 기대하며 책이나 유튜브, 인터넷의 정보를 찾아 헤매게 되는 것이지요. 이러한 마음은 충분히 이해합니다. 하지만 아쉽게도 아기는 책에 써 있는 것처럼 자지 않으며, 아기 잠에는 어떠한 평균치의 해답이란 존재하지 않습니다. 아기의 잠은 아기 개개인의 생김새와 몸무게만큼 제각각입니다.

아기의 잠이 어느 정도 차이가 나는지를 단적으로 보여 주는 사례가 있습니다. 지금까지 컨설팅을 해오면서 생일이 동일한 아기가 같은 날짜에 컨설팅을 시작한 경우가 두 번 있었는데, 두 경우 모두 두 아기의 잠 일과가 아주 크게 차이가 났었습니다.

그중 한 케이스는 아기들이 모두 6개월이었는데, 컨설팅을 마무리하며 결과를 보니 아기들의 일과가 한 아기는 낮잠 2회, 다른 아기는 낮잠 3회가 되어 있었습니다. 각각의 아기는 전체 활동시간(잠과 잠 사이에 아기가 깨서 활동한 시간)이 아닌 활동 한 개의 시간 차이가 무려 2시간 정도가 났으며, 하루의 총 잠시간도 1시간 30분 정도 차이가 났습니다. 일주일도 아니고 '하루'에 1시간 30분의 잠시간의 차이라니, 그것이 얼마나 큰 차이인지 느껴지나요? 우리에게 매일 1시간 30분씩, 일주일이면 총 10시간 30분이나 되는 자유가 더 주어진다고 생각해 본다면 이 차이가 얼마나 큰지 와 닿을 것입니다.

그렇다면 그중 한 아기의 잠에 문제가 있어서 일과에 이렇게 차이가 난 것일까요? 아닙니다. 각각의 아기 모두 무사히 컨설팅이 마무리되었습니다. 두 아기는 각각 그 일과가 가장 잘 맞는 일과였고, 두 아기 중 잠이 적은 쪽도 다른 쪽의 아기보다 잠을 덜 원할 뿐 스스로 자고 깨며 길게 잘 잘 수 있었습니다. 극적인 예를 들고자 생일이 같은 아기의 예를 들었지만, 컨설팅을 진행하며 아기들을 하나하나 관찰하다 보면 거의 모든 아기가 평균으로 이야기하기 어려운 자기만의 일과를 가지고 있다는 것을 알게 됩니다.

실제로 《Sleep Health》 저널에 실린 미국 수면재단의 권장 수면 시간에 대한 논문을 보아도, 아기에 대한 '권장 수면 시간'(recommended range)'의 최대 시간과 최소 시간의 편차는 3시간으로 상당히 넓습니다. 심지어 논문에 '권장 수면 시간을 벗어난다고 하더라도 크게 벗어나는 것이 아니라면 적절할 수도 있다(may be appropriate).'라고 기재되어 있는 것을 고려하면, 각각의 아기의 수면 시간 범위의 편차는 3시간보다도 더 큰 것으로 봐야 합니다.

만약 책이나 인터넷에서 제시하는 개월 수별 평균 일과표가 우연히도 아기의 수면 패턴과 일치한다면 그것을 따라가며 교육해도 성공할 수 있겠지만, 그

미국 국립수면재단의 권장 수면 시간

연령대 (Age Group)	권장 수면 시간 (Recommended Sleep Duration)
신생아(Newborns) (0~3개월)	14~17시간
영아(Infants) (4~11개월)	12~15시간
유아(Toddlers) (1~2세)	11~14시간
미취학 아동(Preschoolers) (3~5세)	10~13시간
학령기 아동(School-aged Children) (6~13세)	9~11시간
청소년(Teenagers) (14~17세)	8~10시간
젊은 성인(Young Adults) (18~25세)	7~9시간
성인(Adults) (26~64세)	7~9시간
노인(Older Adults) (65세 이상)	7~8시간

출처: National Sleep Foundation. (2015). National Sleep Foundation's sleep time duration recommendations: methodology and results summary. SleepHealth,1(1), 40-43.

렇지 않은 경우라면 이야기가 다릅니다. 아기와 잘 맞지 않는데도 책의 정보가 답이라고 생각해서 아기가 큰 소리로 많이 우는 것도 적응의 과정이라고 잘못 판단하여 크게 고생하게 될 수 있습니다. 이것보다 더 안 좋은 결과는 내 아이는 수면교육이 안 되는 아기라고 판단하고 좌절하여 포기해 버리는 것입니다. 우연찮게 참고한 일과와 아기가 잘 맞았다고 하더라도 아기의 수면 패턴이 언제까지나 부모가 참고한 평균치와 일치할 것이라고 기대하기는 어렵습니다.

따라서 '평균적인 아기 수면 시간' 이라는 틀에 갇히지 말고 내 아기의 실질적인 수면 필요성을 관찰하여 파악하는 자세가 필요합니다. 책이나 인터넷의 정보들은 결국 다양한 경우를 고려한 일반적인 정보를 제공하고 있을 뿐 내 아기를 위한 해답은 아니기 때문입니다.

부모의 마음가짐도 수면교육을 실패하게 만드는 원인이 된다

수면교육을 할 때 간과하기 쉬운 실패 요인 중 하나는 '부모의 마음가짐'입니다. 이는 부모의 마음이 약하여 아기의 울음을 못 견뎌 내는 것을 의미하는 것이 아닙니다. 마음이 여린 부모라도 자신과 아기에게 맞는 목표를 설정하고 꾸준히 노력하면 수면교육은 성공할 수 있습니다.

오히려 그보다 더 큰 실패의 요인이 되는 부모의 마음가짐은 바로 '부모가 원하는 것을 아기가 원하는 것으로 착각하는 것'입니다. 컨설팅을 하다 보면 '아기의 마음을 잘 모르겠다.'고 할 때보다 이런 경우가 오히려 컨설팅을 진행하기가 훨씬 어렵습니다. 모르면 차근차근 알려드리면 되는데, 이미 알고 있다는 생각이 강하게 자리잡고 있는 경우 부모의 마음속에 진짜 아기의 마음이 들어갈 자리가 없어지기 때문입니다.

아기의 마음을 읽는 데 있어서 가장 중요한 것은, 부모의 선입견이나 감정으로 아기가 보내는 사인을 선택적으로 받아들이는 것이 아니라, 아기가 보내는 모든 사인을 객관적으로 파악하고 거기에서 의미 있는 정보를 읽는 것입니다.

빨간 선글라스를 끼고 보는 세상은 모두 빨간색으로 보이듯, 엄마 아빠의 생각이나 왜곡된 감정이 개입되는 경우 아기의 마음을 있는 그대로 온전히 읽을 수 없게 됩니다. 이 경우, 부모는 아기의 마음과 욕구를 읽고 있다고 생각하지만, 실제 아기의 욕구는 지속적으로 좌절되어 버립니다. 그렇게 되면 부모가 아기를 통해 비추어진 자신의 감정과 욕구를 바라보고 해소하는 것이 되어 버리지만, 정작 부모는 그러한 사실을 알지 못합니다.

이러한 왜곡은 주로 각 부모의 어린 시절의 경험에 의해 형성됩니다. 예를 들면, 어린 시절 부모로부터 지속적으로 자신의 욕구를 무시당했거나 거절당하여 좌절했던 상처를 지닌 엄마 아빠의 경우, 아기의 울음과 요구사항을 과대 해석하여 아기 스스로 할 수 있는 여지를 주지 않고 모든 것을 해결해 주려고 하는 경향이 생길 수 있습니다. 이렇게 되면 아기는 그저 조금 짜증이 나서 칭얼거렸을 뿐인데도 부모는 마음이 불편하여 어떻게든 재우려고 30분~1시간씩 아기띠를 매고 둥가둥가를 하게 되기도 합니다. 실제로 자고 싶었던 게 아니었던 아기는 아기대로 자지 못한 채로 아기띠의 답답함을 견뎌야 하고, 엄마는 엄마대로 아기가 졸린데 자신이 아기의 문제를 해결해 주지 못한다고 생각해 심적으로 괴로운 상황에 부딪힙니다.

또한, 성장 과정 중에 부모에게서 부정적인 경험을 했거나 감정이 수용되고 다루어진 경험을 해본 적이 없는 엄마 아빠는 아기의 부정적 감정 표출인 울음을 지나치게 견디기 어려워하기도 합니다. 그래서 아기가 울면 어떻게든 빠르게 울음을 멈추게 하는 것에만 마음이 쏠려 버려 아기가 왜 울었는지 귀 기울여 아기를 보기보다는 공갈이나 젖물림을 통해 얼른 울음부터 해결해 버리려 듭니다. 이 과정에서 불필요한 개입을 자주 하게 되다 보니 아기가 울음을 통해 이야기하려고 했던 것들은 놓치게 되고, 아기는 아기대로 점점 더 수면의 어려움과 불안을 해소할 때 부모에게 의지하게 되어 수면 문제가 악화되기도 합니다.

반대로, 사소한 표현에도 과민 반응하며 스스로 할 수 있는 것도 다 해주는 부모 밑에서 자란 탓에 독립심이 꺾여 답답했던 경험을 많이 한 엄마 아빠의 경우에는 아기에게 꼭 필요한 개입조차도 아기 스스로 해야 옳은 것이라고 생각하여 무반응으로 일관하기도 합니다. 이런 경우라면 수면교육은 결과적으로 성공하기는 하겠지만, 아기가 불안해하는 시기가 올 때마다 수면교육을 유지하기 위해 아기와 크게 대립하며 씨름하게 될 수도 있습니다. 사실 아기는 스스로 잠에 드는 것이 싫은 게 아니라 불안하여 부모의 반응을 필요로 했던 것인데도 부모는 아기가 떼를 부리는 것으로 잘못 해석하는 것입니다.

그런가 하면, 자라면서 실수를 이해받는 경험을 해보지 못하고 늘 부모 마음에 들게 완벽해야만 칭찬을 받았던 경험을 한 엄마 아빠는 아기가 자연스럽게 가지고 있을 수밖에 없는 성장 과정에서의 미숙함 자체를 견디지 못하기도 합니다. 이런 경우는 아기의 수면도 어른처럼 완벽하기를 기대하여 아기의 정상적인 발달로 인한 잠 중간에 깨는 일도 수면 문제로 보고 그것을 없애기 위해 온갖 방법을 동원하다가 지치기를 반복하기도 합니다. 아기가 미성숙하기 때문에 실수하거나 잘하지 못하는 것이 당연함에도 완벽하지 않으면 불안하므로 아기의 자연스러운 미성숙함조차 용납하기 어렵게 되기 때문입니다.

이렇듯 부모의 마음에 해결되지 못한 감정의 덩어리가 크게 있는 경우, 아기가 표현한 잠에 대한 욕구를 해석하는 데 있어 왜곡이 섞여 결국에는 아기의 수면 문제를 객관적으로 파악할 수 없게 되어 버립니다. 이런 경우들 모두 부모가 아기를 사랑하지 않는 것은 아닙니다. 하지만 부모 자신의 해결되지 못한 무의식적인 욕구와 불안이 크다 보니 상대적으로 아기의 마음을 볼 여력이 없는 것뿐입니다. 그래서 이러한 경우에 아기에게 제대로 수면교육을 하기 위해서는 적어도 자신이 선글라스를 끼고 있다는 사실을 인지해야 합니다. 그래야만 잠시라도 선글라스를 벗고 아기의 마음을 있는 그대로 바라볼 기회가 생깁니다.

만약 수면교육을 하는 과정에서 아기의 울음이나 수면 문제를 경험할 때 특정한 감정이 강하게 올라온다면 자신의 마음속에 이미 선글라스가 있는 것이 아닌지 생각해 봐야 합니다. 만약 그 선글라스가 느껴진다면 잠깐이라도 그것을 벗어 놓은 후 아기를 객관적으로 바라보고 아기의 마음을 있는 그대로 느껴보는 시간을 갖는 연습을 해야 합니다. 긴 시간 이어온 마음의 습관을 단번에 바꾸는 것이 쉬운 일은 아니지만 내 마음은 나 자신의 것이기에 노력하면 분명 바꿀 수 있습니다.

3

수면교육에 대한 3대 오해

수면교육은 아직까지도 오해를 많이 받는 육아법입니다. 아기가 상처받을까봐, 기껏 교육했는데 얼마 지나지 않아 또 잠을 못 자 아무 소용이 없어질까봐, 아기가 크면 알아서 잘 자게 될 텐데 어린 아기에게 너무 유별나게 구는 것일까봐 등, 앞서 설명한 수면교육의 그 많은 장점들에도 불구하고 이러한 오해들로 인해 아기에게 수면교육하는 것을 주저하는 부모들이 많습니다.

하지만 지금껏 알고 있던 수면교육에 대한 선입견은 실체 없는 불안인 것들이 너무 많습니다. 수면교육을 결심했지만 마음 한켠에는 '정말 괜찮을까?' 하는 불안감이 남아 있을 사람들을 위해 이번 장에서는 흔하게 알려져 있는 수면교육에 대한 오해를 풀어보려고 합니다.

첫 번째 오해, 울다가 잠들면 아기가 상처받지 않을까?

일반적으로 '수면교육'이라 하면 엄마 아빠가 오기를 기다리며 울다 지쳐 잠드는 불쌍한 아기의 이미지를 떠올립니다. 하지만 이러한 수면교육의 이미지는 오해일 뿐입니다.

결론부터 이야기하면, 수면교육 할 때 터지는 울음은 아기에게 필요한 울음이기에 아기가 울다가 잠든다고 하더라도 상처받지 않으니 걱정하지 않아도 됩니다. 울게 하는 것이 무조건 아기를 좌절시키고 아기에게 상처를 주는 것은 아닙니다. 울음은 아기의 의사와 감정의 표현이기도 하고, 자신의 불편감이나 긴장을 해소하는 방법이기도 하기 때문에 좋고 나쁨이 없습니다. 울음은 아기의 언어입니다.

아기의 울음을 두 가지로 나누면, 엄마 아빠에게 무언가를 요구하는 울음과 자신의 부정적인 감정이나 불편감을 스스로 해소하기 위해 진정하는 울음으로 구별할 수 있습니다. 그중 전자의 울음은 목적이 외부로 향해 있는 울음이므로 아기가 요구하는 것이 무엇인지 엄마 아빠가 알아차리고 그것에 대응해 줘야 할 필요가 있습니다. 하지만 후자의 울음은 그 방향이 자기 자신을 향하는 것이므로 엄마 아빠가 달래 줘야만 해결될 수 있는 것이 아닙니다. 아기가 스스로 해결할 수 있는 정도의 불편감이나 긴장이었다면, 그것을 울음으로 해소해 내고 스스로 진정할 수 있기 때문입니다. 이러한 관점에서 보면 후자의 울음은 오히려 허용해 주는 것이 아기를 존중해 주는 것이 됩니다.

아기를 울게 두는 것이 존중이라니 이해가 잘 안 될 수도 있지만 어린 시절의 경험을 떠올려 보면 이러한 마음의 속성에 공감하는 게 좀 더 쉬워집니다. 누구나 한번쯤은 어린 시절 속상한 일이 생겨 서럽게 울고 있을 때, 엄마 아빠가 장난감이나 맛있는 간식을 주며 얼른 그치라고 속상한 감정을 빠르게 전환시켜 버린 경험이 있을 것입니다. 그렇게 울음을 멈췄을 때 속상한 마음도 함께 사라졌었나요? 울음을 멈추면 속상한 마음도 사라질 것 같지만 그렇지 않습니다. 오히려 그 속상함이 마음 깊은 곳으로 가라앉으며 가슴 한켠이 답답해져 버립니다.

만약 엄마 아빠가 "그래, 네 마음은 그렇구나. 힘들고 속상했겠구나!" 하고 다 울 때까지 감정을 받아주며 기다려 주었다면 다를 수 있습니다. 우는 순간에는 그 감정에 휩싸여 아무것도 해결되지 않는 것 같지만 다 털어내질 때까지 울고 나면 오히려 마음이 편안해지면서 속이 시원해집니다. 그리고 엄마 아빠가 문제를 해결하기 위한 어떤 행동을 해주지 않았더라도, 힘든 시간 내내 옆에 있어 준 것만으로도 굉장히 큰 안정감을 느끼게 됩니다. 그러면서 다시 문제를 스스로 해결해 나갈 힘이 납니다.

또 다른 관점에서 살펴보겠습니다. 울음을 기다릴 수 있다는 것은 아기를 믿고 있다는 의미이기도 합니다. 부모가 보았을 때 아기가 스스로 진정할 능력이 없다는 생각이 들면, 부모의 생각 속에서 아기가 울음 끝에 얻을 것은 좌절밖에 없습니다. 아기가 좌절할 것을 뻔히 알면서도 울음을 두고 볼 수는 없는 것이지요. 하지만 만약 아기가 스스로 잠들 수 있었다면 어떨까요? 아기 스스로 할 수 있는 일인데도 그것을 믿지 못한 부모가 계속해서 나서서 먼저 재워 줘 버리면 아기는 결국 스스로 해볼 기회를 얻지 못하게 되어 부모의 생각대로 스스로 잠들 수 없는 아기가 되어 버립니다.

믿어야 기다릴 수 있고, 기다려 줘야 아기가 해낼 기회를 얻습니다. 그렇기 때문에 육아에 있어서 믿음과 기다림은 서로 떼려야 뗄 수 없는 관계입니다. 어찌 보면 부모가 하나하나 나서서 해주는 것보다 어려운 것이 기다려 주는 일입니다. 기다린다는 것은, 내가 아이를 내 방식으로 해석하며 내가 불편하지 않은 방향으로 이끌어 가려는 것을 최대한 자제할 때에 가능해지는 일이기 때문입니다. 옆에서 보기에는 아이가 어려워할 때 바로 뛰어가서 뭐든 다 들어주고 해결해 주는 것이 아이를 사랑하고 위해 주는 부모인 것 같지만, 사실 그것은 부모 자신이 느끼는 마음의 불편감을 해결하는 방식일 확률이 높습니다.

아이들은 부모를 너무나 사랑하기 때문에 부모의 마음에 최대한 자신을 맞추려고 합니다. 그래서 부모가 믿고 기다려 주지 않으면 아이들도 '나는 충분히 무언가를 스스로 해낼 수 없는 사람'이라고 느끼며 부모의 생각에 맞춰 자라게 됩니다. 반대로 부모가 아이의 능력을 믿고 충분히 기다려 준다면, 아이들도 거기에 맞춰 자신의 능력을 충분히 발휘해 볼 수 있게 되어 그만큼 더 크게 성장하게 됩니다.

그러므로 아기를 가장 사랑하는 부모 자신이 아기의 울음을 가장 잘 들어주었으면 합니다. 즐거움이나 행복감 같은 긍정적인 감정은 아주 친밀하지 않더라도 누구나와 나눌 수 있습니다. 하지만 부정적인 감정은 그러기 어렵습니다. 부정적인 감정은 누구나 느끼고 싶어 하지 않고 불편해하기 때문입니다. 그렇기 때문에 부정적인 감정까지도 충분히 수용받고 이해받는 경험은 부모가 아닌 타인과는 정말로 하기 어렵습니다.

자신의 어떤 못난 모습이든, 어떤 부정적인 감정이든 부정당하지 않고 있는 그대로 받아들여진 경험은 아기의 자존감에 단단한 뼈대로 남습니다. 부정적인 감정도 자신의 일부라는 것을 자연스럽게 받아들이며 어른이 된 아이는 타인과의 관계에서 불편함을 느꼈을 때 부정적인 감정을 올바른 방법으로 표현하는 것이 어렵지 않게 됩니다. 또한 타인으로부터 부정적인 평가를 받는 것에 대한 두려움이 적습니다.

따라서 수면교육에서 아기의 울음을 대할 때 '울린다', '울리지 않는다' 수준에서 벗어나 '아기의 울음을 어떻게 들어줄 것인가'의 관점을 가져야 합니다. 아기가 울게 두는 시간을 가진다고 해서 그저 정해 놓은 시간까지 시계만 보며 아기의 울음을 방치해서는 안 됩니다. 그 시간 동안 아기의 울음을 꾸준히 들어주며 아기가 원하는 바를 파악해야 합니다. 기다림이 필요할 때는 응원을 담은 기다림을, 도움이 필요할 때는 따뜻하면서도 안정적인 도움을 줘야 합니다. 그런 과정들을 꾸준히 밟아 나가다 보면 상처는커녕 누가 보아도 스스로 잠을 자는 것을 뿌듯해하며 행복하게 자고 깨는 아기를 만나게 될 것입니다.

두 번째 오해, 힘들게 교육해도 아기가 뒤집기를 시작하거나 아프면 도루묵?

수면교육을 처음 결심한 부모들이 주변에서 듣는 부정적인 말이 있습니다. 그중 하나가 바로 '수면교육을 통해 아기가 스스로 자는 습관을 만들어 준다고 하더라도 아기가 커가면서 여러 가지 변수들이 발생하면 다시 안아 재우게 되므로 소용이 없다.'는 것입니다.

확실히 수면교육이 아기 수면 문제에 있어서 만능 해결책이 아닌 것은 분명합니다. 수면교육을 하더라도 아기는 계속해서 커가며 새로운 변화와 돌발 상황들을 만들어 내기 때문입니다. 이 외에도 기질, 건강, 정서, 환경 등 교육으로 해결할 수 없는 아기 수면에 영향을 주는 요소들은 너무나도 많습니다.

하지만 이러한 사실들로 수면교육의 무용론을 말하기에는 이릅니다. 수면교육을 유지하고자 꾸준히 노력한다면, 다양한 원인들로 인해 아기가 쉽게 잠들지 못하는 어려운 시기가 다시 오게 되더라도 수면교육 이전처럼 아기의 잠에 대하여 통제 불가능한 상황이 되지는 않기 때문입니다. 예를 들자면 아기가 뒤집기 등의 변화를 맞이하거나 아플 때 어찌해야 할지 모를 정도로 더 자주 깨고 잠들지 못해 힘들어하는 일이 흔합니다.

수면교육을 하고 난 이후에는 그러한 어려움이 발생하더라도 그 어려움이 교육하기 전보다는 확연히 줄어듭니다. 실제로 컨설팅을 통해 수면교육을 한 후 꾸준히 유지해온 경우, 여러 가지 이유로 아기 스스로 잠드는 게 다시 어려워졌어도 그 어려움은 컨설팅 이전에 비하면 훨씬 적었습니다. 다만 이렇게 아기의 수면 문제로 고생하다가 수면교육을 하여 일상을 되찾은 경우에는 많이 힘들었던 만큼 작은 어려움에도 모든 것이 원상 복귀될까봐 크게 불안해하는 모습을 많이 봅니다.

하지만 배운 것은 절대로 사라지지 않습니다. 수면교육, 특히 마음읽기 수면교육을 통해 '아기를 관찰하는 법, 아기에게 맞게 반응해 주는 법, 아기에게 꼭 필요한 도움만을 주는 법'들을 배운 부모는 점점 더 익숙해져 새로운 어려움이 생기더라도 좀 더 노련하게 해결 방안을 찾습니다. 아기는 졸릴 땐 어떻게 하면 더 편해지는지 이미 잘 배워 알고 있고, 스스로 진정하는 능력도 좋아졌으므로 역시 새로운 수면 문제를 훨씬 수월하게 헤쳐 나갈 수 있습니다. 정말로 어쩔 수 없는 상황으로 인해 모든 것이 다 엉망이 된다고 하더라도 한번 성공한 경험이 있으므로 두 번째 하는 것은 첫 번째보다 더 쉽습니다.

따라서 수면교육을 해봐야 도루묵이라는 말은 이렇게 번역할 수 있습니다. '다이어트와 몸 관리는 아무리 열심히 해봐야 명절이나 약속이 있으면 원상 복귀된다.' 수면교육은 한번 하면 수면 문제가 완치되는 수술이 아니라 다이어트와 같은 건강관리입니다. 때문에 목표 지점에 도달했다 하더라도 꾸준히 유지하는 노력이 반드시 필요합니다.

이러한 마인드를 가지고 수면교육을 한다면 '아기가 몇 시간 잠을 잤느냐'와 같은 단순 결과보다는 '나와 아기가 이 어려움을 극복하기 위해 무엇을 해야 하느냐'와 같은 과정을 중시하는 관점을 지니게 됩니다. 그리고 이러한 관점의 전환은 아기의 수면 문제가 다시 어려워지는 시기가 오더라도 그것을 잘 헤쳐 나갈 수 있는 힘을 키워 줍니다. 그러니 '애써 울려가며 수면교육을 해봐야 어차피 도루묵'과 같은 이야기를 듣고 수면교육의 지속적인 효과에 대해 고민하게 되었다면 그런 고민은 내려놓아도 됩니다. 그리고 시도해보지 않은 일에 대한 막연한 두려움을 접고, 오로지 '나는 지금 나의 아기의 어려움에 대해 어떻게 바라보고 있고, 무엇을 할 수 있는가'에 대한 관점으로 수면교육을 시도할 것인지 여부를 결정하기를 바랍니다.

세 번째 오해, 수면교육 안 해도 때가 되면 알아서 잔다던데?

수면교육을 고민할 때 주변 지인들로부터 많이 듣는 또 다른 이야기는 바로 '수면교육 같은 거 하지 않아도 애들은 때가 되면 알아서 잘 자게 된다.'라는 이야기입니다. 이 말은 사실이 맞습니다. 아기가 잠을 잘 때 어른처럼 안정적으로 자지 못하는 근본적인 원인은 잠을 관장하는 뇌가 미성숙하기 때문입니다. 따라서 아기가 크면서 뇌가 발달할수록 잠은 점점 더 안정되어 갑니다. 성인이 되어서까지 영향을 미칠 정도의 병리적 원인으로 수면 문제가 발생한 경우가 아니라면 모든 아기들은 어느 정도 크면 알아서 잘 잡니다.

이 때문에 소아과에서도 아기의 수면 문제를 치료해야 할 문제로 보지 않습니다. 소아과 의사에게 아기가 많이 깨서 힘들다고 말하면 보통 치료적인 접근보다는 "아기들은 원래 자주 깹니다. 크면서 좋아질 거예요. 좀 더 지켜보세요." 라는 위로의 말과 보조적인 조언을 듣게 됩니다.

하지만 문제는 그 '수면이 좋아지는 시기'입니다. 저의 경험상으로 보면 굳이 수면교육을 하지 않더라도 잠이 안정되기 시작하는 시기는 보통 낮잠이 1회로도 충분해지는, 못해도 돌이 넘은 시점입니다. 이때는 낮잠 한 번으로 하루의 피로감 관리가 충분히 잘될 만큼 잠이 발달하기도 하고, 질 좋은 잠욕구를 만들어주는 데 가장 좋은 신체 활동인 걷기 발달이 시작되기 때문에 확실히 아기들이 좀 더 잘 자기 시작합니다.

하지만 돌만 넘으면 잠에 대한 고민은 다 끝나느냐 하면 그런 것도 아닙니다. 아기 뇌가 성장한 만큼 인지적인 습관 문제가 새롭게 고개를 듭니다. 아기가 직접적으로 엄마 아빠를 부르며 매번 재워 달라고 요구하기 시작하는 것입니다. 옆에서 재워 주기만 하면 되는 정도면 참 좋겠는데 그렇지도 않습니다. 재우는 데 매일 1시간 이상씩 소요되기 일쑤입니다. 또 재워 주고 나오면 새벽에 꼭 깨서 매일 1~2회씩, 한 번에 최소 30분 이상 시간을 들여 다시 재워야 하는 경우도 흔합니다.

아예 같이 잔다고 완전히 해결되는 것도 아닙니다. 아기가 너무 돌아다니면서 자서 엄마 아빠의 수면의 질이 뚝 떨어지거나 함께 자는데도 여러 가지 이유로 '밤중깸'이 발생하는 경우도 있습니다. 실제로 수면교육 컨설팅을 신청하는 아기들 중에는 24개월이 넘는 경우도 있으니 무조건 시간이 해결해 줄 것이라고 부모들을 안심시키기에는 너무나도 긴 시간입니다.

결국 아기가 커가면서 수면의 질이 더 나아지는 것은 맞으나 단순히 기다림이 모든 것을 해결해 주는 것은 아니라는 데 가장 큰 문제가 있습니다. 100일의 기적이 온다고 하여 딱 3개월만 애쓰자 하며 버텨봤는데, 100일의 '기적'이 아니라 '기절'이라고 불릴 정도로 수면 문제가 더욱 악화되는 경우도 있고, 힘들게 얻은 아기라 너무 예뻐 크면 알아서 잘 자겠지 하는 마음으로 안아서 키우다가 아기가 5개월이 넘어가면서는 엄마의 손목관절과 무릎관절 등 몸이 더 이상 버티지 못하게 된 경우 등도 있습니다. 여기까지 가면 재우자니 몸이 버티지를 못하고, 안 재우자니 아기가 많이 울며 힘들어하고, 그야말로 진퇴양난이 됩니다.

마음을 더 힘들게 하는 건 아기가 크면 잠을 더 잘 자게 되는 것이 사실이라고 하더라도 그것이 정확하게 언제인지도 모르고, 당장 힘든 것에 비해 너무 멀게 느껴진다는 것입니다. 아기가 잘 자지 못하면 하루하루가 쉽지 않습니다. 엄마 아빠가 하루에 제대로 편하게 쉬거나 잘 수 있는 시간이 길어야 몇 시간 되지도 않고, 간혹 길게 잘 수 있는 시간이 생긴다고 하더라도 그게 언제일지 예측이 되지 않아 어쩌다가 생긴 그 황금 같은 시간에 아기 잠 보초를 서야 하는 날들이 매일 지속될 수 있기 때문입니다.

수면교육은 이렇게 몸도 마음도 어려운 날들을 최대한 줄여 줄 수 있다는 큰 장점이 있습니다. 다양한 개월 수의 아기들을 수백 명 컨설팅해 본 결과, 수면교육은 개월 수와 상관없이 아기들을 적은 위안으로도 쉽게 잠들게 해주고, 아기에게 필요한 만큼 충분한 잠을 자게 만들어 주었습니다. 생리적인 이유로 완벽하게 안정된 잠까지는 불가능하다고 하더라도 분명 부모도 아기도 처음 만나 적응하느라 가장 어렵고 힘든 그 시기를 아기와 함께 좀 더 여유롭게 걸어 나가도록 해줍니다.

아기는 하루하루 성장해 가기에 엄마 아빠의 사정을 이해하고 기다려 주지 않습니다. 적어도 이 책을 읽는 독자 여러분은 폭풍 같은 시기가 지나가고 나면 그제서야 아쉬움이 밀려오는 아기와의 그런 첫 해를 보내지 않았으면 좋겠습니다. 수면교육을 통해 단 하루라도 빨리, 아기를 재우느라 씨름하는 데 쓰던 시간을 아기의 눈을 바라보며 얼러 주고 웃어 주며 사랑해 주는 시간으로 바꾸셨으면 하는 바람입니다.

4

올바른 수면교육은 오히려 애착을 돈독하게 만든다

'수면교육' 이라는 단어를 들으면 울음에 대한 걱정과 함께 가장 먼저 떠오르는 단어는 바로 '애착'입니다. 그런데 많은 부모들이 애착에 대한 중요성은 알면서도 정말로 애착이 무엇인지, 애착을 쌓으려면 어떻게 해야 하는지 잘 모르고 있습니다. 애착은 무엇일까요? 아기를 많이 안아 주고 아기와 하루 종일 놀아 주면 애착이 생기는 것일까요? 반대로, 아기가 우는데 즉각적으로 달려가지 않으면 애착이 손상되어 정서적으로 불안정해지는 것일까요? 이번 장에서는 애착에 대해 살펴보고, 수면교육에 대한 여러분의 걱정을 덜어드리려고 합니다.

애착이란 무엇일까?

애착이란 '인생 초기에 가까운 사람에게 강한 감정적 유대를 형성하는 것'을 의미합니다. 이것은 아동의 발달을 연구하여 애착이론을 창시한 영국의 정신과 의사이자 정신분석가인 존 보울비(John Bowlby)가 처음 제안한 개념입니다. 애착이 제대로 형성되면 아기에게 정서적인 안정감이 생겨 어려운 상황에서도 위험에 대처할 수 있는 자신감이 키워지고, 좋은 대인관계를 형성할 수 있습니다. 또한, 긍정적인 자아개념을 통해 자신감을 형성하여 적극적인 탐색을 하도록 도와 발달과 학습을 촉진시킵니다. 반대로, 애착이 손상되는 경우 아기는 성장해가며 정서적, 사회적, 심리적 발달에 부정적인 영향을 받을 수 있고 학교생활에 적응하지 못해 학업 성취도도 낮아질 수 있습니다.

애착이 아기의 일생에 이렇게 큰 역할을 한다니 부모들이 애착에 대해 많은 관심을 갖고 걱정이 큰 것도 충분히 이해가 됩니다. 그러면 이 중요한 애착은 도대체 어떻게 하면 형성되는 걸까요? 아기 애착에 관심이 있으신 분이라면 안정애착, 불안정-회피 애착, 불안정-저항 애착의 3가지 애착유형을 들어보셨을 것입니다. 이 3가지 애착유형은 미국계 캐나다인 심리학자인 메리 에인스워스(Mary Ainsworth)가 개발한 이론입니다. 그의 이론에 따르면 애착형성에는 '양육자의 민감한 반응과 일관성'이 중요하다고 하였습니다. 여기서 애착 형성에 필요한 민감성, 반응성, 일관성의 의미는 다음과 같습니다.

- 민감성 : 아기가 요구하는 것, 원하는 것을 민감하게 알아차리는 것
- 반응성 : 알아차린 아기의 욕구에 맞는 반응해 주는 것
- 일관성 : 일정한 규칙을 갖고 예측 가능한 패턴으로 반응해 주는 것

이 의미를 보면 아기와 하루 종일 같이 있어 주거나 아기의 모든 행동에 반응을 해주는 것이 애착을 쌓게 해주는 것이 아님을 분명 알 수 있습니다. 아기의 애착에 필요한 것은 바로 '아기가 원하는 것'을 알아차리고 거기에 맞는 반응을 아기가 예측 가능한 패턴으로 해주는 것입니다. 결국 애착의 중심에는 아기의 '마음'이 있습니다. 부모가 아무리 반응을 많이 해주어도 그것이 아기가 필요하고 원하는 것이 아니었다면 애착은 크게 형성되지 않습니다. 예를 들어 아기가 기저귀가 불편해서 우는데 수유를 해준다거나, 배가 고파서 우는데 안아주기만 한다면, 엄마 아빠가 하루 종일 아기 앞에 앉아 아기만 보고 있어도 아기에게 애착을 통해 정서적인 안정감이 제대로 자리잡기는 어려울 것입니다.

이것을 조금 더 깊이 생각해 보면 아기가 울었을 때 바로 반응을 해주느냐 아니냐가 애착의 핵심이 아니라는 것도 알 수 있습니다. 조금 울게 둔다고 애착이 손상된다면, 현실적으로 울음에 바로 반응해 주기 어려운 쌍둥이나 터울이 적은 형제자매가 있는 경우에는 애착이 손상되었을 확률이 높아지겠지만 실제로는 그렇지 않습니다. 울음에 대한 즉각적인 반응보다는 아기가 울음으로 표현하고자 했던 것을 이해하고 거기에 맞는 반응을 해주는 것이 충분한 애착을 쌓는 데 가장 중요한 것입니다.

수면교육과 애착, 정말 반대 선상에 있을까?

그러면 다시 한번 생각해 봅시다. 수면교육과 애착은 정말로 반대 선상에 있을까요? 아기가 수면에 대해 원하는 바를 무시하고 부모가 원하는 대로 재우는 방식이라면 그럴 수 있을 것입니다. 하지만 수면교육을 하면서도 아기가 잠에 대해 원하는 바를 존중한다면 수면교육과 애착을 하나로 묶는 것도 충분히 가능합니다.

수면교육을 하게 되면 아기가 자신의 잠에 대한 욕구를 민감하게 알아차린 부모로부터 적절한 반응을 얻을 수 있게 되고, 또한 해결을 원했던 잠욕구도 어렵지 않게 스스로 충족시킬 수 있게 되기 때문입니다. 여기서 적절한 반응이란 자야 하는 시간이라고 아기에게 알려 주고 스스로 잘 수 있도록 환경을 최대한 맞춰주는 것입니다. 수면교육을 유지하기 위해서는 하루에도 몇 번씩 매 잠마다 아기의 잠욕구에 민감하게 반응해 줘야 하므로 일관성의 조건에도 적합합니다. 이렇게 아기를 중심에 둔 올바른 수면교육은 아기의 잠욕구에 있어서 민감성, 반응성, 일관성을 충족시킬 뿐만 아니라 다양한 장점으로 아기의 애착을 더욱 단단히 만들어 줄 수 있습니다.

그 뿐만이 아니라 애착이 잘 형성되는 것을 도울 수 있는 수면교육의 장점은 너무나도 많습니다. 아기가 스스로 잠드는 것을 해낸 후 깨어나서 의식이 있을 때 주어지는 좋은 컨디션과 엄마 아빠의 기분 좋은 반응은 자신의 욕구를 스스로 처리해 낸 것에 대한 긍정적 보상이 됩니다. 또한 아기는 자신의 잠욕구에 대하여 좀 더 명확한 사인을 보낼 수 있게 되어 엄마 아빠가 반응하기 더욱 수월해지고, 엄마 아빠는 맑은 정신과 좋은 체력으로 아기의 다양한 욕구에 더더욱 민감한 반응을 해줄 수 있게 됩니다.

예측 가능한 일상이 반복됨으로써 주어지는 심리적 안정감도 애착이 잘 형성되는 데 큰 몫을 합니다. 잠 일과가 어느 정도 일정하게 잘 형성되는 경우 아기의 다른 욕구에 대한 사인들도 훨씬 읽기 쉬워집니다. 이렇게 되면 졸리면 재워 주고, 배고프면 먹여 주고, 불편하면 문제를 해결해 주는 것이 하루에 어느 정도 일정하게 반복됩니다. 그렇게 되면 아기의 입장에서도 어떤 일이 일어날지 예상할 수 있어 불안이 낮아지고 훨씬 편안한 매일이 될 수 있습니다.

따라서 아기의 욕구를 존중하는 수면교육을 한다면 아기의 모든 일상에서 민감성, 반응성, 일관성이 모두 크게 향상되고, 아기가 정서적 안정감을 크게 느낄 수 있도록 도울 수 있는 조건들이 형성되므로 애착이 손상되기는커녕 오히려 애착을 더욱 돈독히 쌓을 수 있게 됩니다. 수면교육을 시작하는데 있어서 가장 큰 마음의 걸림돌이 되는 애착에 대한 걱정을 더 이상 할 필요가 없는 것입니다.

Part 2

수면교육 컨설턴트가 알려 주는 아기 잠의 비밀과 팁

1

알면 끄덕여지는 아기 잠의 비밀

아기를 존중하는 수면교육을 하려면 먼저 아기 잠의 특성과 아기가 잠들기 어려워하는 이유를 이해해야 합니다. 아기의 상황을 정확히 파악하고 이해하는 것은 '어떻게 문제를 해결해 나가야 하는가'에 대한 계획을 세우는 데 큰 도움이 됩니다.

도대체 아기에게 잠이 뭐길래, 어른들은 단 하루만이라도 푹 잘 수 있으면 소원이 없겠다 싶은 잠을 아기들은 이렇게도 어려워하며 온 힘을 다해 도와주어도 잘 자기 어려운 것일까요?

이 장에서는 여러분이 수면교육 컨설턴트의 눈으로 아기 잠을 이해할 수 있도록 아기 수면의 비밀에 대하여 차근차근 살펴보겠습니다.

쉽게 이해하는 아기 잠과 수면교육의 원리

아기의 잠에 대한 생리적 특성을 알면 수면 교육의 원리도 쉽게 이해할 수 있습니다. 아기 잠은 초보 엄마 아빠를 고생시키기로 악명이 자자 합니다만, 아기 잠이라고 해서 꼭 특별한 점만 있는 것은 아닙니다. 기본적으로 '잠'이 가지고 있는 속성은 아기라고 할지라도 어른과 크게 다를 바가 없습니다. 아기의 잠에 대해서 이해할 때 먼저 우리 자신의 잠이 어떤지에 대해서 떠올려 보면 적어도 반은 쉽게 이해할 수 있습니다. 어른의 잠과 크게 다르지 않은 아기 잠의 특징을 정리하자면 다음과 같습니다.

- 잠은 본능적인 욕구이다.
- 잠욕구는 온오프(On/Off)가 아니라 스펙트럼이다.
- 잠은 항상성과 일주기 리듬에 의해 조절된다.

잠은 본능적인 욕구이다

지구상의 누구도 잠을 피할 수는 없습니다. 잠은 본능이며, 생리 현상입니다. 다시 말해, 정말로 졸리다면 그것을 무시하고 참아 내는 것이 불가능하다는 뜻입니다. '세상에서 가장 무거운 것은 눈꺼풀이다.'라는 옛말도 있듯이 절대로 자면 안 되는 상황에서도 잠은 찾아옵니다.

학창 시절 배부르게 점심을 먹고 난 뒤, 나른한 5교시 즈음 자신도 모르게 졸아본 경험이 있을 것입니다. 수업 시간에 졸면 선생님께 혼난다는 것을 알면서도, 곧 시험이 다가오기에 그 수업이 정말 중요하다는 것을 알면서도, 생리적으로 졸음이 밀려오면 그것을 억누르기란 굉장히 어렵습니다. 애써 눈을 부릅뜨고 몸 어딘가를 꼬집어 가며 필기를 해보아도 어느 순간 정신을 차리고 노트를 보면 내가 필기를 한 것인지 꼬부랑 그림을 그린 것인지 알 수 없을 지경입니다.

깜빡 졸아서 선생님께 혼나는 정도면 그나마 다행입니다. 인간은 잠 때문에 생명을 잃을 수 있는 상황에서도 잠이 오면 잠을 우선적으로 취하게 됩니다. 경찰청 조사에 따르면 2022년 한 해에만 졸음운전으로 인한 교통사고 사상자가 3,500명이 넘어간다니,[4] 잠이 부족할수록 강렬해지는 잠에 대한 욕구는 상상을 초월한다는 것을 알 수 있습니다.

누구나 잠이 쏟아지기 시작하면 더 이상 버틸 수 없는 순간이 오며, 그 욕구가 일정 수준을 넘으면 어떤 것보다도 잠을 우선시하게 됩니다. 이 점은 아기라고 해서 다르지 않기 때문에 아기가 '정말로 졸립다면' 잠을 못 자는 일은 있을 수 없습니다. 그러므로 아무리 재우려고 애써도 아기가 울며 잠들지 못하거나 버둥거리며 저항한다면 아기가 잠들기 어려워한다기보다는 엄마 아빠가 아기의 잠에 대한 사인을 잘못 읽고 재우고 있을 확률이 높습니다.

잠은 온오프(On/Off)가 아니다.

잠은 온오프가 아닙니다. 다시 말해, 컨디션도 매우 좋고 피로도 느끼지 않다가 잠이 필요한 순간이 오면 급격하게 잠이 쏟아지며 눈이 감기는 것이 아니라는 것입니다. 일반적으로 충분히 자고 난 직후에는 컨디션이 좋지만, 시간이 지나면서 점점 피로를 느끼기 시작하다가 어느 시점부터는 '잠에 대한 욕구'를 느끼게 됩니다.

하지만 이때에도 눕자마자 바로 잠을 잘 수 있는 건 아닙니다. 피로하지만 졸립지는 않은 컨디션도 있기 때문입니다. 회사나 학교에서 유독 고되었던 날, 귀갓길에 '너무 피곤하다. 오늘은 집에 가자마자 바로 씻고 자야지.'라고 생각했지만, 막상 집에 도착해 침대에 누우면 잠이 오지 않는 경험을 해봤을 것입니다. 이런 경우, 애써 잠을 청해 보아도 피로하기는 하지만 잠이 몰려오지는 않아서 뒤척이다가 결국 핸드폰을 꺼내거나 TV를 보러 거실로 나가게 됩니다. 이 시점이 바로 피로하지만 졸립지는 않은 시점입니다.

그러다가 시간이 더 지나면 어느 순간부터 눈이 감기면서 버티기 어렵게 되는데, 이때가 되면 억지로 깨어 있으려고 해도 어느 틈엔가 갑자기 블랙아웃이 되며 원치 않아도 졸게 됩니다. 이러한 피로와 잠의 스펙트럼을 표로 나타내면 다음과 같습니다.

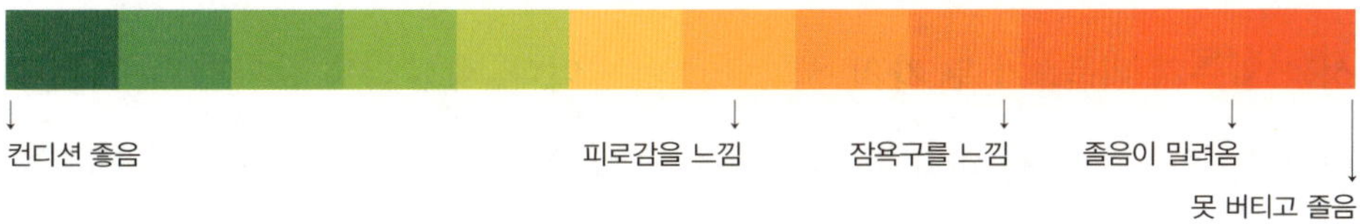

이러한 스펙트럼은 성인에게나 아기에게나 동일하게 나타나지만 졸음이 밀려오기까지 걸리는 시간에 차이가 있습니다. 성인은 뇌가 성숙하여 피로감을 감당할 수 있는 능력이 큽니다. 따라서 하루에 한 번만 자더라도 나머지 시간에 잘 깨어 있을 만큼 충분히 피로감을 관리할 수 있습니다. 하지만 아기의 경우 뇌 발달이 덜 되어 한 번에 감당할 수 있는 피로감의 양이 성인보다 훨씬 적으므로 하루에도 몇 번씩 졸려하고, 어른보다 더 빠른 시간 안에 피로감을 호소합니다. 피로감을 담을 수 있는 통의 용량이 성인보다 작은 것입니다.

이 점에 대해서 잘 이해한다면 아기가 졸려하듯 보여 주는 사인이 모두 졸음 신호가 아니라는 것을 알 수 있습니다. 즉, 아기가 찡얼거리거나 하품을 하는 것과 같은 사인이 모두 졸음이 밀려오는 것을 의미하는 것은 아니라는 것입니다. 아기는 단지 피로했을 수도 있습니다. 피로와 잠은 서로 연관되어 있지만 동일한 것은 아니며, 아기 역시 피로하지만 졸립지 않은 시간들이 있습니다. 이러한 잠의 생리를 알면 아기의 졸음신호를 좀 더 정확하게 파악하여 아기가 스스로 잠을 원할 때 재우는 것이 가능해집니다.

잠은 항상성과 일주기 리듬에 의해 조절된다

아기가 가진 생리적인 잠의 원리에 대하여 이해를 할 수 있다면 아기를 어떻게 재워야 하는지에 대하여 큰 그림을 그리는 것도 가능해집니다. 잠은 항상성과 일주기 리듬, 이 두 가지 원리로 작동합니다. 항상성은 날씨가 너무 더우면 땀을 흘려 체온을 내리고, 날씨가 너무 추우면 모공을 닫아 체온이 떨어지지 않게 하는 것과 같은 신체의 기전입니다.

잠은 뇌의 상태에 따라 작동하며 항상성을 유지합니다. 사람이 깨어서 활동하는 과정에서 뇌에 피로물질이 발생하며 쌓이게 되는데, 이 피로물질이 일정 수준을 넘어서게 되면 뇌는 항상성 메커니즘을 활성화하여 피로물질을 제거하기 위해 잠이 오게 만듭니다.

뇌가 잠을 이용해 항상성을 유지하는 일은 우리가 집을 관리하는 것과 비슷합니다. 집이라는 공간은 사용할수록 지저분해지고 생활하다 보면 쓰레기가 쌓이게 되므로 생활이 불편하지 않게 집 공간을 충분히 잘 활용하려면 주기적으로 청소를 해줘야 합니다. 뇌도 마찬가지입니다. 뇌도 가지고 있는 신경회로망을 충분히 잘 활용하기 위해 쌓이는 피로물질을 주기적으로 청소하는 시간을 갖는 것입니다.

잠욕구는 시간과 연관이 있습니다. 깨어 있는 시간이 길어지면 그만큼 자극의 양도 늘어나므로 시간의 흐름에 따라 잠욕구도 높아집니다. 이는 위에서 설명한 '잠욕구는 온오프가 아닌 스펙트럼'이라는 개념과도 일맥상통합니다. 잠에서 깨어난 후에 시간이 지남에 따라 자극을 받으면 피로물질이 천천히 쌓이며 피로감을 느끼다가 어느 순간 잠욕구를 느끼게 되는 것입니다. 다만 같은 시간 동안 언제나 동일한 양의 자극을 받는 것은 아니므로 잠욕구가 시간과 정확하게 비례하는 것은 아닐 수 있습니다.

갑자기 항상성 같은 어려운 이야기가 나와서 긴장했다면 걱정할 것은 없습니다. 그저 이 항상성의 원리에 의해 모든 아기는 일정량 이상의 자극을 받으면 '스스로' 자고 싶어 하는 잠욕구가 발동된다는 것, 그러니 그 타이밍을 잘 알 수 있다면 아기를 스스로 자게 하는 것도 크게 어렵지 않다는 것만 이해하면 됩니다.

사람의 잠을 관장하는 또 하나의 요소는 바로 일주기 리듬입니다. 사람의 몸은 자연의 리듬에 맞춰지도록 설계되어 있습니다. 사람 몸의 호르몬 중 일부는 하루 24시간, 즉 해가 뜨고 지는 것에 따라서 주기적으로 변화하게 되며, 이렇게 하루 주기에 따라 변화하는 신체의 리듬을 일주기 리듬(Circadian Rhythm)이라고 합니다.

이러한 일주기 리듬의 작용으로 아침에 해가 뜨면 자연스럽게 뇌가 각성하며 눈이 떠지고, 해가 지고 일정 시간이 되면 자고 싶지 않아도 졸음이 쏟아지게 됩니다. 일주기 리듬은 빛에 따라 조절되고 한번 각성된 이후에는 시간이 갈수록 각성도가 올라갑니다. 즉, 기상부터 각성이 시작되어 오전에는 각성도가 낮다가 시간이 지나면서 점차 올라가 늦은 오후~저녁 시간 즈음에 정점을 찍게 되는 것이지요. 이러한 각성 증가의 흐름을 멈추게 하고 몸을 이완시켜 잠이 오게 만드는 것이 바로 밤잠 호르몬인 멜라토닌입니다. 해가 지고 멜라토닌이 분비되면 각성도가 급격하게 떨어지며 항상성에 따라 이미 높아져 있던 잠욕구에 의해 잠신호가 옵니다.

항상성과 일주기 리듬에 따른 수면 그래프

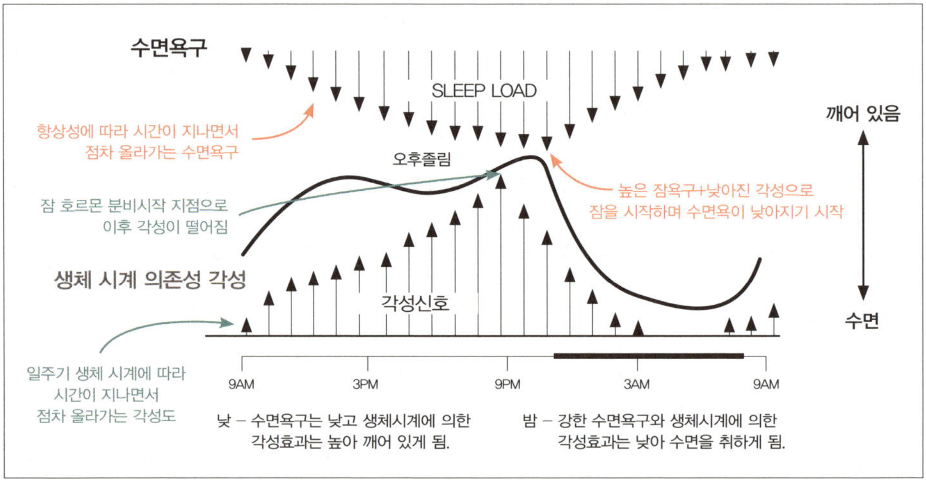

출처: 대한수면연구학회

아기들의 경우 이 일주기 리듬은 대략 3~4개월쯤에 나타나기 시작합니다. 일주기 리듬이 생기기 시작하면 위의 그래프처럼 각성에 24시간 주기의 패턴이 생겨나며 점차적으로 오전 특정 시간대에 기상하여 늦은 오후로 갈수록 깨어 있는 시간이 늘어나고 잠시간이 줄어드는 현상이 보입니다. 그리고 밤잠 호르몬의 영향으로 밤잠을 좀 더 안정적으로 자기 시작합니다.

수면교육 중 일주기 리듬에 대해서 우리가 꼭 알아야 할 점은 눈에 보이지 않더라도 몸속에 시계가 있어 생체 리듬에 따라 하루에 각성되는 시간과 이완되는 시간이 정해져 있다는 것과 그러한 생체 리듬은 사람마다 다를 수 있다는 점입니다. 어떤 사람은 이른 오전에 각성이 높고 컨디션이 좋은 종달새형이고, 어떤 사람은 늦은 오후부터 늦은 밤잠시간까지 각성이 높고 컨디션이 좋은 올빼미형입니다. 또한 그 중간 어디쯤에 맞춰진 사람들도 있습니다.

따라서 아무리 인지적으로 이른 아침에 깨어 있고 싶어도 올빼미형인 사람은 이른 아침에는 뇌와 신체가 제대로 깨어나지 않아 계속해서 뇌와 몸이 덜 깬 듯한 기분을 느끼게 되고, 피로해서 일찍 잠이 들더라도 뇌의 각성도가 충분히 떨어지지 않았으므로 수면의 질도 떨어집니다. 반대의 경우도 마찬가지입니다. 이렇게 생체 리듬에 맞지 않는 생활을 하게 되면 똑같은 시간을 자더라도 피로감이 잘 풀리지 않고 깨어 있는 시간 내내 컨디션이 좋지 않을 수밖에 없습니다.

이 점은 아기도 동일하기 때문에 어른과 마찬가지로 아기의 생체 리듬에 맞는 일과를 가지는 것이 잠 건강에 아주 중요합니다. 예를 들어 아기의 생체 리듬상 기상시간과 밤잠시간이 오전 6시와 저녁 7시라면, 엄마 아빠가 아무리 오전 8시와 저녁 8시로 맞추고자 해도 잘 되지 않습니다. 아기의 뇌와 신체는 이미 오전 6시부터 각성이 되어 있는 상태여서 조금 더 재우려고 부모가 아무리 애써도 잠들기 어렵고, 늦게 퇴근하는 아빠와 시간을 가지게 하기 위해 저녁 9시까지 깨워 두려고 해도 저녁 8시부터 졸려서 짜증이 난 상태로 내내 칭얼거리거나 울어 버려 엄마 아빠의 진을 쏙 빼놓게 됩니다.

이렇게 아기의 생체 리듬과 맞지 않는 일과를 반복하게 되면 아기의 피로감은 제대로 풀어지지 못해 낮에 깨어 있는 시간 내내 컨디션이 좋지 않게 되고, 엄마 아빠가 아기의 졸음 신호를 읽기는 더더욱 힘들어질 수 있습니다. 따라서 아기를 더 쉽게 잘 자게 하려면 아기의 생체 리듬을 알고 거기에 맞게 재워 주는 것이 정말 중요합니다.

아기가 자주 깨는 데에는 나름의 이유가 있다

잠의 생리에 따르자면 수면교육으로 아기를 잘 잘 수 있게 하는 중요한 원리는 바로 아기의 생체리듬과 졸림 패턴에 맞는 일과로 잠을 재워 주는 것이 됩니다. 이 부분은 어른과 크게 다르지 않으므로, 아기 잠의 성질이 어른과 같기만 하다면 이것 만으로도 대부분의 수면 문제가 해결될 것입니다. 그런데 안타깝게도 현실은 그렇지 못합니다. 아기의 잠에는 어른의 잠과 다른 중요한 특징이 있습니다. 그것은 바로 '아기는 아직 미성숙하며 성장 중'이라는 것입니다. 그리고 이것은 아기가 성인처럼 안정적으로 잠을 잘 자지 못하는 근본적인 원인이 됩니다.

우선 아기의 수면을 조절하는 뇌가 아직 미성숙합니다. 아기가 태어났을 때에는 잠에 중요한 일주기 리듬이나 수면 주기가 형성되어 있지 않습니다. 이것들은 아기가 3~4개월 쯤이 되어서야 서서히 발달하기 시작합니다. 뿐만 아니라, 아기의 비렘수면과 렘수면 패턴은 어른의 주기인 90분에 한참 못 미치는 30~50분 정도이며, 뇌가 깨어 있는 상태나 다름없는 렘수면의 비율도 어른보다 훨신 높습니다. 그러므로 어린 아기들의 잠이 많이 불안정하고 어려울 수밖에 없는 것은 어찌 보면 당연한 일입니다.

이 외에도 발달이 덜 된 아기의 신체도 수면을 어렵게 만들 수 있습니다. 예를 들어 소화기관이 미성숙하여 위산이 역류하는 경우 그로 인한 불편감으로 인해 잠을 잘 못 자기도 하고, 호흡길이 좁아 잠이 든 후에 뇌로 산소 공급이 원활하게 되지 못하는 경우에도 잠을 자주 깰 수밖에 없습니다. 이러한 신체의 미성숙으로 인한 수면 문제는 아기가 어려 진단도 어렵고, 성장하면 해결되는 것이어서 병리적 증상이라고 볼 수 없어 병원에 가서 해결할 수 있는 것도 아닙니다.

뿐만 아니라 아기는 끊임없이 성장하고 발달합니다. 성장 발달로 인한 변화는 종종 불안과 스트레스를 수반하며, 이러한 정서적 상태는 아기의 수면을 방해할 수 있습니다. 신체와 정신에 다양한 변화가 생기면 뇌는 갑작스럽게 더 많은 자극을 처리해야 합니다. 따라서 아기가 더 빠르게 피곤해지거나 쉽게 흥분되어 각성이 높아지기도 합니다. 아기의 성장 발달에 따른 변화는 계단식 혹은 돼지 꼬리식으로 어느 날 갑자기 껑충 뛰는 식의 변화를 보여 줍니다. 이에 따라 잠도 안정적이다가 갑자기 크게 어려워졌다가 다시 안정적으로 되기를 반복합니다.

이러한 특징들로 인해 아기의 잠은 성인의 잠과는 또 다를 수밖에 없습니다. 자다가 중간에 깨서 울거나 깨어 있는 것처럼 뒤척거리며 돌아다니는 모습들은 성인의 기준에서는 문제로 볼 수 있어도 아기에게는 정상적인 수면의 일부일 수 있습니다. 따라서 수면교육으로 아기의 잠을 성인처럼 만들 수 있다는 생각은 지나친 기대입니다. 수면교육의 목적은 아기가 자신의 수면의 능력 범위 내에서 잠을 잘 수 있게 해주고, 자다가 중간에 깨더라도 다시 잠들 수 있도록 돕는 것이지 어른처럼 정해진 시간 내내 조용히 안정적으로 자게 해주는 것이 아닙니다. 그러므로 수면교육을 할 때에는 이러한 어른 잠과 다른 아기 잠의 특징을 이해하고 아기의 잠을 바라보아야 합니다.

2

아기 잠과 수유에 숨겨진 비밀

어른들은 아기가 울면 자꾸 "배가 고픈가 보다, 얼른 젖(혹은 우유) 줘라." 라고 하시곤 합니다. 실제로 수유는 육아에 있어서 만능해결사로 보입니다. 아기를 재울 수도 있고, 울음을 그치게 할 수도 있으며, 아기의 배를 부르게 해서 조금 더 기분 좋게 만들어 줄 수도 있습니다.

그런데 이 패턴, 어딘가 익숙하지 않은가요? 밤에 야식을 배부르게 먹고 난 뒤 소르르 밤잠에 드는 게 익숙해진 사람, 속상하면 맛있고 자극적인 음식을 배달시켜 먹는 사람, 스트레스를 받으면 입에 작은 주전부리라도 달고 있어야 안심이 되는 사람 등 성인이 되어서도 아기 때와 똑같이 먹는 것으로 불편감을 해소하는 사람들이 많이 있습니다.

아기 때의 기억만이 이러한 행동들에 영향을 끼친 것은 아니겠지만, 어릴 때부터 자신에게 어떤 불편감이 있는지 정확하게 알 수 있게 하고, 그것을 어떻게 해결해야 하는지 알려준다면 분명 훨씬 더 건강하고 행복한 삶을 살 수 있을 것입니다. 그런 점에 있어서 수면교육을 할 때에는 수유의 영향을 정확하게 이해하고 수유위안을 남용하지 않도록 주의해야 합니다.

수유와 밤잠의 깸은 직접적인 상관관계가 없다

아기가 밤에 자주 깨고 울 때, 많은 부모들은 이를 '배고픔'으로 연결시키곤 합니다. 아기가 자다가 깨서 우는데 기저귀는 깨끗하고, 수유를 해보면 허겁지겁 먹고 다시 잠에 빠져드니 그 모습을 보면 그렇게 생각하게 되는 것도 무리는 아닙니다. 그러다 보니 어떻게든 더 먹여야 밤에 덜 깨겠구나 싶은 마음에 낮에 조금이라도 더 먹이려고 애쓰게 됩니다. 이때 아기가 잘 먹지 않는 경우라면 잠은 잠대로, 수유는 수유대로 아기와 씨름을 하게 되니 하루 종일 편안할 시간이 없습니다.

하지만 의외로 수유와 밤잠은 서로 연관되어 있지 않습니다. 잘 자더라도 깨워가며 먹여야 하는 신생아 시절이 지났고, 성장에 필요한 만큼 적당히 잘 먹고 있다면 밤에 배가 고파서 깨지는 않는다는 얘기입니다. 다이어트를 해봤다면, 저녁을 굶고 잘 때 처음에는 배가 고파 잠들기가 조금 어려울 수는 있어도 한번 잠든 후 새벽에 허기가 져서 깨는 경우는 거의 없다는 것을 알고 있을 것입니다. 잘 자고 아침에 깼을 때 생각보다 배가 고프지 않다는 것도요. 이렇듯 잠은 욕구를 억누르는 능력을 가지고 있기 때문에 어지간히 먹는 것이 부족하지 않은 이상 잠을 깰 정도로 배고픔을 느끼지는 않습니다.

그러면 아기는 왜 자다가 깼을 때 수유를 하면 열심히 빨아먹고 다시 잠이 들까요? 그건 바로 먹는 것과 빠는 것에 진정 효과가 있기 때문입니다. 잠에서 깨서 울고 있는 아기가 다시 잠들려면 진정이 필요한데, 수유는 먹는 것과 빠는 것을 동시에 제공하기에 가장 빠르고 강력한 진정 수단이 됩니다. 만약 분유 수유가 아닌 모유 수유라면 엄마 품의 따스함과 엄마 냄새가 추가되어 더욱 강력한 진정 효과를 발휘합니다. 게다가 포만감이 부르는 졸음의 영향도 있습니다. 그러니까 아기는 깼기 때문에 먹은 것이지 먹기 위해 깬 것은 아니라는 것입니다.

컨설팅을 진행하면서 이 가설을 수없이 많이 확인했습니다. 잠이 불안정하여 자주 깨서 수유를 여러 차례 했어야 했던 아기들이 아기에게 잘 맞는 일과와 스스로 자는 습관으로 잠의 질이 좋아지면서부터는 굳이 밤에 수유를 해주지 않더라도 긴 시간 동안 자는 것을 어려워하지 않았습니다. 놀랍게도 빠르면 100일 이전의 아기들도 수유 없이 밤잠 시작부터 끝까지 한 번도 깨지 않고 잠을 잘 수 있었습니다. 간혹 급성장기나 잠퇴행 등으로 밤중 수유가 잠 중간깸을 줄이는 데 도움이 되는 경우가 있었지만, 이때에도 수유의 여러 가지 효과 때문에 깸이 줄어든 것이지 배고픔이 해결되었기 때문이라고 보기는 어려운 정황들이 많았습니다.

그러므로 통상적으로 알려진 것처럼 아기가 밤에 자주 깨는 원인이 대부분 배가 고파서라고 판단하는 것은 맞지 않습니다. 아기가 깨는 것에는 여러 가지 원인이 있고, 그 원인은 아기를 충분히 관찰해야 알 수 있는 것이기 때문입니다. 여러분도 아기가 깼을 때 배가 고프다는 생각으로 일단 수유부터 하고 있다면 그러한 습관부터 바꾸어 보셨으면 좋습니다.

모유 수유를 해도 아기는 잘 잔다

잠과 수유에 대한 또 한 가지의 잘못된 상식은 모유 수유를 하면 소화가 빠르게 되어 아기가 좀 더 잘 깬다는 것입니다. 하지만 실제로는 수면교육을 할 때 모유 수유가 크게 단점이 되지는 않습니다. 앞에서 설명한 것과 같이 아기가 잠에서 깨는 근본적인 원인이 배고픔에 있지 않기 때문입니다. 모유 수유를 하는 아기라고 하더라도 수면교육으로 잠의 질을 충분히 회복시켜 주면 분유 수유를 하는 아기와 동일하게 충분히 긴 시간 동안 잘 자는 것을 볼 수 있습니다.

다만 모유 수유를 하는 아기의 경우 수면교육을 할 때 분유 수유를 하는 아기보다 몇 가지 어려움이 더 있을 수 있습니다. 우선 모유 수유는 분유 수유와 비교하면 더 많은 힘으로 강하게 빨아야 할 뿐만 아니라 조금만 빨아도 쉽게 나오는 분유 수유보다 시간이 오래 걸릴 수밖에 없습니다. 게다가 모유의 성분과 엄마의 젖가슴이 주는 안정감으로 인해 아기가 수유 중에 좀 더 졸려하기도 합니다.

이 때문에 자는 시간과 깨어 있는 시간을 명확하게 구분해야 하는 수면교육 기간에 모유 수유를 하는 아기는 활동시간 내내 아기를 깨우느라고 고생할 수 있습니다. 또한 너무 오랜시간 수유를 하지 않으면 수유량이 줄어들기 때문에 아기가 사실상 수유 없이 밤잠 시작부터 기상까지 통잠을 잘 수 있다고 하더라도 수유량이 줄어드는 것을 막기 위해 밤에 수유를 한 번 이상 해줘야 하는 번거로움이 있기도 합니다.

하지만 이러한 어려움은 아기가 커갈수록 줄어들기도 하고, 아기가 어리더라도 육아를 도와줄 가족이 있다면 크게 문제가 되지 않습니다. 그러므로 현재 모유수유 때문에 수면교육을 주저하고 있다면 고민은 접어두고 도전을 해보면 좋겠습니다. 다만 육아에 있어 주변에 도움을 받기 어려운 상황이라면, 모유 수유가 수월해지고 아기도 깨어 있기 쉬워지는 100일이 지난 후에 수면교육을 하는 것을 권장합니다.

3

알면 수면교육이 10배 쉬워지는 위안 팁들

아기 잠으로 고생하는 많은 엄마 아빠에게 수면교육을 주저하게 만드는 가장 큰 이유는 아마도 울음일 것입니다. 1분만 들어도 심장이 두근두근거리는 게 아기 울음인데, 수면교육을 하게 되면 아기가 울어도 달랠 수 없다고 생각하니 덜컥 겁이 날 수 밖에요.

하지만 수면교육을 한다는 것이 꼭 아기 울음을 달랠 수 없다는 것을 의미하지는 않습니다. 오히려 '위안'을 효율적으로 사용할 수 있다면 울음을 줄이면서도 교육 시간을 단축할 수 있어 수면교육에 훨씬 도움이 됩니다.

이 장에서는 수면교육에서 아기에게 위안을 주는 것에 대해 마음을 편히 가질 수 있도록 자세히 알아보고, 아기를 좀 더 빠르고 쉽게 진정시킬 수 있는 다양한 팁들을 살펴보겠습니다.

수면교육에서 위안은 '스스로 잠들기'보다 중요하다

수면교육과 위안의 상관관계를 이야기해보라고 하면 많은 부모들이 수면교육이 제대로 되려면 위안이 없어야 한다고 대답하곤 합니다. 엄마 아빠가 위안을 주어 재우게 되면 아기가 결국은 위안을 기대하게 되어 스스로 자는 것을 배우지 못할 것이라는 게 기존에 정립된 수면교육의 정론이었기 때문입니다.

하지만 저는 그렇게 생각하지 않습니다. 실제로 제가 진행했던 모든 케이스에서 위안은 직접적으로 스스로 자는 것을 망치지 않았습니다. 스스로 잘 수 없게 만들고 아기의 잠을 방해한 것은 엄마 아빠가 준 위안이 아니라 '아기가 원치 않는 도움'이었습니다. 아기의 의사에 반하여 자고 싶어 하지 않을 때 재우려고 애를 썼거나, 아기가 스스로 할 수 있는데도 애써 도움을 주려다 보니 그만큼 부모의 개입이 많이 필요했던 것입니다.

아기가 스스로 잠들기를 잘 해내기 위해서는 오히려 부모의 적절한 위안이 필요합니다. 이는 뒷배경이 든든한 사람이 아무것도 없이 홀로 있는 사람보다 믿는 구석이 있기에 앞으로 나아가고 도전하는 것이 쉬운 것과 같은 이치입니다. 부모로부터 충분히 위안을 받고 마음이 편안해져야 굳이 부모가 억지로 등을 떠밀지 않아도 무언가를 스스로 해내고자 하는 독립의 의지가 생길 수 있습니다

'잠의 주체를 아기에게 둔다!', 이 한 가지만 기억한다면 위안의 효과는 어마어마합니다.

수면의식을 행할 때 해주는 위안은 아기가 편안한 마음으로 엄마 아빠의 품

에서 정신적인 안정을 찾게 하여 이완을 도와주고, 입면(入眠)을 훨씬 수월하게 만들어 주며, 잠에 대해 좋은 기억을 가지도록 해줍니다.

입면할 때의 위안은 우선 울음이 과해져서 목이 쉬거나 핏줄이 터지는 것을 방지해줍니다. 실제로 악쓰고 우는 아기의 경우 긴 시간 울리면 얼굴의 실핏줄이 터지기도 합니다. 또한 아기가 너무 힘들어서 좌절감을 느끼지 않도록 도와주며, 힘들때면 언제나 나타나 도와주는 엄마 아빠의 존재에 대한 강한 믿음과 유대감을 제공해 줍니다. 자다가 원치 않는데 깨어 버렸을 때 받는 위안은 아기가 충분히 길게 잘 수 있게 해주어 긴 잠의 경험을 만들어 주고, 좋은 컨디션으로 교육을 잘 따라올 수 있게 해줍니다.

따라서 '어떻게 하면 아기가 엄마 아빠의 도움 없이 잠들 수 있을까?'를 이야기하기 전에 '먼저 어떻게 하면 효율적으로 아기를 진정시키고 쉽게 잠들 수 있게 해줄 수 있을까?'에 대하여 알아야 합니다. 대부분의 경우 아기들을 세워 안아주는 것만으로도 아기를 진정시키는 것이 어렵지는 않으며 안기 위안만으로 수면교육을 해도 문제는 없습니다. 하지만 아기를 진정시킬 수 있는 다양한 위안의 팁들을 알면 수면교육이 좀더 쉬워집니다.

공갈 젖꼭지만큼 강력한 백색소음 위안법

'백색소음 흔들기'는 아기를 침대에 눕혀 놓고도 사용할 수 있는 진정 방법이며, 공갈 젖꼭지 다음으로 상당히 강력한 위안입니다. 이것은 저의 아기들을 빠르게 진정시키기 위해 여러 시도를 하다가 찾은 방법으로, 어린 아기들에게 꽤나 큰 위력을 발휘합니다.

백색소음이란 선풍기나 헤어드라이기, 진공청소기 등의 반복되는 소리를 말합니다. 이 백색소음은 엄마 뱃속에서 듣던 엄마의 심장박동, 혈류 소리와 비슷해서 아기를 달래는 데 도움을 줍니다. 또한 엄마 뱃속 소리를 연상시키는 역할 외에도 주변 소음을 차단하는 역할도 할 수 있어 수면교육에 유용하게 쓸 수 있습니다.

백색소음이 아기를 진정시키는 데 도움이 된다는 것은 이제 많이 알려진 상식이 되었습니다. 하지만 막상 백색소음을 틀어 놓아도 진정이나 수면에 큰 차이를 느끼지 못하는 경우가 많습니다. 이것은 백색소음을 사용하는 방법의 차이 때문에 벌어지는 일입니다. 아기를 진정시키는 용도로 백색소음을 사용하려면 단순히 틀어 놓기만 하는 것이 아니라 조금 다른 방식으로 사용해야 합니다.

우선 핸드폰에 무료 백색소음 어플이나 음원을 설치합니다. 이 백색소음은 위안 시에만 잠시 사용하는 것이므로 잠자는 내내 틀어 놓는 배경음 용도의 백색소음과는 별개로 사용해야 합니다. 준비가 다 되었다면 울고 있는 아기에게 백색소음을 틀어 귀 가까이 대고 흔들어 줍니다. 제대로 했다면 산부인과 검진 시 초음파로 들어보았던 아기의 심장박동 소리와 비슷한 소리가 날 것입니다.

이때 중요한 것은 소리의 변화입니다. 아기는 소리의 변화에 반응하여 울음을 진정하게 되는데, 보통 큰 울음을 진정시키는 데에는 '빠른 진폭'이 효과가 좋은 편이고, 어느 정도 진정된 아기를 잠으로 이끄는 데에는 '느린 진폭'이 효과가 좋습니다. 때로는 온오프 방식의 소리가 효과적인 경우도 있으므로 스피커를 손가락으로 막았다 떼었다 하는 시도도 해보는 게 좋습니다.

아기가 어떤 소리를 듣고 진정이 될지는 여러 소리를 직접 시도해 보아야 알 수 있습니다. 아기가 진정하는 백색소음의 변화가 그때그때 다를 수 있으므로 위안을 줄 때마다 여러 가지를 시도하면서 아기에게 효과가 좋은 백색소음의 소음 변화를 찾아보는 노력이 필요합니다.

백색소음 흔들기를 사용할 때에는 큰 볼륨이 울음을 진정시키는 데 좀 더 효과적입니다. 하지만 아기의 귀 바로 옆에서 틀어 줘야 하는 백색소음 위안의 특징상 가장 큰 볼륨을 계속 틀어 주면 아기의 청각에 무리가 갈 수 있으므로 아기를 진정시키는 데 필요한 시간 동안만 사용하는 게 좋습니다.

아기가 진정했을 때 백색소음을 바로 꺼 버리면 아기가 다시 울음을 터뜨리는 경우가 많으므로, 처음에는 큰 볼륨으로 시작했다가 아기가 진정하기 시작하면 점차 볼륨을 낮추거나 백색소음 기계, 혹은 핸드폰을 아기 귀에서 멀리 떨어뜨려 줍니다. 아기가 어느 정도 진정이 돼서 진폭을 주지 않아도 진정할 수 있다면 바닥에 기계/핸드폰을 내려놓아도 됩니다. 이후 아기가 충분히 진정되어 위안을 중단해도 된다면 기계/핸드폰을 들고 방 밖으로 나와 소리를 꺼주세요.

백색소음 흔들기가 잘 통하는 아기는 이 소리만으로 바로 울음을 그치기도 합니다. 보통은 3개월 이하의 어린 아기들에게 좀 더 즉각적이고 강력한 효과를 발휘하며, 아기가 커갈수록 효과가 줄어듭니다. 하지만 돌이 넘어서도 이 위안이 잘 듣는 아기들도 꽤 있으므로 아기에게 잘 맞는다면 오래 쓸 수 있는 강력한 진정 도구입니다.

만약 아기가 백색소음 흔들기만으로 진정하기 어렵다면 안아 주기, 흔들기, 공갈과 같은 위안에 백색소음 흔들기를 더해 주는 것이 더 좋은 효과를 발휘합니다. 백색소음 흔들기의 경우 아기와 접촉하지 않는 위안이므로 특히 침대에 등 대고 눕히기 교육을 할 때 활용하기 좋습니다. 아기를 토닥이거나 흔들어 주는 위안과 백색소음 흔들기 위안을 함께 해주다가 다른 위안을 먼저 중단한 후 마지막으로 백색소음을 서서히 떼어 보세요.

이 방법이 아기에게 잘 듣는다면 꽤 긴 시간 동안 자주 사용하게 될 위안이므로 아기의 귀에 부담이 덜하도록 백색소음보다는 핑크소음을 사용할 것을 권장합니다. 핑크소음이란 고주파음과 저주파음의 소리를 조절하여 모든 주파수대에서 같은 음량으로 들리는 백색소음을 말합니다.

백색소음 흔들기 위안은 공갈 젖꼭지와 마찬가지로 아기들에게 호불호가 뚜렷하므로, 아기를 진정시키는 데 크게 효과적이지 않다고 판단된다면 굳이 이 위안을 사용하려고 애쓰지 않아도 괜찮습니다.

힘들이지 않고 편안하게 할 수 있는 아기 흔들기 위안법

아기 흔들기는 짐볼, 아기띠, 안고 걷기 등과 같은 강력하면서도 고전적인 아기 진정법을 쉽게 사용하는 방법입니다. 이러한 강력한 위안들의 효과는 바로 아기의 머리가 흔들리는 것에서 발생합니다. 따라서 이와 동일한 효과를 내면서도 엄마 아빠의 에너지 소모를 최소화하려면 아기 머리의 움직임에 집중해서 머리를 살살 흔들리게 해주어야 합니다.

아기 흔들기 위안법은 한번 터득하고 나면 크게 어렵지 않습니다. 머리를 좌우로 부드럽게 흔들리게 해주면 되는데 이때 정확한 방식으로 흔드는 게 중요합니다. 마치 달걀을 양손 가운데에 놓고 깨지지 않도록 왼손 오른손으로 번갈아 오가도록 흔드는 것처럼 아기 머리를 좌우로 살살, 1초에 약 2~3번 정도의 적당히 빠른 속도로 흔들어 줘야 합니다. 이때 좌우로 딱딱 끊기듯 움직이는 것이 아니라 부드럽게 타원을 그리는 느낌으로 손을 흔들어 아기의 머리가 자연스럽게 흔들리도록 하는 것이 포인트입니다. 아기를 세워 안거나 앉아서 안은 상태에서 흔들기를 하더라도 이러한 느낌으로 흔들어 주면 큰 힘을 쓰지 않더라도 아기를 쉽게 진정시킬 수 있습니다.

이 방법은 특히 아기를 가로로 안은 상태로 흔들어 줄 때 아주 효율적입니다. 의자에 앉은 뒤 아기를 가로 방향으로 안은 상태에서 아기 머리를 손이나 팔 위에 올리고 아기를 안고 있는 몸을 살살 흔들어 손 위에 있는 아기 머리가 자연스럽게 흔들리도록 해줄 수 있기 때문입니다. 이 방법을 이용하면 아기를 쉽게 진정시키면서도 엄마 아빠의 몸에 무리가 훨씬 덜 가게 할 수 있습니다.

이때, 의자에 앉은 상태에서 아기 머리가 있는 쪽의 무릎을 책이나 발 받침대 등을 이용하여 조금 더 높게 올리고, 무릎 위에 손을 얹은 후 손 위에 아기 머리를 얹는 자세를 취하면 위안 시간이 길어지더라도 몸에 부담이 아주 적어 긴 시간 동안 위안을 주기에 유용합니다. 이러한 흔들기 방식이 어색하여 진정이 잘 되지 않는다면 아기의 머리가 올려져 있는 다리를 휴대폰 진동이 울릴 때처럼 '달달' 떨듯 떨며 빠른 잔진동을 주는 것도 효과가 좋으니 시도해 볼 만합니다. 이 진동과 같은 흔들림은 오랜 시간 쓰기는 적합하지 않으므로 아기가 진정이 되고 나면 편안한 진폭의 흔들기 위안으로 바꿔 주는 게 좋습니다.

만약 범퍼침대를 사용하여 의자를 놓기 어렵거나 친정이나 시댁이어서 마땅한 의자가 없는 상황이라면 바닥에 앉아서도 아기 흔들기 위안을 줄 수 있습니다. 아기를 허벅지 쪽에 내려놓은 상태에서 아기 머리를 팔 위에 올려놓고 동일한 방식으로 위안을 줘 보세요. 이때에도 아기의 머리를 직접 흔들려고 하기보다는 아기를 자연스럽게 내려놓은 상태에서 골반을 타원을 그리듯 움직여 아기 머리가 자연스럽게 따라 흔들리게 하는 게 더 수월합니다.

아기 흔들기는 아기가 침대에 누운 상태에서도 적용할 수 있습니다. 아기의 가슴에 손을 올리고 압박하듯 눌러 주면서 몸을 가로로 8자 모양이 되도록 흔들어 주면 머리가 따라 흔들리며 비슷한 효과를 낼 수 있습니다. 아기의 머리를 직접 흔든다고 생각하지 말고 아기의 몸을 부드럽게 흔들어 아기 머리가 따라 흔들리도록 흔들어 주세요.

아기가 만약 3개월 이하라면 아기를 옆으로 눕힌 채로 위안을 주는 것이 더 효과적입니다. 품에 안고 흔들기를 하려면 옆으로 안아 아기의 머리도 옆으로 뉘어 있는 상태로 위와 동일한 방식으로 흔들어 주세요. 침대에 눕혀서 위안을 주는 경우에는 아기를 옆으로 눕힌 상태에서 어깨 쪽을 지긋이 누르며 같은 방식으로 8자를 그리듯 흔들어 주는 것이 위안을 주기에 수월합니다. 아기 흔들기 위안법도

백색소음 흔들기 위안과 마찬가지로 다른 위안을 같이 사용했을 때 아기가 좀 더 빠르게 진정합니다. 쉽게 사용할 수 있는 것은 공갈인데, 아기들이 공갈을 물다가 떨어뜨리는 경우가 많으므로 아기를 가로로 안은 채로 손으로 아기 머리를 받칩니다. 아기 머리를 받쳐 줄 때에는 아래 그림과 같이 손바닥 전체로 머리와 공갈을 함께 잡아 주세요.

이렇게 한 손으로 아기 흔들기와 공갈 위안을 한 번에 해주면 다른 손으로는 토닥이기나 쓰다듬기, 백색소음 등의 위안을 추가로 줄 수 있어서 좀 더 강력한 진정 효과를 볼 수 있습니다. 만약 공갈을 물지 않는 아기라면 아기를 옆으로 눕혀 한 손으로 아기 머리를 받치고 흔들어 주며 다른 손으로 백색소음 흔들기를 해주면 꽤 강력한 진정 효과를 발휘합니다.

이 위안으로 효과를 보려면 제대로 된 방법을 익히는 것이 필요하므로 아기가 기분 좋게 깨어 있는 낮에 연습을 하거나 인형을 가지고 사전에 연습을 해보는 것이 좋습니다. 아기가 울기 시작하면 당황스러워 제대로 된 방식으로 흔드는 것이 어려워지기 때문입니다. 만약 연습을 해도 진정시키는 것이 쉽지 않다면 다른 위안으로 아기를 어느 정도 진정시킨 후에 아기 흔들기로 위안을 전환하여 진정을 유지시키고 잠으로 빠져들게 하는 데 사용하면 훨씬 쉬우면서도 몸의 부담이 덜할 것입니다.

간혹 아기 흔들기 위안에 대해서 아기 흔들림 증후군을 염려하기도 하는데 그런 걱정은 하지 않아도 됩니다. 아기 흔들림 증후군은 아기의 목이 꺾일 정도로 아기를 흔들 때 발생하는 증상으로, 아기의 연약한 뇌가 두개골에 부딪혀서 손상되는 것입니다. 이 책에 설명된 아기 흔들기 위안은 미국 소아과 의사인 하비 카프(Harvey Karp) 박사가 주장한 것으로, 계란도 깨지지 않을 정도의 부드러운 자극이어서 정확하게 이해하고 행했다면 이 정도의 흔들기로는 아기 흔들림 증후군과 같은 손상은 오지 않습니다. 그래도 걱정이 된다면 유튜브(youtube)에서 하비 카프 박사의 5S동영상을 검색해서 어떤 방식으로 흔들림을 줘야 하는가를 확인하고 충분히 연습한 후 사용하세요.

아기 마음을 받아주고 잠에 대해 알려주는 목소리 위안법

목소리 위안은 약한 진정 효과를 가지고 있지만 그렇다고 해서 절대로 간과해서는 안 되는 중요한 위안입니다. 아기의 수용언어는 표현언어보다 훨씬 빨리 발달하기도 하고, 아기가 말을 알아듣지 못하더라도 말에 따른 분위기를 파악할 수 있기 때문입니다. 또한 아기에게 위안을 줄 때 필요한 말을 함으로써 부모 자신도 어떤 마음으로 위안을 줘야 하는가에 대한 생각을 잊지 않을 수 있습니다.

게다가 올바른 수면교육의 목적은 그저 아기를 빨리 잠들게 하는 것이 아닙니다. 아기 스스로 잠욕구가 무엇인지 깨닫고 잠이 자신에게 주는 이득을 인지하며 스스로 자려고 노력하게 하는 것이 중요합니다. 그렇기 때문에 언어로 꾸준히 잠에 대해 알려 주고 이해시키려는 노력은 반드시 필요합니다. 그러한 노력을 통해 아기가 커 가면서 처음에는 분위기로, 그 다음에는 익숙한 음절의 단어로, 더 크면 문장의 의미로 엄마 아빠가 하는 말을 이해할 수 있습니다.

목소리 위안을 줄 때에는 아기에게 부모가 하고 싶은 말을 하는 것보다는 아기의 감정을 언어로 읽고 반영해 주는 것이 좋습니다. 또한 아기의 언어 발달 수준을 고려해서 말을 해줘야 합니다. 또 한 가지 주의할 점은 아기에게 직접적으로 대화를 하듯이 아기 이름을 부르거나 말을 걸면 안 된다는 것입니다. 평상시와 다르게 잠들 때 주는 위안이기 때문에 아기에게 답변을 요구하듯 말을 걸거나 이름을 부르면 아기의 의식이 집중되어 오히려 잠에 들기 어려울 수 있습니다. 목소리 위안은 다음의 원칙에 따라서 하면 효과적입니다.

- 단어 위주의 간단한 문장 사용하기
- 잠과 관련하여 아기가 이해하기 쉬운 약속된 하나의 단어를 꾸준히 반복하기
- 아기의 감정이나 행동을 객관적인 단어를 써서 읽어 주기
- 긍정적이고 안심할 수 있는 말 들려주기
- 아기와 직접적인 대화를 원하는 느낌으로 아기를 부르는 것은 피하기
- 부드럽되 단조로운 전통 자장가 같은 말투를 쓰기

잠과 관련하여 아기가 이해하기 쉬운 하나의 단어는 가족끼리 하나를 결정

하여 모든 가족이 동일하게 사용해 주는 것이 좋습니다. 저는 이 단어를 잠 시동을 걸 때 사용한다고 해서 '잠 시동어'(이하 시동어)라고 부릅니다. 이 시동어는 아기가 알아듣기 쉽도록 의성어나 의태어를 사용하는 것이 좋습니다. 예를 들자면 '코~', '넨네', '자장자장', '쿨쿨' 등이 있습니다. 이 시동어를 이용하여 아기에게 간단한 문장으로 이야기해 보세요. 긴 말은 아기를 이해시키기 어려우므로 단어 위주의 짧은 문장을 사용하여야 합니다. 예를 들어 약속된 단어가 '코하자'라면 다음과 같이 말할 수 있습니다.

- 우리 아기 코하자.
- 코하기 힘들구나.
- 아고 그랬어~. 코하기 어려워?
- 코하자, 아가 코하자.
- 괜찮아. 코하자.
- 쉬~. 괜찮아. 코하자~. 엄마 여기 있네~.
- 코하자~, 우리 아기 코하자~.

이렇게 아기에게 말을 걸 때에는 말투와 표정도 아주 중요합니다. 아기가 안심할 수 있도록 부드럽고 따뜻하고 감정을 다 받아 주는 마음을 가지고 이야기 해주세요. 아기들은 말을 하지 못하기에 분위기에 훨씬 예민합니다. 따라서 똑같은 이야기를 해도 걱정이 가득한 말투로 이야기하면 그 분위기를 읽고 더 진정하기 어려워할 수 있습니다.

또한 감정 읽기를 해줄 때는 아기의 감정을 객관적으로 읽어 이야기해 줘야 합니다. 막상 감정 읽기를 하려고 하면, 안쓰러운 느낌, 불쌍하다는 느낌과 같은 부정적인 의미의 단어를 쓰게 되기 쉽습니다. 예를 들자면 "불쌍한 우리 아기, 엄마가 없으니까 무섭구나~."와 같은 말입니다. 그런데 그렇게 되면 오히려 아기에게 현재 겪고 있는 일들이 안쓰럽고 불쌍하고 무서운 일이라고 가르쳐 주는 꼴이 됩니다. 아기가 아무리 울고 화를 내도 엄마 아빠가 긍정적이고 포용적이며 아기의 부정적이고 불안한 감정 표현에 흔들리지 않는 모습을 보여 줘야 아기도 그러한 엄마 아빠를 보며 안정적인 감정을 배워 갑니다. 감정은 최대한 객관적으로 읽어 주고 부정적인 단어는 피해 주세요.

더 빠르게 잠들게 해주는 자극 차단 노하우

위안을 줄 때 한 가지 더 빼놓을 수 없는 노하우가 있다면 바로 자극 차단입니다. 잠을 잔다는 것은 외부의 자극과 자신을 분리시켜 회복하는 과정이므로 자극이 있으면 잠들기 어려워지기 때문입니다. 아무리 인지적으로 자극을 받지 않으려고 애써도 뇌는 기본적으로 자극을 추구하는 기관이기에 무언가 보이고 느껴지는 것이 있으면 자신도 모르게 그 자극에 집중해 버리게 됩니다. 어두운 방 안으로 들어왔는데 무슨 자극이 그리 있으랴 싶지만 우리에게는 아무것도 아닌 자극들도 세상을 마주한 지 얼마 안 된 아기에게는 모든 것이 신기해 자극이 될 수 있습니다. 그렇기에 위안을 줄 때 자극을 차단하는 것에 좀 더 신경쓸 필요가 있습니다. 자극 차단에는 다음과 같은 방법이 있습니다.

시각 차단

아기를 재울 때에는 불을 끄거나 암막을 치게 되므로 부모들이 시각 자극에 대해서는 크게 생각하지 않을 수 있습니다. 하지만 방안이 어둡다고 하더라도 전자기기의 불빛, 시곗바늘의 야광 빛, 커튼에서 새어 들어오는 햇빛 등의 빛 자극들은 존재합니다. 그리고 이러한 작은 빛 자극은 생각 외로 아기의 잠을 꽤나 방해할 수 있습니다.

가능하면 미리 이러한 빛 자극이 없도록 잠환경을 만들어 주는 것이 가장 좋지만 이것이 불가능하다면 위안을 주면서 시각 자극을 차단시켜 줄 수 있는 다양한 방법이 있습니다. 아기를 안을 때 아기의 얼굴을 엄마 아빠의 몸쪽을 향하게 하면 엄마 아빠의 몸이 자연적으로 시각을 차단해 주므로 효과적입

아기를 안을 때 아기의 시선이 엄마 아빠의 몸쪽으로
가게 하여 시각 자극을 자연스럽게 차단해 줍니다.

니다. 좀 더 직접적인 방법으로는 아기의 눈을 쓸어 주면서 눈을 감겨 주는 방법도 있습니다. 이 방법은 아기가 자꾸 눈을 뜨고 무언가 응시하려고 할 때 유용하며, 눈을 감겨 준 후에 잠시 동안 손을 그대로 두고 있다가 떼면 잠이 빨리 오게 하는 데 좀 더 도움이 됩니다.

위안을 주면서 눈까지 감겨 주는 데에 손이 부족하다면 안대도 유용합니다. 특히 자극에 민감한 100일 이전의 어린 아기의 경우 안대를 사용했을 때 훨씬 빠르게 잘 자는 경우가 있습니다. 안대를 사용하더라도 안대를 씌우고 쭉 재우는 것은 안전상의 문제로 권장하지 않으니 위안을 주면서 시각 자극을 차단하는 용도로만 잠시 사용하고 아기가 어느정도 진정되고 잠들어가는 것이 보이면 완전히 벗겨 주어야 합니다. 안대는 아기용을 따로 판매하지는 않으므로 어른용 중에 작은 것을 구매하여 고무줄을 아기의 머리 둘레에 맞게 새로 달아서 사용하세요.

청각 차단

수면 시간 중에 아기의 청각 자극을 차단하는 것은 재울 때 배경음으로 백색소음을 틀어 주는 것만으로도 충분합니다. 백색소음은 소리를 완전히 차단하는 것은 아니지만 외부에서 갑작스러운 소음이 발생하더라도 뇌가 어느 정도 필터링을 할 수 있게 하는 역할을 합니다. 조용한 환경에서 접시 깨지는 소리가 난 것과 백색소음이 틀어져 있는 상태에서 접시 깨지는 소리가 났을 때 어떤 상황의 소리가 자극적으로 들릴까를 생각해 보면 백색소음이 어떤 차단 효과를 가지는지 알 수 있습니다. 만약 첫째가 있어서 시끄럽거나 층간소음에 취약한 집이라면 특히 백색소음 배경음을 사용하는 것이 필수입니다.

움직임 차단

아기가 입면할 때 움직임이 많으면 잠드는 데 시간이 더 많이 걸리고 어려워집니다. 따라서 아기가 팔다리를 휘적거리면서 울 때는 팔다리의 움직임을 어느 정도 차단해 주면 입면이 좀더 쉬워집니다.

아기가 어린 경우에는 스와들(속싸개)을 사용하는 것이 도움이 되고, 스와들을 사용하지 않는 아기라면 아기의 팔을 크로스하여 가슴이나 배 쪽으로 모으고 모인 팔을 가슴 쪽으로 지긋이 눌러 주면 가슴을 압박하면서 동시에 팔의 움직임을 잡아줄 수 있습니다.

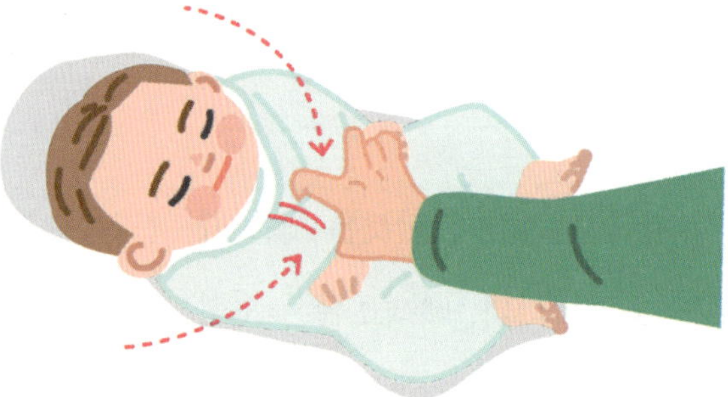

아기의 팔을 크로스하여 가슴 쪽으로 눌러 줍니다. 손가락을 크게 벌려 아기의 손목을 손가락 사이에 끼워주면 한 손으로 팔을 잡아 주고 다른 손으로 공갈이나 백색소음 흔들기를 사용할 수 있습니다.

엄마 아빠가 앉은 상태로 아기를 세워 안고 있는 경우라면 아기의 양발을 허리 뒤쪽으로 보내고 양팔을 옆구리에 끼운 후 위안을 주면 팔다리의 움직임을 효과적으로 줄여 줄 수 있습니다. 만약 앉은 상태에서 아기를 가로로 눕힌 경우라면, 다음의 그림처럼 한쪽 팔을 옆구리에 끼우고 다리 사이에 반대쪽 팔을 끼워 팔다리를 잡아 주세요. 그런 뒤 엄마 아빠의 얼굴을 아기 머리에 가깝게 붙여 주거나 아기를 엄마 아빠 쪽으로 옆으로 눕히면 아기의 시선이 다른 곳으로 향하는 것을 막을 수 있어 움직임과 함께 시각 차단도 쉽게 할 수 있어 유용합니다. 제가 '자극 차단 자세'라고 부르는 이 자세로 아기를 안으면 아기가 팔다리를 크게 휘두르거나 허리를 젖히며 발버둥쳐도 수월하게 움직임을 제한할 수 있습니다.

아기의 팔을 양쪽 옆구리에 끼우고 다리를 허리 뒤쪽으로 넘겨 아기를 안아 줍니다.

아기의 한쪽 팔을 옆구리에 끼우고 끼운 쪽 방향에 있는 팔로 아기의 머리를 두르듯 받친 후 아기의 다른 쪽 팔의 어깨를 지긋이 눌러 줍니다. 반대편 팔을 아기 다리 사이에 끼워 아기의 한쪽 다리가 팔과 옆구리 사이에 들어가도록 한 후 그쪽 손으로 엉덩이를 받칩니다. 만약 아기의 뻗댐이 심하지 않다면 다리 사이에 손을 넣지 않고 허벅지에 아기 엉덩이를 내려놓은 후 아기 다리 쪽에 있는 손으로 공갈을 물리거나 백색소음 흔들기 위안을 사용해도 괜찮습니다. 이때 아기 머리를 받치는 쪽의 발 밑에 받침을 두어 허벅지로 팔과 아기 머리 무게를 함께 지탱하며 아기 머리쪽이 살짝 올라가게 하면 위안을 주기 좀더 수월합니다.

아기의 움직임을 차단할 때 중요한 것은 강제로 아기를 꽉 묶어 두는 것이 아니라는 점입니다. 아기를 완전히 묶어 두듯 잡으면 아기는 본능적으로 그것에 저항하느라 오히려 잠들기가 더 어려울 수 있습니다. 아기가 팔다리를 휘두르면 어느 정도는 허용하되 큰 움직임을 잡아 줘야 합니다. 아기의 팔다리 중 몸통에 가까운 쪽의 팔이나 허벅지의 움직임만 막아도 크게 휘두르는 것은 충분히 막을 수 있습니다.

만약 아기가 화를 내듯 울며 크게 움직인다면 그때는 엄마 아빠가 아기를 구속하려고 하는 게 아니라는 의미로 잠시 움직임을 허용해 줘도 좋습니다. 아기의 마음을 이해해 주되 지금은 자는 시간이라는 것을 알려준다는 느낌으로 달래듯 움직임을 적당히 허용했다 잡아 주었다 하면 아기도 점차적으로 엄마 아빠의 통제에 따라 진정할 수 있게 됩니다.

이렇게 시각, 청각, 움직임 등의 자극 차단을 할 때 알고 있어야 할 것이 한 가지 있습니다. 자극 차단이 빨리 잠에 빠져들게 하는 데는 도움을 주지만 울음 없이 조용히 빠져들게 하는 것은 아닐 수 있다는 점입니다. 보통 아기가 졸린 상태이고 위안을 주고 있는데도 자극을 원하거나 크게 움직이는 경우는 이미 무언가의 이유로 입면이 어려워진 상태입니다. 그렇기 때문에 자극을 차단하면 진정하기 위해 순간 크게 울거나 더욱 발버둥을 치려고 할 수 있습니다. 이것을 아기가 싫어하는 것이라고 오해하지 말아야 합니다. 천천히 자극을 차단하되 위안을 충분히 주는 방식으로 아기에게 진정을 유도하여 안정시켜 주면, 처음에는 크게 울더라도 점차 진정이 되며 잠에 빠져들 것입니다.

공갈 젖꼭지는 죄가 없다

아기의 수면과 관련해서 많은 부모들이 공갈 젖꼭지(이하 공갈) 사용이 수면 문제를 유발한다고 믿으며 아기가 공갈을 빨면서 잠드는 것에 대한 걱정을 많이 합니다. 하지만 공갈은 절대로 수면 문제의 직접적인 원인이 아니니 편하게 사용하셨으면 좋겠습니다. 지금까지 공갈 때문에 수면 문제가 생겼다며 컨설팅 의뢰가 들어온 경우 실제로 그 원인을 확인해 보면 정말로 공갈이 원인이었던 경우가 단 한 건도 없었기 때문입니다.

공갈 중독이나 공갈 셔틀 현상을 자세히 분석하여 살펴보면, 문제의 근본 원인은 아기가 공갈을 무는 행위 그 자체가 아니었습니다. 오히려 부모가 쉽게 아기를 진정시킬 수 있는 공갈에 의존하며 아기의 잠에 대하여 원하는 바를 관찰하고 이해하는데 소홀해진 것이 가장 큰 원인입니다.

공갈 중독 현상을 보이던 아기들도 아기의 잠욕구를 잘 읽어 주면서 잠을 자게 한 경우에는 전혀 그러한 현상이 생기지 않았습니다. 아기들은 공갈을 물고도 충분히 긴 낮잠과 밤잠을 잤으며, 공갈이 입에 있든 없든 잠 중간에 깼을 때도 다시 잠드는 것을 크게 어려워하지 않았습니다. 심지어 입면 시에 공갈을 주지 않더라도 크게 어려움 없이 스스로 자기까지 하였습니다.

아기 잠의 질을 위해 공갈을 떼어야 한다는 주장들을 보면 공갈은 아기 스스로 쥐어 물 수 없기 때문에 나쁜 습관이 된다고 합니다. 하지만 공갈은 엄마 아빠가 안아주는 위안보다 더 셀프 위안에 가깝습니다. 처음에야 공갈을 물려줘야 하지만 한번 입에 들어가고 나면 아기가 스스로 빠는 것이 가능하기 때문입니다. 반면, 안아 주기 위안의 경우에는 처음부터 끝까지 엄마 아빠의 품이 들어갑니다.

게다가 어린 아기라고 하더라도 공갈 사용에 있어서 전적으로 엄마 아빠에게 의존해야만 하는 것은 아닙니다. 공갈을 많이 좋아하는 어린 아기 중에는 입면 후에도 공갈을 일부러 이빨에 걸고 자는 아기도 있습니다. 떨어지면 손으로 쥐어 물지 못하니 이빨로 잡아두고 있다가 중간에 깼을 때 빨려는 것이지요. 아기 나름의 스마트한 전략입니다. 그러다가 아기가 소근육을 어느 정도 쓸 수 있게 되는 6~8개월쯤 되면 그때부터는 공갈을 스스로 쥐어 무는 것이 가능해집니다. 그 때가 되면 공갈은 입에 넣어줘야지만 스스로 위안이 가능했던 반-셀프 위안에서 완전-셀프 위안으로 탈바꿈하게 됩니다.

아기의 빨기 욕구는 본능이며, 빨면서 진정하는 것은 아기에게 전혀 해가 되지 않습니다. 오히려 본능적인 욕구는 충분히 충족시켜 주는 것이 필요합니다. 강제로 떼는 경우 그 욕구는 사라지는 것이 아니라 무의식의 어딘가에 숨어서 자리잡고 있다가 언젠가 다시 드러나 아기의 행동에 영향을 줄 수 있기 때문입니다. 게다가 공갈이 수면 문제를 일으키는 것이 아니라는 게 확인되었으니 공갈을 억지로 떼어야 할 이유는 어디에도 없습니다.

공갈에는 많은 이점들이 있습니다. 입면할 때 빠른 진정이 가능해서 교육을 훨씬 수월하게 해주고, 외출 시나 손님이 방문해서 아기 울음을 기다리기 힘들 때 쉽게 울음을 조절할 수 있으며, 손이나 러비를 빠는 것보다 위생적인 관리가 가능합니다. 또한 영아돌연사의 위험을 낮추고 부모 주도적으로 컨트롤할 수 있어 나중에 떼기도 쉽습니다.

이러한 공갈의 장점을 잘 활용하면서도 수면의 부작용을 겪지 않으려면 공갈이 아무리 편하더라도 남용하지 말고 아기가 꼭 필요로 할 때만 써야 합니다. 그러기 위해 다음 두 가지 원칙을 꼭 기억하세요.

- 공갈을 사용할 때는 수면 시 혹은 아기가 조금 불안해할 때 등 사용 시간을 한정한다.
- 공갈의 선택권은 '아기'에게 주고, 부모는 공갈을 제안한다.

공갈을 사용할 때는 부모의 기준으로 부모가 필요할 때 사용하기보다 아기의 마음이 불안하거나 울음을 그치기 어려워할 때 스스로를 진정시키기 위해서 사용하는 도구로써 아기가 인지하고 사용할 수 있도록 알려줘야 합니다. 또한 아기가 진정에 대한 주도권을 가질 수 있도록 아기에게 직접 공갈 선택권을 주는 것이 중요합니다. 어린 아기가 어떻게 공갈을 선택할 수 있나 싶겠지만 어린 아기도 호불호는 명확하게 가지고 있으므로 조금만 세심하게 관찰하면 아기의 의견을 묻는 것이 가능합니다.

아기에게 공갈을 주는 경우에는 무조건 입에다가 넣어서 물리지 말고, 아기를 관찰하면서 아기의 입술을 공갈로 톡톡 두드려 본 후, 아기가 물겠다고 입을 벌리면 그때 공갈을 넣어 주시는 것으로 아기의 의사를 물어볼 수 있습니다. 만약 아기 입에 공갈을 톡톡 두드렸는데 아기가 도리질을 치거나 입에 물려 주니 짜증을 내며 뱉어 버린다면 그때는 아기가 원치 않는 것이므로 공갈을 바로 다시 물리지 않도록 주의해야 합니다.

그런 경우에는 일단 기다려 보거나 다른 위안을 제공해 본 후 그래도 진정하기 어려울 때 다시 한번 공갈을 제안합니다. 아기가 싫다고 한다면 잠시 기다렸다가 다시 제안하기를 반복하며 아기가 스스로 원할 때 물 수 있게 해줍니다. 공갈에 애칭 하나를 붙여서 그 애칭을 부르며 입술을 두드리면 추후 아기의 언어적 능력이 발달함에 따라 공갈을 애칭으로 알아듣고 부를 수 있어 공갈을 아기 주도적으로 사용하는 데 더욱 도움이 됩니다.

공갈을 무는 것뿐 아니라 공갈을 빼는 것도 아기 스스로 할 수 있게 해주면 더더욱 좋습니다. 공갈을 뱉는 것을 의미하는 의성어나 의태어를 하나 만들어서 아기에게 그 말을 들려주며 손을 입 아래에 대고 기다립니다. 아기가 무슨 말인지 몰라 공갈을 뱉지 않으면 다시 같은 말을 반복하며 공갈을 아기 입에서 빼서 손 위에 올려놓고 아기에게 보여 줍니다. 이렇게 꾸준히 반복하다 보면 아기 입 아래 손을 대고 뱉으라고 말할 때 아기 스스로 뱉을 것입니다. 공갈을 뱉는 것도 만약 아기가 원치 않으면 도리질을 치거나 엄마 아빠의 손이 아닌 다른 곳을 쳐다보며 싫은 표시를 낼 수 있습니다. 그런 경우에도 우선 아기의 의견을 존중해 준 후 잠시 후에 다시 물어보는 게 좋습니다.

공갈을 좋아하는 아기를 키우고 있는 부모들은 공갈을 떼는 것에 대해서도 걱정하곤 합니다. 공갈을 꼭 떼기로 결심하였다면 이 책의 Part 5에서 설명하는 마음읽기 수면교육 방법을 적용하여 조금씩 공갈없는 잠에 적응시켜 가는 것으로도 충분히 뗄 수 있습니다. 하지만 반드시 일찍 떼어야 하는 이유가 있는 것이 아니라면 아기의 수용언어가 어느 정도 발달한 후에 민주적으로 떼는 것을 권장하고 싶습니다. 공갈과 이별하는 과정이 아기가 스스로 독립성을 찾아 가는 여정에서 자신이 의존했던 위안물을 스스로 보낼 수 있는 소중한 성장의 경험이 될 수 있기 때문입니다.

이렇게 민주적인 방식으로 공갈과 이별하는 경험을 하게 해주고 싶다면 아기가 충분히 말을 알아듣기 시작하는 18개월이 넘었을 때 아기에게 공갈과의 이별을 제안해 보셨으면 합니다. "쪼쪼(공갈 애칭의 예시)도 이제 엄마 아빠가 보고 싶어서 집에 가고 싶대. 우리 이제 쪼쪼도 엄마 아빠한테 보내 주자."와 같은 공갈 없이 자야 하는 이유를 이야기해 주면 좋습니다. 혹은 공갈과 이별하는 동화를 하나 만들어 들려주면서 공갈을 보내자고 해봐도 좋습니다. 아기의 눈높이에서 이해하기 쉬운 이야기로 아기에게 설명을 해주고 아기가 받아들일 때까지 반복적으로 노력하는 과정이 중요합니다. 이 과정을 직접 해보면 아기들도 주도적으로 공갈과 이별할 수 있다는 것을 알고 놀랄 것입니다.

독자들과 나누는 육아 경험담

우리 집 첫째 둘리는 공갈을 잘 무는 아기였습니다. 공갈이 있으면 어디서나 울지 않고 잠들게 할 수 있으니 편하기도 하였고, 공갈을 쭙쭙 하고 빠는 아이의 모습이 귀엽기도 하여 굳이 뗄 생각을 하지 않았습니다. 하지만 둘리가 돌이 넘어가고 어린이집 단체생활에 들어가자 선생님께서 아이의 공갈을 매번 챙겨주시기 어려우므로 떼는 것이 더 낫겠다고 판단하게 되었습니다.

사실 마음 먹은 후에도 걱정이 많았습니다. 태어나서 지금까지 잘 때는 늘 공갈과 함께였으니, 공갈이 없는 잠에 적응하기까지 얼마나 힘들지 상상만 해도 식은땀이 날 수밖에요.

그래도 더 미룰 수는 없었습니다. 굳은 결심을 한 날 저녁, 잠자리를 앞두고 둘리에게 쪼쪼도 엄마 아빠가 보고 싶어서 집에 가야 한다며 공갈의 여정에 대한 짧은 이야기를 들려주었습니다. 그리고 "이제 쪼쪼를 집에 보내 주자~."라고 이야기하며 공갈을 달라고 손을 내밀고는 '이제부터 시작이겠구나!' 생각했습니다.

그런데 둘리가 저를 한번 쳐다보더니 너무 아무렇지도 않게 입에 문 공갈을 빼서 저에게 주지 않겠어요? 그러고는 쪼쪼가 얼마나 엄마 아빠가 보고 싶었을지 충분히 이해했다는 느낌으로 침대에 누워 눈을 감고 그대로 잠을 청했습니다.

당황스러울 만큼 수월해서 이러다가 잠시 후에 울며 공갈을 찾지 않을까 했는데 둘리는 그대로 평소와 같이 아침까지 쭉 잤습니다. 그리고 그날 이후로 다시는 공갈을 찾지 않았어요. 언제나 아기의 능력에 대해서 과소평가 하지 말자고 다짐하던 저였지만 또 한번 아기의 잠재력에 감명받은 순간이었습니다.

반면 둘째 무지개는 공갈을 잘 물지 않는 아기였습니다. 하지만 까다로운 기질인 무지개를 쉽게 진정시킬 수 있는 무언가가 필요했기에 오랜 기간 공들여 무지개에게 공갈을 스스로 물고 진정하는 방법을 알려 주었습니다.

이후 무지개는 잠뿐만 아니라 마음의 진정에도 공갈이 필수였고, 둘리보다 잠이 쉽게 깨는 편이었기에 둘리 때보다 공갈을 뗄 엄두를 쉽게 내지 못했습니다. 20개월이 훌쩍 넘어 이제는 끊게 해야겠다고 다짐했을 때는 공갈을 사용한 시간이 긴 만큼 큰 저항에 맞닥뜨릴 각오를 해야 했습니다.

말이 빨라 대화가 잘되고 자존심도 강한 무지개에게 쓴 전략은 "언니는 공갈을 물지 않아요."였습니다. 주변의 어른들이나 언니들은 아무도 공갈을 물지 않는다는 차이점을 알게 해준 후 빨리 커서 언니가 되고 싶어하는 무지개의 욕구를 크게 자극해 준 것이지요. 과자 하나를 줄 때도 "언니들이 먹는 과자인데 무지개는 쪼쪼를 물고 있네. 쪼쪼를 무는 것은 아가예요. 아가는 과자를 먹을 수 없어요."라고 해주면 무지개는 바로 공갈을 냅다 던져 버리고 과자를 받고는 자신은 스스로 공갈을 버렸으니 언니라며 행복해 했습니다.

물론 까다로운 무지개는 둘리처럼 한 번에 공갈 없는 입면의 허들을 넘어가 주지는 않았습니다. 처음에는 공갈 없이 자려고 애써 보다가도 잘 되지 않으면 곧 공갈을 가져오라며 울고불고하곤 했지요. 그럴 때면 계속해서 언니가 되어 뿌듯함을 느끼고 싶지 않냐며 무지개를 설득했습니다. 그래도 못 하겠다고 하면 그때는 이해해 주고 공갈을 허용해 주었습니다. 다만 그대로 포기하지 않고 다음 날이 되면 우리 다시 노력해서 멋진 언니가 되자고 무지개와 함께 다짐하곤 하였습니다.

때로는 공갈을 물고 자고, 때로는 공갈 없이 잠들었다가도 밤에 깨서 찾는 날들이 지속되었습니다. 1주일이 지나고, 2주일이 지나고, 한 달이 다 되어 가며 저도 조금 지쳐갈 무렵 무지개가 여느 때처럼 잠자리에서 누워 있다가 제게 말을 했습니다. "엄마, 무지개 언니이지요?" 평소였다면 공갈을 달라며 울고불고할 시점이었습니다.

"맞아. 무지개는 이제 언니야. 쪼쪼를 안 하고 코하려고 하고 있잖아. 정말 멋진 언니야." 그랬더니 무지개는 그대로 눈을 감고 잠이 들었고, 그 이후로는 공갈을 찾지 않았습니다. 그리고는 자신이 정말로 언니가 되었다며 진심으로 뿌듯해했습니다. 본능적인 진정작용을 통해서가 아닌 스스로의 의지로 자신을 통제하는 경험을 처음 해본 무지개가 정신적으로 얼마나 크게 성장했을지 여기서 더 설명하지 않아도 짐작할 것입니다. 무지개의 공갈 떼기 에피소드는 시간이 걸릴 뿐 어린 아기도 대화로 설득이 가능하다는 것을 깨닫게 해준 소중한 경험이었습니다.

이렇듯 공갈을 떼는 과정은 저와 아이들에게 불안과 좌절의 트라우마가 아니라 오히려 아이의 성장에 있어 새로운 장으로 넘어가는 큼직한 디딤돌이 되어 주었습니다. 여러분도 한번 용기를 내어 공갈과의 이별 경험이 아기가 더 성장할 수 있는 디딤돌이 되도록 만들어 주는 것이 어떨까요?

4

속 편한 아기 잠을 위한 팁

아기 뱃속이 편한 것도 잠에 중요한 요소입니다. 수유시 함께 삼켜진 공기는 위(胃) 속에서 꾸룩거림과 불편감을 일으켜 잠을 방해할 수 있고, 또 위 속의 공기 때문에 더 잘 게우게 되어 위산으로 인한 식도의 통증을 유발할 수도 있기 때문입니다. 장(臟)의 경우 원활하지 못한 장 활동은 변비를 발생시켜 아기를 힘들게 만들기도 하고, 반대로 장의 활동이 너무 원활하면 새벽 시간에 신호가 와 매번 이른 시간에 대변과 함께 기상하도록 만들기도 합니다.

아기는 하루에도 여러 번 먹으므로 부모는 신경 써서 아기에게 트림을 충분히 시켜주고 가스도 잘 나오게 도와주어야 합니다. 아기 트림시키기나 뱃속의 가스를 빼주는 방법은 많은 부모들이 이미 알고 있는 기초적인 육아법이지만, 여기서는 초보 부모들을 위해 아기를 좀 더 속 편하게 자게 해주기 위한 트림 방법과 장 마사지의 노하우를 소개합니다.

아기의 숙면을 돕기 위한 트림시키기 팁

어깨에 올려 등 두드리기

이 방법은 가장 많이 알려진 기본적인 방법이지만, 트림을 좀 더 잘 시키기 위한 특별한 팁이 있습니다. 아기 위(胃)의 아랫부분쯤 되는 위치 즉 아기의 아랫배로부터 명치 사이가 엄마 아빠의 어깨뼈에 살짝 눌릴 수 있도록, 즉 우리가 아는 트림 자세보다 좀 더 위로 걸쳐서 안은 후에 트림을 시키는 것입니다.

그림처럼 아기의 위 아래쪽이 어깨에 걸쳐지도록 안은 후 아기의 등을 살짝 누르며 빙글빙글 돌려서 엄마 아빠의 어깨뼈가 아기 은근한 자극을 주도록 해 줍니다. 그런 다음에 아기의 등 가운데에서 조금 위쪽을 두드립니다. 두드리는 정도는 아기의 상태를 보아 가며 강도를 조절하는 것이 좋은데, 생각하는 것보다는 조금 세야 트림이 잘 나옵니다. 아기 배에 압력을 너무 세게 주면 토할 수 있으니 배 아래쪽을 어깨뼈로 눌러 주는 강도는 처음부터 강하게 하지 말고 서서히 강도를 올려가며 두드려 줘야 합니다.

가슴 위에 올린 후 등 쓸어 올리기

이 방법은 아기를 어깨에 올려놓고 두드리는 방법보다는 좀 더 부드럽고

아기를 크게 자극하지 않아 밤에 수유를 한 후 트림을 꼭 시켜야 하는 경우에 사용하기 좋은 방법입니다.

아기를 캥거루 케어하듯 엎어서 가슴 위로 올려 주세요. 평소 앉는 자세보다 등 쪽으로 더 기울여 앉아서 아기가 자신의 몸무게로 자신의 배를 압박할 수 있도록 해줘야 합니다. 아기를 기대도록 했으면 엉덩이 바로 위쪽부터 아기의 목 바로 밑까지 핸드폰 액정 보호필름 사이에 낀 공기 빼내듯이 지긋이 누르며 밀어올립니다. 이때 중요한 것은 공기가 손의 움직임을 잘 따라서 올라오도록 손 전체로 등의 가로 면적을 모두 누르며 끊김 없이 올라오는 것입니다.

이것으로도 부족하다면 아기 등의 중심에서 조금 위쪽을 적당히 세게 탁탁탁 두드려서 공기를 위 속의 액체와 분리하여 위로 떠오르게 한 후 밀어올리는 것을 반복하다 보면 높은 확률로 트림이 나옵니다.

앉혀서 빙글빙글 돌리기

이 방법은 역류가 있거나 잘 게우는 아기들에게 큰 자극 없이 트림을 시킬 수 있어 유용합니다. 아기의 허리가 90도로 굽혀지게 앉힌 후 한 손으로 검지와 중지를 사용하여 아기의 턱을 잡고 다른 한 손으로는 아기의 등을 안전하게 잡습니다. 아기를 안정적으로 잘 잡았다면 아기의 허리를 빙글빙글 돌려 줍니다. 골반을 중심으로 아기의 상체 전체가 회전할 수 있도록 해주면서 아기의 고개가 아래쪽을 바라보게 해주면 더 효과적입니다.

아기의 숙면을 돕기 위한 편안한 장 마사지 팁

아기의 장에 가스가 차거나 변비가 생겨 불편감이 커지면 이 또한 아기의 숙면을 방해할 수 있습니다. 따라서 아기의 장을 편안하게 잘 관리해주는 것도 질 좋은 수면에 꼭 필요한 조건입니다. 아기의 장을 편안하게 해주는 마사지 팁은 다음과 같습니다.

아기가 바닥에 등을 대고 바로 눕게 한 후 아기의 배를 배꼽 중심에서 시계 방향으로 누르듯 문질러 줍니다. 뱃속의 장에 자극이 가야 하므로 아기에게 불편하지는 않지만 어느정도 지긋이 누르는 정도의 압력으로 마사지를 해줘야 합니다. 시계 방향 마사지가 끝나면 아기의 무릎 아래쪽 다리를 잡고 적당히 빠르게 자전거 타기를 하듯 번갈아서 아기의 허벅지를 양쪽 배 쪽으로 눌렀다 뗐다를 반복해줍니다. 이 동작을 충분히 해준 후 아기의 두 무릎을 동시에 배 쪽으로 꾸욱 눌렀다가 다시 몸이 일자가 되도록 다리를 쫙 펴주면 높은 확률로 가스가 배출됩니다.

만약 아기에게 변비가 있다면 몇 가지 동작을 더 추가하면 원활한 배변에 도움이 됩니다. 아기의 마지막 갈비뼈 끝에서 1~2㎝ 정도 앞쪽을 손으로 배가 쑥 들어갈 정도로 누르며 빙글빙글 돌려 장에 자극을 줍니다. 아기가 아프지 않을 정도로 힘을 조절해 주어야 합니다. 그리고 기저귀를 벗긴 후 비닐 장갑이나 라텍스 장갑을 끼고 로션, 또는 바세린을 손가락에 바른 후 항문 바깥쪽에서 항문 쪽으로 마사지해 줍니다. 항문에 손가락을 대고 배꼽 쪽으로 쳐올리듯 흔들림을 주는 것도 효과적입니다.

아기의 배를 시계 방향으로 지긋이 누르며 마사지해 줍니다.

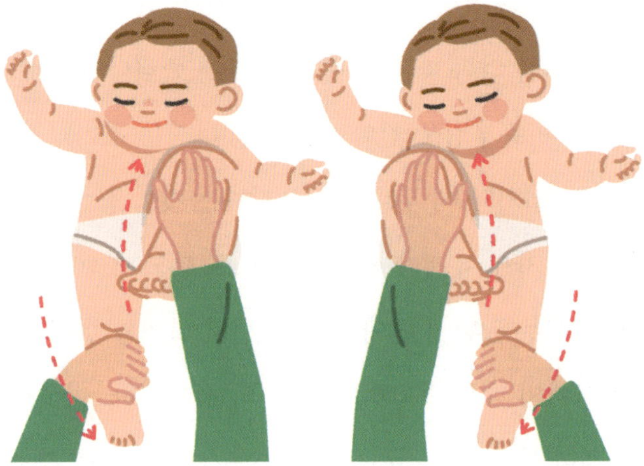

자전거를 타듯 좌우로 번갈아가면서 아기 다리로 한 번씩 양쪽 배를 눌러줍니다.

아기의 두 다리를 살짝 벌려
배 쪽을 향해 지긋이 누릅니다.

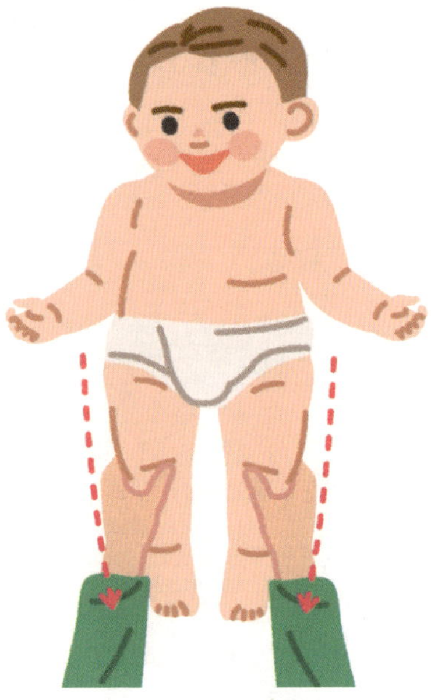

다리를 일자로 쫙 펴줍니다.

앞의 마사지들을 어느 정도 반복하다가 엉덩이 양쪽의 살을 살짝 벌려 항문을 열어 주며 양 다리를 양쪽 배 쪽으로 꾸욱 눌러 줍니다. 아기가 무언가 불편한 듯 배에 힘을 주며 몸부림을 친다면 배변을 하려는 것이니 변이 나오기 시작할 때까지는 항문 열기와 배 누르기를 유지하는 것이 좋습니다. 아기가 힘을 주며 몸부림을 치면 자세 유지가 쉽지 않으므로 부모가 선 채로 아기와 같은 방향을 보고 아기의 무릎 뒤에 팔이나 손을 끼워 다리를 벌린 채로 안아 주면서 아기 다리로 아기의 배를 압박하면 조금 더 쉽습니다. 이렇게 잡을 때에는 항문 열어 주는 것까지 하기는 어려우므로 항문을 열어 주는 것은 다른 양육자의 도움을 받도록 합니다.

변비 마사지는 아무 때나 하는 것보다는 아기가 변을 보려고 힘을 주다가 실패한 직후에 하면 효과가 아주 좋습니다. 변비가 심할 경우, 항문 마사지를

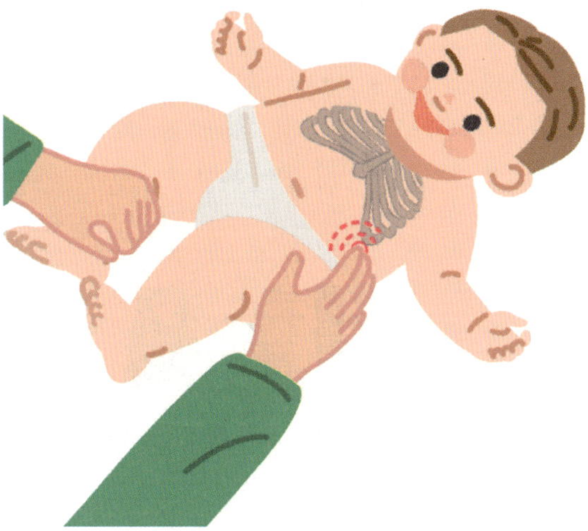

할 때 항문의 안쪽에 손가락이나 면봉을 살짝 넣어 항문 안쪽에도 바세린을 발라주며 자극을 주면 아기의 변의를 좀 더 자극할 수 있습니다. 하지만 자주 하면 상처가 나거나 감염될 수 있으니 항문 안쪽 자극은 변비가 너무 심하거나 아기도 배변을 하고 싶은데 어려워할 때에만 살살 해주고 위생관리를 철저하게 해줘야 합니다.

아기가 꼭 새벽시간대에 변을 봐서 깨게 되는 경우, 항문 마사지를 제외한 나머지 장 마사지들을 낮시간에 지속적으로 해주어 밤잠 들기 전에 미리 변을 보게 해줄 수 있습니다. 이것을 반복적으로 해주다 보면 배변 시간이 바뀌어 유용하니 시도해 보세요.

Part 3

하면 할수록 애착이 돈독해지는 마음읽기 수면교육 시작하기

1

마음읽기 수면교육이란 무엇일까?

'마음읽기'와 '수면교육'이라니, 심리학에서나 쓰일 법한 단어와 수면교육이라는 두 단어의 조합은 조금 생소하게 느껴질 것도 같습니다. 하지만 마음읽기는 분명 어린 아기들에게 수면교육을 할 때에도 사용할 수 있는 좋은 육아 방법입니다.

아기에 대한 존중과 이해를 기반으로 한 마음읽기 수면교육의 접근 방식은 마치 동화 속 햇님과 바람 이야기처럼 부모가 일방적으로 아기에게 따라오라고 압박을 주는 방식의 수면교육보다 훨씬 더 빠르고 편안한 결과를 가져옵니다. 아기가 잠을 어려워 하는 이유는 다른 누구보다 아기 자신이 가장 잘 알고 있기 때문입니다.

이 장에서는 '마음읽기 수면교육'의 원리와 효과적인 적용 방법에 대해 자세히 다룰 것입니다. 아기를 충분히 사랑해 주고 아기의 마음을 알아주면서도 잠도 잘 자게 되기를 기대하는 부모들에게 이 마음읽기 수면교육이 충분한 답이 되기를 바랍니다.

마음읽기 수면교육 소개

마음읽기 수면교육은 제가 10년간의 정신분석으로 내면을 탐구하며 깨달은 무의식과 마음에 대한 이해를 수면교육에 적용하여, 600명에 가까운 아기들에게 잠들기 어려워 하는 이유를 직접 듣고 완성한 수면교육입니다. 전통적인 수면교육이 개월수 별 하루 일과나 특정 재우는 방식에 아기를 맞추었다면, 마음읽기 수면교육은 아기가 답을 가지고 있다는 관점으로 아기에게서 답을 구합니다.

물론 마음읽기 수면교육도 '아기가 잘 자기 위해서는 하루 일과가 중요하고 스스로 잠드는 능력이 잠의 질을 향상시킨다.'는 전통적인 수면교육의 주장에는 이견이 없습니다. 하지만 그 방법에 있어서는 어떠한 형식과 틀을 정해 두지 않습니다. 오로지 잠과 관련해 아기가 무엇을 불편해하고 무엇을 필요로 하는지를 각각의 아기의 마음을 관찰해 가며 방법을 찾습니다.

마음읽기 수면교육에서 부모가 읽어 줘야 하는 '아기의 마음'은 아기의 생각(인지적인 생각), 욕구(생리적인 욕구 및 무의식적인 욕구), 감정(불안, 슬픔, 기쁨과 같은 기분)을 모두 포함합니다. 이러한 마음읽기 수면교육의 지침은 다음과 같습니다.

- 아기를 관찰하여 아기의 잠과 관련된 생리적인 니즈를 읽고 아기의 하루 일과에 반영해 줘야 합니다.
- 아기가 잠에 대해 인지적으로 이해하는 것을 도와 졸립다는 자신의 욕구를

느끼고 그것을 스스로 해소하기 위해 노력할 수 있게 해야 합니다.

- 아기를 믿고 기다려 줌으로써 아기의 현재 역량에 맞게 스스로 자신의 감정을 통제하고 진정하는 능력을 최대한 성장시켜야 합니다.
- 아기의 감정을 포용해 주고, 아기를 이해하며, 아기가 실패하거나 어떠한 어려움에 처하더라도 부모에게 완전히 수용받는 경험을 할 수 있게 해줘야 합니다.

마음읽기 수면교육을 하면 잠에 대한 아기의 마음(**생각, 욕구, 감정**)을 모두 있는 그대로 존중하면서 아기가 스스로 잠을 원할 때 잘 수 있는 기회를 주는 것이 가능해집니다. 이 과정을 통해 아기는 '잠욕구'가 무엇인지 알고 스스로 그것을 해결하는 능력을 키울 수 있습니다. 이렇게 부모의 지지 속에서 자신의 욕구를 읽어 내고 스스로 그것을 해결하는 경험은 아기의 성장과정에 있어서 행복과 직결되는 중요한 무의식적 기반을 형성합니다.

특히 생애 초기 무의식이 결정되는 시기에 있는 말을 잘 하지 못하는 어린 영유아에게 수면교육을 할 때에는 이러한 마음읽기의 접근 방식이 더더욱 중요합니다. 이때는 아직 논리적으로 사고하는 전두엽이 발달되지 않기에 전두엽보다 일찍 발달하는 변연계가 처리할 수 있는 '감정'이 주된 기억으로 남는 시기이기 때문입니다. 게다가 이러한 기억 중 편도체가 생존의 위협으로 인식한 기억이나 반복되어 습관이 된 감정의 기억은 무의식에 깊이 각인되게 됩니다. 이러한 무의식의 기억은 생존을 위한 시스템이므로, 논리적이고 합리적으로 생각하는 전두엽보다 우선순위가 높습니다.

한번 형성된 무의식은 성인이 되어도 영향을 미쳐 평소에는 그렇지 않다가도 불안해지면 '편도체 납치' 라는 현상을 발생시키므로 비합리적인 판단과 결정을 하게 되기 쉽습니다. 이러한 현상이 자주 발생하면 삶에서 닥칠 수 있는 여러가지 문제들을 스스로 직면하고 해결하지 못해 삶이 더더욱 어려워지기도 합니다. 이와 같은 무의식적 정신작용은 크게 문제 없는 일상에는 겉으로 드러나지 않기에 알아차리기 쉽지 않은 데다가 영유아기의 기억은 언어가 발달하기 전에 형성되므로 추후 말로 표현하며 해소해 내기는 더더욱 어렵습니다.

이러한 점을 고려하면 수면교육을 할 때에도 단순히 '잠만 잘 자게 하면 된다.'라는 생각으로 아기의 마음에 대한 고려 없이 아기가 울다 지쳐 자게 하는 것이 얼마나 위험한 방법인지 알 수 있습니다. 따라서 수면교육을 위해 울음을 기다리더라도 아기의 마음은 최우선으로 고려되어야 합니다. 이런 부모의 마음가짐의 차이는 수면의 결과에 있어서는 다를 바가 없을지라도 아기의 정서 발달에 있어서는 날이 갈수록 큰 차이를 가져옵니다.

올바른 수면교육을 위한 아기를 존중하는 마음가짐은 아기가 스스로 할 수 있는 것은 스스로 할 수 있게 해주되, 아기가 많이 어려워할 때에는 반드시 아기를 도와주는 것입니다. 부모가 아기 앞에 나서서 '이쪽으로 와라.', '저쪽으로 가라.', '왜 그렇게 느리게 가니.'와 같이 아기를 압박해서는 안 되며, 아기가 힘들어할 때 아예 뒷짐을 지고 멀리서 아기를 지켜보며 '네 일이니 네가 알아서 해라.'라고 해서도 안 됩니다.

부모가 서 있어야 할 곳은 아기의 앞이 아니라 뒤입니다. 아기가 스스로 잘

할 수 있을 때에는 지켜보며 아기를 응원해 주고, 아기가 너무 힘들어 뒤를 돌아볼 때에는 '걱정하지 마, 엄마 아빠가 여기에 있잖아.'라고 알려 주며, 스스로 할 수 있는 능력을 손상시키지 않도록 적당히, 힘든 고비를 넘길 수 있을 만큼만 도와줘야 합니다.

이러한 경험이 반복되면 아기는 더 이상 뒤돌아보지 않아도 엄마 아빠가 자신의 곁에 있다는 것을 이해하게 됩니다. 더불어 자신이 무엇을 할 수 있는지 깨닫고 많은 일에 자신감 있게 도전할 수 있게 됩니다. 이러한 경험들은 긍정적인 무의식으로 남아 살면서 좌절을 겪게 되었을 때도 '괜찮아. 좀 더 노력해 보면 잘될 거야. 잘 안 되더라도 나에게 도움을 줄 수 있는 사람들이 있어.'라고 사고할 수 있게끔 만들어 주어 긍정적으로 성장할 수 있습니다.

아기는 어떤 모습이든, 어떤 마음을 가지고 있든 존중받을 권리가 있습니다. 그리고 이것은 수면교육에도 그대로 반영되어야 합니다. 이것이 바로 마음읽기 수면교육이 단지 잠을 잘 자게 만드는 것을 넘어서 궁극적으로 지향하는 방향입니다.

〈참고〉

* 전두엽: 대뇌반구의 앞에 있는 부분으로 기억력, 사고력 등의 고등행동을 관장. 공격성을 조절하고 감정적 공감에 관여하는 등 이성적 판단을 하는 곳.
* 변연계: 뇌 부위 중 본능 행동과 정서 감정을 주재하는 영역. 학습과 기억에도 관여.
* 편도체: 변연계에 속하는 구조의 일부로서 공포와 불안을 조절하는 핵심적인 뇌구조.
* 편도체 납치 : 불안과 두려움 등 스트레스가 클 때 편도체가 과도하게 활성화되어 감정의 격렬한 폭풍을 일으키고 이성을 마비 시키는 현상

마음읽기 수면교육의 목표

아기들은 절대로 자기 싫거나 엄마 아빠를 힘들게 하기 위해서 잠을 안 자는 것이 아닙니다. 앞에서 설명한 것과 같이 잠을 자기 어려운 자신들만의 이유가 있습니다. 마음읽기 수면교육에서는 아기들의 이러한 어려움도 존중합니다.

따라서 마음읽기 수면교육의 목표는 통잠이나 긴 낮잠 같은 것이 될 수 없습니다. 10시간 이상 한 번도 깨지 않는 밤잠인 통잠, 한번 잠들면 2시간을 자는 낮잠, 수면교육을 통해 아기가 그렇게 자게 되었다면 그것은 결과일 뿐입니다. 수면교육을 받은 다른 아기는 한 번도 깨지 않고 자는데 내 아기는 그렇게 자지 못한다면, 더더욱 아기의 편이 되어 아기의 고충을 이해하고 '이렇게 잠이 어려우니 네가 얼마나 힘드니.'라고 이야기해 줄 수 있어야 합니다. 아기의 단점까지 다 사랑하며 포용해 줄 수 있는 것은 이 세상에 부모가 유일합니다.

다시 한번 강조하지만 마음읽기 수면교육의 중심은 '아기'입니다. 아기의 입장에서 잠들고 깨는 일이 안정되기 어려운 사정이 있다면 우리는 부모로서 그것을 이해하고 포용해 줘야 합니다. 따라서 마음읽기 수면교육의 목표는 현실적이면서도 아기를 있는 그대로 존중할 수 있도록 다음 세 가지로 잡아야 합니다.

- 내 아기의 생체리듬에 잘 맞는 일과를 찾아 운영하기
- 울더라도 침대에서 스스로 잠들게 하기
- 부모로서 내 아기의 수면에 대해 이해하고 이끌어 나갈 수 있는 능력 기르기

이 세 가지 목표를 달성했다면 그것에 대한 결과는 아기가 보여 주는 그대로 인정해 줘야 합니다. 이 세 가지가 모두 잘 되고 있는데도 잠이 어려운 상황이라면 그것은 아기가 하기 싫어서 그런 것이 아니라 할 수 없는 것이기 때문입니다. 사실 수면 문제의 가장 근본적인 원인은 아기의 미성숙과 성장발달에 있기 때문에 문제를 완전히 해결할 수 있는 방법은 오직 아기가 충분히 성장하는 것뿐입니다.

1학년 아이에게 3학년 문제를 주고 100점 맞기를 기대하는 것은 현실적이지 못하다는 것을 받아들여야 합니다. 1학년 때는 3학년 문제를 풀기 어려워도 3학년이 되면 쉽게 풀 수 있듯이 나머지는 시간이 자연히 해결해 줄 것이니 아기를 믿고 기다려 보셨으면 합니다.

독자들과 나누는 육아 경험담

엄마가 수면교육 컨설턴트이다 보니 제 컨설팅의 살아 있는 표본이 된 무지개는 당연히 늘 완벽한 긴 낮잠과 통잠을 잤을 것이라는 기대를 받곤 합니다. 하지만 수면교육 이후 주변에서 부러워할 정도로 쉽고 길게 잘 자주던 무지개는 걷기 시작하면서부터 다시 종종 깨기 시작하여 한글을 스스로 쓸 정도로 훌쩍 커 버린 지금까지도 스트레스를 받거나 힘들면 새벽에 소리를 크게 지르며 깼다가 다시 잠이 듭니다. 간혹 심하게 어려워할 때는 다시 잠드는 것을 도와줘야 하는 때도 있습니다. 아기 잠이 힘들어 아기가 크기만을 기다리는 부모에게는 모골이 송연한 경험담이지요.

그런데 그러한 무지개의 극과 극의 수면은 충분히 정상참작해 줄 여지가 있습니다. 아이가 커 가면서 세상을 배워 나가는 과정에는 언제나 예상 밖의 이벤트들이 가득할 수밖에 없기 때문입니다. 밖에서 신나게 놀다가 너무 피로해지는 일, 무언가 본인이 생각하기에 무서운 경험이나 너무 놀랍고 새로운 경험을 한 일 등 극도로 예민한 기질의 무지개에게는 이런 감당하기 어려운 자극의 부작용이 꼭 잠 중간에 깨는 형태로 나타났습니다. 아이가 커서 걸으며 스스로 세상을 탐색하는 것이 가능해지면서부터 다시 수면 문제가 나타난 것은 어찌 보면 당연한 일입니다.

그것을 안다고 하더라도 잠을 잘 재우기 위해 집에만 데리고 있거나 아무것도 경험시켜 주지 않는 것은 아이를 잘 키우는 방법이 아닐 것입니다. 언제까지나 엄마 아빠가 나서서 모든 환경을 완벽하게 통제해 줄 수는 없기 때문입니다. 언젠가는 부모의 품을 떠나 스스로 자신의 인생을 만들어 나가야 하기에 오히려 아이에게 세상을 적응할 수 있는 기회를 주는 게 맞는 것이지요.

그리고 무지개는 여전히 잘 크고 있습니다. 잠 측면에서만 본다면 다른 아이들보다는 조금 못 자는 편이기는 하지만 늘 행복하고 씩씩하며, 아침에 일어나서는 자기가 새벽에 깨는 바람에 엄마를 힘들게 해서 미안하다고 사과도 해주는 사랑스러운 아이입니다. 그리고 요즘에는 자신도 좀 더 잘 자고 싶다며 스스로 방법을 찾아 안대를 끼고 자기도 합니다.

아마도 자극에 예민한 타입이라 눈으로 들어오는 작은 빛도 불편하게 느껴지나 봅니다.
저는 이렇게 잠에 있어서 아이 스스로 자신이 어떤 사람인지 알게 해주고, 해결책을 찾아 나가게 돕는 과정이 수면교육이라고 생각합니다. 무지개와 함께 그 과정을 밟아 나가는 과정은 즐겁고 흥미로우며 저에게는 완벽한 수면보다 더 값진 수면교육의 선물입니다. 아기 잠으로 고생하고 있는 여러분에게도 수면교육의 결과에 따른 희비보다는 여러분이 아기와 함께 걸어가는 이러한 과정과 경험이 값진 선물이 되기를 진심으로 바랍니다.

2

마음읽기 수면교육에는 사용하는 위안에 제한이 없다

부모들이 수면교육 시작을 망설이는 이유 중 하나는 '아기에게 나쁜 습관이 들지 않게 하려면 아기가 울어도 위안으로 진정시키면 안 된다.'는 통념입니다. 아기가 우는데도 아무것도 하면 안 된다니, 그 상황을 상상만 해도 식은땀이 흐릅니다. 하지만 아기를 진정시키는 데 사용하는 위안은 직접적으로 수면 습관을 망치는 요인이 아닙니다. 원칙을 제대로만 알고 사용한다면 어떠한 위안을 쓴다고 하더라도 습관에 문제가 생기지는 않습니다.

마음읽기 수면교육에는 사용하는 위안에 제한이 없습니다. 그 위안이 아기에게 필요하다고 판단된다면 공갈도, 안아 주기도, 안고 둥가둥가를 하는 것도 가능합니다. 심지어 잠들때까지 위안을 주면서도 잠을 주체적으로 자도록 가르칠 수도 있습니다.

잠의 주체를 아기에게 두기만 한다면 위안의 부작용은 없습니다. 다만 그만큼 '아기에게 꼭 필요한 위안', '잠의 주체를 아기에게 두는 위안'을 정확하게 이해하고 사용하는 것이 중요합니다. 그러기 위해서는 위안을 어떻게 정의하고 사용할 것인지를 반드시 알아야 합니다.

아가야 울지 마라 - 진정 위안

진정 위안이란 '부모가 아기를 직접적으로 진정시키거나 잠을 유도해 줄 목적으로 주는 위안'을 말합니다. 아기를 진정시키고 잠을 직접적으로 도와주려는 마음으로 주는 위안이라면 어떤 위안이든 진정 위안으로 정의할 수 있습니다. 진정 위안은 수면교육 중 아기에게 진정의 도움이 꼭 필요한 순간이라면 언제든지 사용 가능합니다.

진정 위안은 위안을 주는 사람의 마음에 따라 결정됩니다. 일반적으로는 아기들을 잘 진정시켜 주는 위안이 아니더라도 내 아기가 진정할 수 있는 위안이라는 것을 부모가 알고 위안을 준다면 그것도 진정 위안이 됩니다. 예를 들어 아기를 토닥이는 동작의 경우, 보통 토닥임 정도로는 아기들이 진정하기 어려워하므로 진정 위안이 아니라고 생각할 수 있습니다. 하지만 이미 아기가 수면교육에 익숙해져서 토닥이는 정도로도 진정을 잘 하고 있고, 위안을 줄 때에도 토닥여 주면 아기가 진정할 것임을 알고 토닥였다면 진정 위안이 되는 것입니다.

간혹 명확하게 아기가 진정하도록 도와줄 목적으로 진정 위안을 주었는데도 아기가 진정하지 못하는 경우가 있는데, 그렇다고 하더라도 아기를 진정시킬 목적으로 평소 아기가 진정을 잘 했던 위안을 주고 있다면 그 위안은 진정 위안으로 보아야 합니다. 아기에게 '엄마가 너를 도우려고 노력하고 있어.'라는 메시지를 주는, 도움의 주체가 부모인 위안이기 때문입니다.

마음읽기 수면교육에서 진정 위안을 사용해도 되는 때는 아기가 스스로 진정하기 어렵다고 판단이 됐을 때입니다. 이것은 아기를 울리지 않기 위해 울 때마다 개입하는 것과는 다릅니다. 아기에게 먼저 스스로 해볼 기회를 준 후 아기를 관찰하다가 스스로 진정하기 어렵다고 판단이 되었을 때 개입해서 진정 위안을 줘야 하는 것입니다. '아기에게 기회를 주고 관찰해 본 후 판단한다.'는 이 기회-관찰-판단의 세 단계를 명확하게 밟았다면 아기에게 개입해서 아기가 다시 스스로 할 수 있다고 판단될 때까지 진정 위안을 충분히 준다고 하더라도 아기의 잠드는 습관은 나빠지지 않습니다.

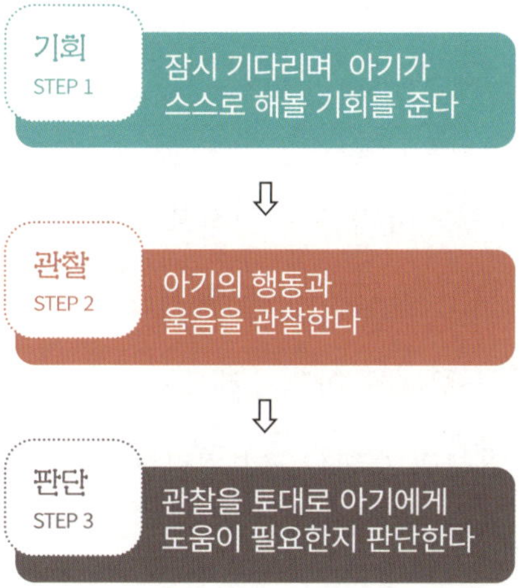

진정 위안을 제 타이밍에 필요한 만큼 잘 쓰게 되면 아기는 많이 울지 않고도 변화된 수면방법에 적응할 수 있습니다. 게다가 아기를 관찰하며 아기의 상황에 맞추어 위안을 결정하게 되므로 아기에게 주는 위안은 일방이 아닌 양방향의 소통이 됩니다. 엄마 아빠가 정해 놓은 길을 아기가 따라오길 일방적으로 요구하는 교육이 아닌, 오히려 아기의 목소리에 더 귀를 기울여 아기에게 맞춰야만 잘 해낼 수 있는 교육이 되는 것입니다.

그러니 수면교육을 하면서도 아기에게 충분한 진정 위안을 주는 것을 두려워하지 않았으면 좋겠습니다. 위안이 필요하다고 판단되면 충분히 도와주셔도 됩니다. 아기에게 맞는 도움을 주었다면 아기는 절대로 스스로 자는 것을 어려워하지 않습니다. 아기가 엄마 아빠의 도움에 힘입어 마음 든든하게 새로운 도전을 할 수 있도록 적절하게 진정 위안을 사용해 보셨으면 합니다.

엄마가 옆에 있어 줄게 - 기다림 위안

기다림 위안이란 '부모가 아기를 직접적으로 진정시키거나 잠으로 유도할 의도 없이 아기를 응원하고 안심시켜 줄 목적으로 주는 위안'을 말합니다. 위안을 주되 진정과 입면의 주체는 아기에게 둔 상태에서 엄마 아빠는 간접적인 도움과 응원만 주는 것입니다. 그래서 이 위안은 아기가 울더라도 그것을 직접적으로 진정시키려고 하지 않습니다.

기다림 위안은 수면교육을 하면서 아기가 스스로 할 수 있는 능력이 충분한데 어떤 이유로 어려움을 겪고 있어 엄마 아빠의 응원이 필요하다고 생각될 때 사용할 수 있습니다. 초보자 아기들의 경우 아직 잠드는 게 어려워 부모가 매번 진정을 도와줄 필요가 있으므로 기다림 위안을 사용할 일이 그다지 없을 수 있습니다. 하지만 '스스로 자기'와 '스스로 진정 하기'에 익숙해진 아기라면 아무리 약한 진정 위안이라고 하더라도 아기의 능력을 더 키워 나가는 데 걸림돌이 될 수 있으므로 엄마 아빠가 옆에서 응원하고 있다는 것을 알려 줄 수 있는 기다림 위안이 유용합니다.

진정 위안과 마찬가지도 기다림 위안도 본래의 목적에 맞게 '아기를 직접 진정시킬 목적이 아닌 응원의 목적'으로 주기만 하면 되므로 특별하게 정해진 위안의 종류는 없습니다. 아기가 진정하지는 않을 것을 알지만, 아기가 혼자가 아님을 알게 해주기 위해서 주는 위안이기 때문에 주로 효과가 약한 위안들이 기다림 위안이 됩니다. 목소리 들려주기, 토닥여 주기, 손대고 있기, 쓰다듬어 주기 등을 사용할 수 있습니다. 하지만 안아 준다고 하더라도 안아서 크게 둥가둥가를 해주기 전에는 진정하지 않을 것을 알고 있다면, 안고 서 있거나 안고 걸어 주는 정도의 위안도 기다림 위안이 될 수 있습니다.

위에 설명한 진정 위안이나 기다림 위안 모두 위안을 줄 때의 목적에 따라 정의되기 때문에 동일한 위안이 아기의 진정 능력에 따라서 기다림 위안이 되었다가 진정 위안이 될 수도 있습니다. 예를 들어 침대에 눕혀 토닥이는 정도로는 진정하지 못하는 아기였다가 어느 순간부터 같은 위안으로 진정할 수 있게 되었다면 이 위안은 처음에는 기다림 위안이었다가 나중에는 진정 위안이 되는 셈입니다.

기다림 위안 역시도 아기의 반응에 따라 위안이 결정되기 때문에 위안을 주기 전 아기에 대한 관찰은 필수입니다. 언제나 아기의 현재 능력을 파악하고 아기에게 맞는 위안을 주도록 노력해야 합니다.

너에게 꼭 필요한 도움만 줄 거야 - 최소 위안

최소 위안은 '위안을 주는 그 순간에 아기를 진정시키거나 재울 수 있는 가장 작은 위안'을 의미합니다. 단순히 작은 위안이면 토닥임이나 목소리 위안을 의미할 수 있지만 최소 위안은 그 순간의 아기의 상태에 맞춘 유동적인 위안입니다. 이 개념은 조금 생소할 수 있으나 제대로 이해하고 사용한다면 이 위안만으로 복잡한 재우기 플랜 없이 '스스로 자기' 교육을 하는 것도 가능합니다. 그만큼 최소 위안은 마음읽기 수면교육 위안의 핵심이라고 할 수 있습니다.

최소 위안은 진정 위안과 기다림 위안을 모두 포함하는 개념이며, 두 위안과 마찬가지로 정해져 있는 위안이 있지 않고, 어떤 위안이든 목적에 맞게 쓴다면 최소 위안이 됩니다. 다만 진정 위안과 기다림 위안의 경우, 위안을 시작할 때 목적에 따라 어떤 위안을 쓸 것인지를 정하여 목적이 충족될 때까지 쓰게 되는 반면, 최소 위안은 위안을 한번 줄 때에도 아기의 진정 상태에 따라 위안이 실시간으로 바뀐다는 것이 가장 큰 차이입니다.

예를 들자면 아기가 울 때, 침대에 눕힌 채로는 진정이 잘 되지 않아 세워 안았더니 진정했다면 그 순간의 최소 위안은 '부모가 앉은 상태에서 세워 안기'가 됩니다. 이때 아기가 충분히 진정했다고 판단하여 침대에 눕혔더니 다시 울기 시작한 경우, 토닥임 정도로는 울음을 그치지 않았고, 쉬~소리와 함께 토닥이니 울음을 그쳤다면 이 시점에서의 최소 위안은 '침대에 눕힌 채로 쉬~소리 내며 토닥이기'가 됩니다.

최소 위안은 위안을 주는 '그 시점'에 아기를 진정시킬 수 있는 가장 작은 진정효과의 위안이므로 객관적인 위안의 크기가 작아야 하는 것은 아닙니다. 만약 아기가 크게 울고 진정이 잘 안 되어 세워 안고 걷기도 통하지 않아 세워 안고 걸으며 둥가둥가 하였더니 진정했다면 그 시점에서의 최소 위안은 '세워 안고 걸으며 둥가둥가'가 되는 것입니다. 이렇게 최소 위안을 적용하게 되면 아기의 진정 정도에 따라 끊임없이 실시간으로 위안이 바뀌게 됩니다.

단순히 자세뿐만이 아니라 토닥이거나 흔드는 속도, 아기를 터치하는 면적, 아기와의 거리 등 다양한 방식으로 위안의 크기를 조절하면서 최소 위안을 찾아갈 수 있습니다. 어떤 것이든 엄마 아빠의 노력이 적게 들어가고, 흔들림이 적으며, 아기를 터치하는 면적이 적거나 아기가 엄마 아빠를 덜 느끼게 될수록 더 작은 위안이 됩니다. 최소 위안을 사용할 때에는 이런 위안의 방향성을 생각하여 아기를 관찰하며 그 시점의 아기에게 꼭 필요한 위안만을 찾아서 제공하는 노력이 필요합니다.

비단 아기에게 주는 위안의 크기뿐만 아니라 위안의 목표에도 최소 위안을 적용할 수 있는데, 이것을 잘 적용한다면 위안을 주면서도 잠들기 전에 나와서 아기 스스로 잠들게 하는 교육법과 동일한 효과를 볼 수도 있습니다. 이 경우 아기가 적응하는 정도에 맞추어 위안의 최종 목표를 '아기를 진정시킬 수 있는 가장 작은 위안' 아니라 '아기가 조금 어려워하더라도 애쓰면 진정할 수 있는 가장 작은 위안'으로 설정해 주는 것이 좋습니다.

다만 이 개념을 실질적으로 적용할 때 아주 세심하고 정확하게 개념을 이해하고 진행하지 못하는 경우 자칫 잘못하면 재우고 나오는 것과 다름없이 되기 쉽다는 부작용이 있습니다. 그러므로 처음 시작할 때에는 단계별로 목표 위안을 설정하여 큰 틀에서 최소 위안이 먼저 적용되게 하고, 각 단계에서 위안을 진행할 때 실시간 최소 위안을 적용하는 방식으로 교육을 하는 것이 훨씬 더 성공하기 쉽습니다(이 방법은 Part5에서 알려드리도록 하겠습니다). 최소 위안의 개념은 마음읽기 수면교육의 위안 개념 중 가장 중요한 핵심 개념이므로 별도의 설명이 없더라도 모든 위안에는 최소 위안을 적용하려고 노력해야 합니다.

최소 위안을 주는 것은 아기와 실시간으로 대화를 나누는 것과 같습니다. 매 순간마다 아기를 관찰하여 아기의 몸짓과 울음을 읽고, 거기에 맞춘 위안을 제공한 뒤, 그 위안에 따른 반응에 맞는 위안을 다시 제공해야 하기 때문입니다. 그만큼 어렵지만 충분히 익숙해질 수 있다면 큰 부작용 없이 울음과 애착에 대한 마음의 부담을 덜며 수면교육을 꾸준히 유지해 나가는 데 크게 도움이 됩니다.

가능하면 피해야 하는 위안들

마음읽기 수면교육에서는 그 정의에 맞게만 사용한다면 어떤 위안을 사용해도 문제는 없지만 가능하면 피하는 것이 좋은 위안들은 존재합니다. 특히 초보자의 경우라면 위안을 잘못 선택하는 것만으로 오히려 잠드는 게 더 어려워질 수도 있으므로 다음의 위안들을 사용하고 있다면 대체 가능한 위안을 만들도록 최대한 노력해야 합니다.

도구(아기띠, 포대기, 짐볼, 바운서 등)를 사용하는 위안

수면교육을 시작한 이후로는 아기띠, 포대기, 짐볼, 바운서 등과 같은 도구를 이용한 위안은 사용하지 않는 것이 좋습니다. 재울 때마다 매번 이러한 도구들을 구비하는 게 번거롭기도 하고, 또 그것을 착용하거나 준비하는 데 시간이 걸려 그동안 아기가 더 크게 울게 될 수도 있기 때문입니다. 그 뿐만이 아니라 아기를 재운 후 침대에 내려놓을 때 동작과 소리가 커 애쓴 보람 없이 잠이 다시 깨기도 쉽습니다.

게다가 도구를 사용하여 위기를 넘기다 보면 아기도 부모도 그보다 적은 위안에 익숙해질 기회가 없게 된다는 점도 아기에게 스스로 진정하는 것을 가르치려는 수면교육의 교육적인 관점에서 큰 걸림돌이 됩니다. 몸으로 위안을 주며 직접 부딪혀야 엄마 아빠도 몸이 힘들어 어떻게든 위안을 줄이고자 노력하게 되고, 아기도 그러한 부모의 노력에 적응할 기회를 갖게 되는 것이기 때문입니다.

이렇게 위안시에 도구를 이용하지 않아야 하는 이유는 여러가지가 있지만 관절이 회복되지 않아 손목이 약한 경우라면 손목 보호를 위하여 예외적으로 허리에만 찰 수 있도록 되어있는 형태의 힙시트를 사용하여도 괜찮습니다. 힙시트는 손 대신 아기 엉덩이를 받쳐주며 아기의 몸무게를 분산시켜 손목의 부담을 줄여줄 수 있습니다(힙시트 사용 방법은 Part 3의 '수면교육을 더 쉽게 만들어주는 육아템 구비하기'에서 자세히 설명드리도록 하겠습니다).

수유 위안

수유는 쉬우면서도 강력하기에 부모들이 유혹에 빠지기 쉬운 위안입니다. 하지만 먹는 것을 통해서 진정하는 것을 학습시킨다는 점에서 가장 오래도록 좋지 못한 영향을 남길 수 있다는 큰 단점이 있습니다. 아기의 정서적인 근력을 키워 자신의 불안과 긴장을 건강한 방식으로 스스로 해결할 수 있는 아이로 자라게 하려면 수유 위안을 남용하지 않아야 합니다.

그뿐만이 아니라 수유 위안은 그것이 가지고 있는 잠 유도 효과 때문에 잘못하면 잠 타이밍이 아닌데도 아기를 일찍 잠들게 할 수도 있습니다. 이렇게 되면 부모가 아기의 잠욕구를 잘못 읽게 되므로 수면 문제가 점점 더 커져 시간이 갈수록 재우려면 항상 수유가 필요해지는 악순환에 빠지게 됩니다.

물론 아기가 이빨이 나기 전이고 밤잠에서라면 아기가 깼을 때 재우기 위해 수유를 하는 것이 꼭 문제가 되는 것은 아닙니다. 하지만 수면교육의 관점에서는 잠 중간에 수유는 안 하는 것이 잠의 질을 높이고, 아기의 스스로 자기 습관에도 더 좋으므로 밤에 깼을 때 습관적으로 수유하는 것은 가능하면 피하려는 태도가 필요합니다.

아기가 밤중에 수유가 필요하여 깬 것이 아니라는 것을 명확하게 알고 싶다면 깨더라도 위안을 먼저 시도 해 보는 것이 좋습니다. 어린 아기에게는 아직 자신의 욕구를 참거나 부모를 배려하는 능력이 없으므로 정말로 배가 고파 깨서 운 것이라면 수유하기 전에는 달래기 어렵기 때문입니다. 따라서 아기가 위안으로도 달래지고 잠이 든다면, 허기로 인해 깬 것은 아닌 것입니다.

긴 시간 동안 과도한 흔들림을 주는 위안

과도한 흔들림은 멀미 같은 효과가 있어 아기가 스스로 졸린 시간이 아니더라도 일찍 잠이 오게 만들 수 있습니다. 잠에 있어서 이것이 가지고 오는 부작용은 수유 위안과 크게 차이가 없습니다. 결국 아기가 스스로 필요한 만큼 깨어 있지 못하게 되어 수면 문제를 악화시킬 수 있고, 또한 부모가 직접적으로 진정을 유도하게 되므로 아기가 스스로 진정할 여지가 사라져 버립니다.

물론 흔들기 위안 자체를 쓰면 안 되는 것은 아닙니다. 진정 위안에서의 아기 흔들기처럼 적절한 흔들림은 필요한 만큼 아기를 진정시켜 주고 입면을 도와주는 효과를 내기도 합니다. 따라서 큰 흔들림을 주는 위안은 아기가 도저히 진정이 안될 때만 짧게 사용하고 아기가 진정되기 시작하면 바로 흔들림의 강도를 줄이거나 다른 위안으로 전환 하시는 것이 좋습니다. 아기가 크게 진정을 어려워 하는 것이 아닌데도 잠이 오게 하기 위하여 큰 흔들림을 오랜 시간 주시는 것은 반드시 주의해 주세요.

옆에 함께 누워 주는 위안

아기의 옆에 함께 누워 주는 위안은 수유 위안이나 과도한 흔들기 위안처럼 아기에게 직접적으로 잠 유도를 해주는 것은 아닙니다. 그러나 이 위안의 문제는 부모가 최소 위안을 적용하기 어렵게 만든다는 데 있습니다. 입면 시 아기를 재우는 것에 큰 힘이 들지 않더라도 육아는 고된 일이기에 누워서 위안을 주다 보면 자칫 일어나기가 싫어지거나 졸려서 아기 옆에서 깜빡 잠드는 일들이 생기기 십상입니다.

아기 옆에서 깜빡 잠이 들거나 타이밍 늦게 나오는 이러한 실수가 처음 한 두 번은 문제가 되지 않을 수 있습니다. 하지만 이에 안심한 부모가 같은 실수를 여러 번 반복하게 되면 어느새 아기가 자신 옆의 엄마 아빠 존재를 인지하게 되어 엄마 아빠가 잘 재우더라도 방 밖으로 나오는 순간 아기가 깨면서 울어 버릴 확률이 아주 높습니다.

특히 인지능력이 발달한 8~9개월 이상의 아기들은 엄마가 옆에 눕는 것만으로도 함께 잘 것이라는 기대를 하게 되어, 엄마가 나가면 잠들어 가다가도 눈을 번쩍 뜨고 좌절감에 악을 쓰고 울기도 합니다. 혹은 어느 순간부터 밤잠 중간에 깨서 엄마 아빠가 옆에서 재워 주고 나갈 때까지 잠을 안 자고 버티는 경우도 있습니다. 애써 교육한 것이 빠르게 무너질 수 있는 이러한 부작용을 고려한다면 아기 옆에 함께 눕는 위안은 수면교육 시작 이후부터 최대한 사용하지 않는 것이 좋습니다.

3

초보 부모도 쉽게 할 수 있는 아기 울음 의미 읽기

육아를 처음 해보는 초보 부모에게는 '아기의 울음만으로 아기가 필요한 것을 구별해내는 능력'이 나와는 거리가 먼 판타지처럼 느껴질 수도 있을것 같습니다. 그런데 초보 부모라고 하더라도 아기의 울음의 의미를 알아들을 수 있는 방법이 있습니다. 그것은 바로 아기의 울음에 '의미가 있다고 생각하면서' 귀를 기울인 채 충분히 들어 보는 것입니다.

포기하지 않고 노력하다 보면 점점 경험이 쌓이며 '이럴 때는 우리 아기가 진정을 잘 했지.', '아 이 울음은 항상 어려웠어.' 하고 좀 더 아기의 울음을 직관적으로 이해할 수 있게 됩니다.

아기의 울음을 기다리는 시간은 아기가 하는 이야기를 듣는 시간입니다. 아기에게 귀기울이다 보면 많은 것이 들리지만, 아예 듣지 않는다면 이러한 기회도 사라져 버립니다. 결국 울음을 구별할 수 있는 능력을 만들어 주는 것은 아기의 이야기를 들어 보려고 귀 기울이는 부모의 자세인 것입니다.

수면교육에서 아기 울음의 의미 파악하기

아기의 욕구는 여러 가지가 있고, 아기의 울음에도 여러 의미가 있지만 다행히 수면교육에서 구별해야 하는 울음은 그리 복잡하지 않습니다. 스스로 자고 싶은 잠타이밍에 있는 아기의 울음은 오직 두가지 의미만 가지고 있다고 보아야 합니다. '진정하기 위해 도움을 청하는 울음'과 '스스로 진정하기 위해 우는 울음', 입니다.

그중 마음읽기 수면 교육에서 의미를 읽어야 하는 아기의 울음은 오직 '스스로 진정하려고 하는 울음'입니다. 아기가 스스로 진정하는 울음을 울고 있다는 것은 아기가 가진 불편감을 스스로 해결할 수 있다는 의미이기도 한데, 이때 개입하여 도와주는 것은 아기에게 불필요한 위안이 되어 버리기 때문입니다. 거꾸로 말하자면 스스로 진정하기 어려운 울음이라면 개입하여도 된다는 의미가 되기도 합니다.

아무 힌트 없이 울음의 의미를 알아듣는 것은 어렵지만 이러한 관점을 가지고 울음을 구별하는 것은 초보 부모에게도 어렵지 않습니다. 부모의 입장에서 '부모가 도와줘야 하는 울음인가'를 놓고 본다면 아기의 울음은 '아기를 믿고 기다려야 하는 울음', '아기를 도와줘야 하는 울음', 좀 더 관찰한 후 판단해야 하는 울음', 이 세가지로 구분됩니다.

아기를 믿고 기다려야 하는 울음

아기를 믿고 기다려 줘야 하는 울음은 아기가 진정하려고 노력하는 울음입니다. 다르게 말하자면, 아기의 울음을 들어 보는 시간 동안 '시간의 흐름에 따라 잦아드는 것이 느껴지는 울음'으로 볼 수 있습니다. 기다려 보았을 때, 아기가 점차 진정하는 것이 느껴진다면 아기가 노력하고 있는 것이므로 개입하지 말고 좀 더 기다려야 합니다. 아기가 진정하기 위해 노력하는 울음은 다음과 같은 울음이 있을 수 있습니다.

점점 작아지는 울음

이 울음은 울면서 진정하는 것이 가장 명확하게 보이는 울음이므로 조금 더 기다리며 울음을 관찰해 보는 것이 좋습니다. 아기가 진정하고 있는 것이 맞다면 기다릴수록 울음이 점점 작아지다가 마지막에는 울음이 사라지며 잠에 빠져들 것입니다.

온오프 울음

온오프 울음은 울었다가(온 on) 멈췄다가(오프 off) 하는 울음을 의미합니다. 이 경우는 온 울음이 크거나 조금 길더라도 오프, 즉 울음을 멈추는 시간이 있었다는 것에 의의를 두어야 합니다. 울다가 멈추는 것은 쉬운 일이 아닌데 아기가 한 번이라도 울음을 멈췄다면 다시 울기 시작했다고 하더라도 또 한번 멈출 가능성이 있다고 볼 수 있기 때문입니다. 따라서 이 울음도 평소보다 좀 더 길게 기다리며 아기의 진정 가능성을 보는 게 좋습니다.

다만 온오프 울음의 경우 시간의 흐름에 따라 진정해 가는 것인지 아닌지를 판단하기는 조금 까다로울 수 있습니다. 크게 울지만 온오프인 경우도 있고, 작게 울지만 온 시간이 적지 않은 경우도 있기 때문입니다. 그래서 온오프에서 울음의 추이를 볼 때는 온과 오프 각각의 상태를 살펴보면 도움이 됩니다. 온 울음이 점점 더 작아지거나 시간이 점차 짧아지는 경우, 혹은 오프가 점점 길어지는 경우라면 아기가 점차 진정하고 있다고 추정할 수 있습니다. 반대의 경우라면 스스로 진정하기 어려운 것이라고 판단해도 됩니다.

온오프 울음은 뚜렷한 오프가 있으므로 이 울음이 온오프 울음인지 여부를 구별하는 것이 어렵지는 않습니다. 하지만 오프가 있더라도 숨을 쉬느라고 멈춘 것인지 아니면 정말로 울음을 그친 것인지 애매한 경우라면 온오프가 아닌 그냥 보통의 울음으로 보고 기다림 시간을 길게 가지지 않아도 괜찮습니다.

아기를 도와줘야 하는 울음

감정에는 관성이 있어 울음을 너무 과하게 울게 되면 그때부터는 울음이 울음을 부르며 오히려 기다릴수록 진정하기 어려워지기도 합니다. 따라서 아기의 울음을 들어 보았을 때 시간이 흐를수록 울음이 과해지는 양상을 보인다면 더 관찰하지 않고 진정하도록 도와주는 것이 도리어 스스로 잠드는 데 도움이 됩니다. 아기의 울음을 들어본 후 다음과 같은 울음이라면 아기의 진정을 도와줘 보세요.

점점 커지는 울음

이 울음은 아기를 도와줄지 여부를 결정하기가 어렵지 않습니다. 시간이 흐를수록 울음이 커져 가는 것이 뚜렷이 보이기 때문입니다. 그럴 때에는 기다리는 시간을 더 길게 갖지 않고 개입해서 아기의 진정을 도와주는 것이 좋습니다.

소리가 크면서 일정하게 유지되는 울음

처음부터 소리가 크더라도 점점 더 울음이 강해지는 게 아니라면 무조건 개입해야 하는 울음은 아닙니다. 하지만, 울음을 관찰하며 기다려 보아도 울음소리가 작아질 기미가 보이지 않는다면 그 울음은 진정하기 어렵다고 볼 수 있습니다. 큰 소리로 너무 긴 시간 울게 되면 목이 쉴 수 있으니 진정하도록 도와주는 게 낫습니다.

깡패 울음

깡패 울음은 어떤 위안을 주더라도 달래지지 않는 울음을 의미합니다. 보통 깡패 울음은 울음 시작 시부터 평소와 다른 울음소리를 들려주기에 이 울음을 처음 겪으면 당혹스럽고 어쩔 줄 몰라 식은땀이 날 수도 있습니다. 이럴 때에는 정말로 아기가 불편한 곳이 있을 수도 있는 것이므로 더 기다리지 말고 얼른 개입하여 혹시 아기에게 불편한 것이 없는지부터 살펴볼 필요가 있습니다. 아기를 관찰해 보았을 때 특별히 울 만한 다른 이유가 없어 보인다면 그때는 이러한 깡패 울음도 우리 아기의 잠울음 중 하나라고 판단해도 됩니다.

깡패 울음은 평상시에 깨어 있을 때보다 오히려 잠과 연관되어 잘 발생하는 편입니다. 특히 이미 어느 정도 자다가 깨서 잠에 대한 압력은 떨어졌으면서도 완전히 깰 만큼 충분히 잔 것은 아닌, 잠 중간의 깸에서 많이 발생합니다. 잠은 쏟아지는데 다시 잠들기도 어렵고 깨기도 어렵게 되면 아기 입장에서는 굉장히 불편하고 당혹스럽기 때문입니다. 이 경우는 아기가 완전히 깬 것도 아닌 상태이기 때문에 더욱더 진정이 어려운 면이 있습니다.

이러한 울음을 들으면 어떻게든 아기의 울음을 멈추게 해주고 싶은 마음이 굴뚝같겠지만 중요한 것은 개입해서 도움을 줘 보아도 아기가 위안을 받아들이지 않는다는 점입니다. 이럴 때 어떻게든 진정시키려고 하면 버팅기며 크게 우는 아기와 씨름하느라 엄마 아빠도 진이 빠지고 되려 아기도 더 진정하기 어려워질 수 있습니다. 그러므로 아무리 위안을 주어도 아기가 진정하지 못한다면 그때에는 정말로 그 울음이 아기에게 필요한 것이라고 이해해 줘야 합니다.

아기의 깡패 울음을 맞닥뜨렸을 때에는 아기에게 울음이 필요하다는 것을 존중하면서도 엄마 아빠가 옆에 있다는 것을 알려 주는 의미로 먼저 기다림 위안을 주면서 아기에게 시간을 주는 것이 좋습니다. 이후 간간히 진정 위안을 시도해서 아기가 위안을 받아들일 수 있는 마음의 상태가 되었는지 확인해 봅니다. 만약 아기가 아직 위안을 받아들이지 않는다면 다시 기다림 위안으로 아기가 준비가 될 때까지 기다려 준 후 다시 진정 위안을 시도합니다. 당장은 당혹스럽고 힘들어도 아기는 분명 시간이 걸릴 뿐 울음을 그칠 수 있습니다. 엄마 아빠가 당황하여 우왕좌왕하면 아기는 그런 분위기에 더더욱 울음을 그치기 어려울 수 있으니 부드럽고 의연한 태도로 아기에게 안심해도 된다는 것을 분위기로 알 수 있게 해주는 것이 중요합니다.

좀 더 관찰한 후 판단해야 하는 울음

아기의 울음 중 어떤 울음은 아기가 진정하는 건지 아닌지 명확하지 않습니다. 울음소리는 작은데 울음의 추이는 커지지도 작아지지도 않고 그대로 유지되는 울음이나 울음소리가 커져서 개입하려고 했더니 다시 작아지는 울음 같은 경우 어떻게 해야 할지 몰라 혼란스럽습니다. 이렇게 진정하는지 아닌지 기다려 보아도 명확하지 않은 울음이라면 시간을 좀 더 두고 울음을 들어 본 후 전체적인 울음의 추이를 고려하여 개입 여부를 판단하는 것이 좋습니다.

소리는 작은데 커지지도 작아지지도 않는 울음

소리가 작은데 기다려 보아도 소리의 추이가 변하지 않는 울음은 기다리다 보면 진정하는 울음으로 바뀔 수도 있으므로 일단은 기다리면서 좀 더 관찰해 보는 자세가 필요합니다. 만약 더 기다려 보아도 울음이 작아질 기미가 보이지 않거나 오히려 커진다면 그때는 개입해서 진정하도록 도와줍니다.

추이가 변하는 울음

울음을 듣다 보면 울음의 추이가 변하는 울음도 있을 수 있습니다. 작아지다가 다시 커지거나 혹은 그 반대인 경우도 있습니다. 이럴 때에도 조금 더 기다리면서 울음을 들어 보고 울음이 어떠한 방향으로 변해가는가를 확인한 후에 개입을 결정하는 것이 좋습니다. 이렇게 더 기다려 보았을 때 울음이 점점 커지기만 하는 경우라면 개입해서 진정하도록 도와줍니다. 반대로 기다리는 동안 울음이 점점 더 잦아드는 형태가 되었다면 아기를 응원하는 마음으로 좀 더 울음을 들어 보는 것이 좋습니다. 그대로 잠들게 된다면 기쁜 마음으로 아기의 성공을 축하해 주고, 진정할 듯했지만 어려운 듯 다시 울음이 커지기 시작했다면 그때가 바로 아기를 도와줄 타이밍입니다.

여러분이 구별해야 할 울음의 종류를 표로 정리한다면 아래와 같습니다. 이렇게 다양한 종류의 아기 울음을 구별할 때는 적어도 일정시간은 울음을 들어 보고 판단해야 한다는 사실을 잊지 말아야 합니다(몇 분정도 울음을 듣고 판단하는 것이 좋은지는 Part 5.와 Part 8. 마음읽기 수면교육 플랜 정리표에 각각 설명과 표로 정리되어 있습니다).

아기를 믿고 기다려야 하는 울음	좀 더 관찰하고 판단해야 하는 울음	아기를 도와줘야 하는 울음
• 점점 작아지는 울음 • 온오프 울음	• 소리는 작은데 커지지도 작아지지도 않는 울음 • 추이가 변하는 울음	• 점점 커지는 울음 • 소리가 크면서 일정하게 유지되는 울음 • 깡패 울음

* 플랜 진행시 정해진 기본시간 동안 울음을 들어본 후 판단합니다.

4

더 성공적인 수면교육을 위한 수유 방법

육아에서 수유는 언제가 되었든 아기가 배고플 때 먹고 싶은 만큼 먹인다는 원칙만 지킨다면 크게 문제될 것이 없습니다. 일부러 수유 텀을 만들려고 하지 않더라도 자연스러운 아기의 욕구에 따르다 보면 아기의 필요에 따라 수유량과 수유 텀이 자연스럽게 결정되기 때문입니다. 잠 일과와 수유 텀은 서로 영향을 주지 않고 각각 개별적으로 존재하지만, 둘 다 기상부터 밤잠까지 일정한 시간 내에서 이루어져야 하기에 서로 겹치지 않게 하려면 규칙이 필요합니다.

특히 하루의 잠 일과는 수면의 질에 큰 역할을 차지하기에 수유는 그것을 방해하지 않는 선에서 진행되어야 합니다. 수면교육을 위한 수유 규칙을 알아두면 아기가 잠든 지 얼마 안 됐는데 수유 텀이 돌아오는 일이나 식도역류가 잠을 방해하는 문제를 줄일 수 있고 잠의 질을 더 떨어뜨리게 되는 일을 예방할 수 있어 수면교육이 좀 더 원활해집니다.

마음읽기 수면교육 수유 규칙

아기의 하루 일과를 만들어 갈 때는 잠 일과가 수유 텀보다 훨씬 더 중요합니다. 잠 일과는 안정적으로 자리잡는 데 최소 3일 이상 긴 시간이 소요되며, 일관되게 유지시키지 않으면 금세 흐뜨러지기 쉽지만 수유 텀은 그렇지 않기 때문입니다. 그렇기에 수면교육에서 수유 텀은 잠 일과에 방해되지 않는 선에서 적절히 만들어 주는 것이 좋습니다.

식사 사이에 간식을 한 번 더 먹든 식사를 한 번 거르든, 다음 날 다시 정해진 시간에 삼시 세끼를 먹는 것이 그리 힘들지는 않은 것처럼 먹는 시간 간격은 매일 차이가 난다고 하더라도 크게 문제될 것은 없습니다. 게다가 아기의 잠 일과가 안정되기 시작하면 어느 정도 잠의 패턴을 알 수 있게 되므로 좀 더 적절하게 하루의 수유 계획을 세울 수 있게 됩니다. 그러므로 처음 잠 일과를 만들어 갈 때에는 수유 텀은 신경쓰지 말되 다음과 같은 몇가지 원칙을 지키며 깨어 있는 시간 안에 적절히 끼워 넣듯 수유 시간을 잡는 것이 필요합니다.

첫 번째 규칙, 수유를 위안으로 사용하며 먹으면서 자지 않게 하기

앞서 설명한 것과 같이, 수유 중에 잠이 들게 되면 먹는 행위로 잠욕구를 해소하게 되므로 스스로 잠욕구를 해소하는 것을 가르쳐 주어야 하는 수면교육에 적합하지 않습니다. 이를 피하기 위해서는 아기가 수유를 하면서 잘 것 같을 때에는 수유를 중단하고 아기를 깨운 후에 다시 수유를 해주어야 합니다. 이 때 아기가 졸기 시작한 다음에 깨우면 늦으므로, 졸기 전에 졸려하는 것이 보일때 깨우는 것이 중요합니다.

두 번째 규칙, 수유가 끝난 후 최소 30분 이상 소화하는 시간을 갖고 나서 잠에 들게 하기

잠이 들면 소화 속도가 느려지므로 소화의 질이 떨어질 수 있어 잠을 방해할 수 있고, 또한 소화기관이 성숙하지 않은 아기들은 역류가 생겨 불편감에 잠을 더 못 자게 될 수도 있습니다. 따라서 충분히 소화될 시간 텀을 두고 잠을 재우는 것이 좋습니다. 낮에 하는 수유는 모두 수유가 끝난 시간을 기준으로 최소 30분 이후에 잠에 들게 하는 것을 권장하고, 밤잠 앞에 하는 마지막 수유라도 적어도 15분 정도는 시간차를 두고 밤잠을 재우세요.

세 번째 규칙, 이른 새벽의 밤수는 최대한 자제해 주기

새벽 3시~5시 무렵의 수유는 첫수와 가까워서 이 시간에 먹이게 되면 아기가 기상 후에 첫수를 제대로 먹지 않아 그 뒤의 수유 텀도 모두 애매해져 버리는 일이 발생할 수 있습니다. 또한 사람의 생체 리듬은 빛과 식사 모두에 영향을 받으므로 새벽 3시~5시에 수유를 하는 것은 아기의 생체 리듬 자체를 일찍 당겨 버려 이른 기상을 유발하는 원치 않는 효과를 발휘할 수도 있습니다. 따라서 이른 새벽에는 가능하면 수유 없이 위안으로 재우는 것이 필요합니다.

하루 일과 중 수유 시간에 대해 조금 더 구체적으로 살펴보겠습니다. 아기가 아침에 기상하면 첫수를 충분히 먹인 후 아기의 수유 텀에 따라 수유를 해

주되 위 세 가지 규칙을 모두 지킬 수 있으면서도 잠과 겹치지 않도록 수유 시간을 결정해야 합니다. 만약 평소 수유 텀에 따른 다음 수유 시간이 잠을 충분히 자고 일어난 후가 된다면 수유 텀이 잠과 겹칠 일은 없으므로 제시간에 수유를 해줍니다.

다음 수유 시간이 예상되는 다음 잠시간과 너무 가깝거나 겹칠 것 같다면 수유가 끝나고 적어도 30분은 지난 후 수면의식을 시작할 수 있도록 수유 시간을 당겨 줍니다. 이때 평소의 수유 텀보다 조금 빠르게 수유하게 되더라도 괜찮습니다. 수유 텀이 짧아졌더라도 아기가 먹고 싶어하는 만큼 충분히 먹게 해준 후 그 시점으로부터 다시 수유 텀을 계산하여 다음 수유를 해주세요.

만약 잠에서 깬 후에 수유를 하면 수유 텀을 맞출 수 있을 것이라고 판단했는데 아기가 잘 자서 잠이 목표 수유 시간까지 지속되고 있는 경우 굳이 수유를 위해 일부러 깨울 필요는 없습니다. 필요한 만큼 자고 일어나게 한 후 아기가 깨면 그때 잘 깨워서 수유를 충분히 해주세요. 이때에도 그 다음 수유는 잠에서 깼을 때 수유한 시간을 기준으로 다시 수유 텀을 계산합니다.

아기의 개월 수별로 수면 교육에 잘 맞는 수유 텀을 살펴보면 다음과 같습니다.

아기 개월 수	권장 낮 수유 텀
1~3개월, 낮잠 4회 이상시	먹다가 졸기 쉬우므로 2~3.5시간 간격으로 먹기-활동-잠 순서로 잠에서 깬 직후에 수유
3~4개월, 낮잠 3~4회 시	3~4시간 간격
4개월 이상, 낮잠 3회 시	4~4.5시간 간격
5개월 이상, 낮잠 2회 시	수유텀과 잠일과가 잘 맞지 않게 되므로 기본 4~5시간의 수유 텀으로 수유를 하되 하루 1회는 2시간 정도 간격에 간식처럼 수유를 하거나 30분~1시간 간격으로 이유식과 수유를 분리하여 먹이는 것이 일과를 운영하는데 유리

밤수의 경우, 밤잠 중간에 깨더라도 위안을 먼저 주며 아기가 잘 수 있는지 확인하고 도저히 어려운 경우에만 수유를 하여 밤잠 중의 수유를 최소화하해야 합니다. 대부분의 경우, 아기의 밤수 문제는 수유량의 문제가 아니라 아기의 생체 리듬에 맞지 않는 일과의 문제이기 때문에, 이 책의 수면교육 내용을 잘 따라가는 것만으로도 횟수가 많이 줄어들어 위안으로 재우는 것에 부담이 덜 해질 것입니다.

수면교육이 잘 자리잡은 경우 대부분은 밤수가 아예 없어지게 되고, 혹시 남는다고 하더라도 평균적으로 100일 이전의 아기는 1~2회, 100일 이후~6개월 이전의 아기는 1회 정도의 밤중 수유가 남게 됩니다. 만약 수면교육을 잘 하였는데도 밤수가 남게 되었다면 아기가 잘 때 수유하는 꿈나라 수유를 권장합니다.

부작용 없는 밤수, 꿈나라 수유

꿈나라 수유(이하 꿈수)는 말 그대로 아기가 꿈나라에 있을 때, 즉 자고 있을 때 먹이는 수유를 의미합니다. 밤에 깨는 것이 꼭 수유 부족과 연관되는 것은 아니지만 아기가 어려서 밤잠이 많이 불안정하거나 급성장기, 낮수량 부족, 혹은 모유량 유지와 같은 이유로 정말로 밤에 수유를 하는 것이 필요한 경우가 있습니다. 이때 필요한 수유를 해주면서도 수유로 진정하게 하는 습관을 들이지 않게 하기 위해서 할 수 있는 것이 꿈나라 수유입니다.

꿈수를 처음 듣는다면 "아기가 자고 있는데 먹는다고요?"라고 되물을 수도 있습니다. 하지만 막상 해보면 아기들은 빨기 본능이 있어 잠결에도 입에 무언가가 들어오면 반사적으로 빨기 시작합니다. 보통은 수유를 하려고 아기를 들어올릴 때 아기가 살짝 깼다가 먹으면서 다시 잠들기 때문에 먹게 하기 위해 일부러 더 깨울 필요는 없습니다. 평소 수유할 때 하듯이 아기에게 젖이나 분유 냄새를 맡게 해주며 젖꼭지로 입술이나 인중을 톡톡 두드리면 아기가 본능적으로 입을 벌리므로 그때 젖꼭지를 입안에 밀어넣으면 됩니다.

생각보다 아기가 잘 먹지 않는다면 좀 더 잘 먹게 하는 몇 가지 방법이 있습니다. 3개월 미만의 어린 아기이고 입안에 넣어 주어도 잘 빨아먹지 않는다면 입 안에서 젖꼭지를 그림과 같이 흔들며 입천장을 건드려 자극을 주면 빨고자 하는 본능이 좀 더 커져 잘 먹게 됩니다.

또한 아기가 빠는 것이 느려지기 시작할 때에는 젖꼭지를 뺄 것처럼 살짝 뺐다가 넣었다가 하면 젖꼭지를 놓치지 않으려고 적극적으로 빨게 되므로 좀 더 오래 먹게 할 수 있습니다.

꿈수를 하려고 아기를 들어올려 수유 자세를 취했는데도 아기가 깊은 잠에 빠져 전혀 입을 벌리지 않는다면 그때는 아기 발을 주무르거나 아기 이름을 부르거나 아기 척추의 양쪽 옆을 꾹꾹 누르며 젖이나 분유 냄새에 입만

벌릴 정도로 '살짝만' 깨웁니다. 이때 아기가 완전히 깨면 안 되기 때문에 꿈수 때에는 기저귀를 갈아 주는 것도 권장하지 않습니다. 긴 시간 기저귀를 채워 발진이 생길까봐 걱정이 된다면 밤잠 수면의식 때 기저귀 발진 크림을 듬뿍 바르고 성능 좋은 밤잠용 기저귀를 채운 후 아침까지 사용할 수 있도록 하는 게 좋습니다.

꿈수를 하고 나서 트림을 시키는 것도 아기를 깨울 가능성이 있으니 가능하면 하지 않는 게 낫습니다. 뱃속에 공기가 약간 차더라도 누워서 트림을 하는 경우도 있고, 깊은 잠에 들면 크게 불편해하지 않고 잘 수도 있기 때문입니다. 아기에게 역류가 있거나 수유 시 공기를 많이 먹는 편이어서 트림을 꼭 시켜야 한다면 2장의 '아기의 숙면을 돕기 위한 트림시키기 팁'에서 알려드린 부드러운 트림 방법이 도움이 됩니다. 즉 아기를 가슴에 올린 후 손으로 아래부터 위로 쓸어올리듯 트림을 시켜 주는 것입니다. 또한 젖병에 있는 분유를 끝까지 먹이려고 하면 병 안에 남아 있는 공기를 먹게 될 수도 있으므로 분유가 조금 남아 있는 상태에서 꿈수를 마치는 것을 권장합니다.

혹시라도 아기가 예민하여 꿈수를 하려고 들어올리는 과정에서 깰까봐 걱정이 된다면 아기가 침대에 누워 있는 상태에서 젖병으로 수유를 하는 것도 가능합니다. 이 경우 잘못 수유하면 분유가 기도로 넘어갈 가능성이 있으므로 아기의 고개를 옆으로 돌린 상태에서 먹이고 주의 깊게 관찰해야 합니다.

대부분의 경우 수유가 가진 진정 능력 덕분에 수유를 하는 행위 자체가 아기를 좀 더 잘 자게 해주므로 꿈수 때문에 아기가 완전히 깰까봐 걱정할 필요는 없습니다. 하지만 만약 여러 모로 조심했는데도 꿈수 도중에 아기가 깬다면 그때는 지체 없이 위안을 충분히 주어서 다시 잠들 수 있게 해줍니다. 꿈수의 목적은 아기의 잠에 방해되지 않게 수유를 해주는 것이므로 꿈수를 하다가 아기를 완전히 깨우는 일이 반복된다면 꿈수를 하지 않는 편이 낫습니다.

꿈수의 시간은 밤 10시~12시 사이가 가장 이상적입니다. 무언가를 먹는 행위는 일주기 리듬의 기상시간에 영향을 주므로 꿈수를 하더라도 기상에서 최대한 먼 시간에 해주는 것이 좋기 때문입니다. 또한 마지막 수유 시간에서 배가 꺼질 때까지의 텀도 고려한다면 밤 10시~12시 사이가 가장 적절합니다. 만약 수유량 부족으로 꿈수를 한 번 더 해줘야 한다면 첫 번째 꿈수를 최대한 앞으로 당기고 두 번째 꿈수를 새벽 1시~2시 30분 사이에 해주는 것이 좋습니다.

5

마음읽기 수면교육을 위한 준비물

이번 장부터는 본격적으로 마음읽기 수면교육의 실전에 들어가도록 하겠습니다. 수면교육을 시작할 때 가장 먼저 해야 할 것은 바로 수면환경을 조성하고 필요한 준비물을 미리 구비해 두는 것입니다. 이러한 수면환경 조성과 수면 아이템들은 그 자체로 아기를 잘 자게 만들어 주지는 못하지만, 수면교육의 효과가 나타나기 시작할 때 시너지를 낼 수 있도록 도와줍니다. 수면교육을 본격적으로 시작하게 되면 한동안은 신경쓸 것이 많아지므로 교육 진행이 수월하도록 필요한 것들부터 미리 준비해 두는 자세가 필요합니다.

잠이 솔솔 오는 수면환경 준비하기

잠에 있어서 환경은 너무나도 중요한 요소입니다. 환경이 편안해야 잠도 편안하게 잘 수 있는 것은 아기나 어른이나 다를 바가 없기 때문입니다. 환경이 잘 구비되어 있는 경우 아기들은 그렇지 못한 환경에서보다 더 길게 잘 자는 게 쉬워집니다. 아기를 더 잘 자게 만드는 환경을 만들기 위한 준비사항은 다음과 같습니다.

아기의 건강

수면교육을 시작할 때 아기는 건강하고 불편감이 없는 상태여야 합니다. 아기의 건강상태가 좋지 못하다면 아기는 실제 자신이 필요한 것 이상으로 잠을 자거나 혹은 더 자주 깨는 일이 있을 수 있기 때문입니다. 또한 스스로 자기 역시 더더욱 어려울 수 있습니다. 수면교육을 하기로 결심했다면 최소 그 1~2주 전부터 아기가 아프지 않도록 컨디션 관리를 해주는 것이 중요합니다.

방 분리(선택)

수면교육에 있어서 아기를 별도의 방에서 잠들게 하는 것은 필수는 아닙니다. 같은 방을 사용한다고 하더라도 아기가 낮잠을 잘 때는 부모가 방 밖에 있어 주면 되고, 밤잠도 아기의 밤잠이 언제나 부모의 밤잠보다 이르기 때문에 스스로 자기를 유지하는 데에는 크게 문제가 없습니다. 밤잠시간에는 생체시계가 밤잠을 인식하여 아기가 아침까지 잠을 쭉 잘 수 있게 해주므로 엄마 아빠의 존재로 인해 잠이 완전히 깨는 일은 드뭅니다.

물론 수면교육에 있어서는 방이 분리되어 있는 것이 더 유리합니다. 아기와 부모, 모두 자면서 내는 소리나 움직임에 서로 영향을 받지 않을 수 있으므로 아기도 그만큼 더 깊이 잘 수 있게 되고, 부모 역시 아기를 키우기 전과 같은 편안한 잠을 영위할 수 있다는 큰 장점이 있기 때문입니다. 고된 육아를 마쳤을 때 부부가 서로 돈독해질 수 있는 자유로운 시간과 공간이 아기를 낳기 전과 동일하게 유지될 수 있다는 것도 빼놓을 수 없는 장점입니다.

두 가지 방식 모두 장단점이 있으므로 가정의 상황에 맞게 선택하는 것이 가장 좋습니다. 다만 안전을 위해서 영아돌연사 위험이 높은 6개월 이하의 아기들은 같은 방에서 침대가 분리된 형태로 재워야 합니다. 또한 6개월 이상의 아기들은 방을 분리하여 재우더라도 침대에서 위험 요소를 모두 치우고 베이비캠을 필수로 설치한 후, 아기가 잘 자더라도 종종 모니터링을 해주는 것이 안전합니다.

아기 침대

침대의 경우 부모와 아기가 같은 침대를 사용하는 것은 영아돌연사의 위험을 크게 높이므로 별도의 아기 침대로 아기와 잠자리를 분리하는 것이 필수입니다. 수면교육을 하게 되면 아기가 자는 시간 동안 방안에 혼자 있게 되므로 아기 침대는 무조건적으로 안전해야 합니다. 아기가 침대 안에서 뒤집어 매트에 얼굴을 파묻고 자거나 굴러다니면서 침대와 벽 사이로 가더라도, 혹은 깨서 이리저리 돌아다니다가 난간을 붙들고 흔들고 밀더라도 아무 일 없어야 합니다.

같은 방에 늘 함께 있어 줄 때에는 문제없었던 푹신한 쿠션, 인형, 혹은 오가기 편하기 위해 한쪽을 열어 놓은 난간 등이 예상치 못한 순간에 큰 사고로 이어질 수 있습니다. '모니터링을 해주니 괜찮을 거야.'라는 안일한 생각은 위험합니다. 처음에는 모니터링을 잘 하다가도 아기가 스스로 길게 잘 자는 날들이 지속되면 어느 순간부터는 모니터링에 소홀해지기 쉽습니다. 그리고 사고는 주로 그런 순간에 발생합니다.

따라서 수면교육을 할 때에는 반드시 아기에 대한 안전이 확인된 아기 전용 침대를 사용해야 합니다. 아기가 엎드려 자더라도 안전한 아기 전용 매트리스는 기본입니다. 또한 잡고 서기가 가능해진 시점부터는 난간이 충분히 높고 튼튼한가를 반드시 체크해야 합니다. 난간이 아기 겨드랑이쯤 오는 소프트한 범퍼침대는 평소에는 충분히 높아 보여도 아기가 잡고 밀면 난간이 밀리며 높이가 낮아질 수 있어 위험합니다. 아기는 머리가 몸에 비해 상대적으로 크고 무거운데다가 아직 중심을 잘 잡지 못하기 때문에 그대로 난간과 함께 기울어지면서 머리부터 바닥에 거꾸로 떨어지는 큰 사고가 발생할 수 있습니다.

수면교육을 일찍 시작해서 오래 유지할 것이라면 서양식 아기 침대 중 가장 큰 사이즈의 침대를 사용하는 것이 가장 안전하고 오래 쓸 수 있습니다. 데이베드나 범퍼침대를 사용하는 경우 추후 아기가 잡고 설 것을 생각하여 처음부터 난간이 충분히 높고 튼튼한 것으로 구매하는 것이 좋습니다. 또한 많은 데이베드 모델들이 입구 쪽에 난간이 없는 형태이므로 이런 형태의 데이베드를 사용한다면 매트리스 가드를 이용하여 입구 쪽을 막아 주어야 합니다. 바닥에 아기 전용 매트리스를 깔고 매트리스 가드나 베이비룸을 가드로 사용하려고 한다면 가드와 매트리스 사이에 틈이 없게 하여 아기가 틈새에 끼이지 않도록 주의해야 합니다.

암막

빛은 생체 리듬상의 잠을 관장하는 요소 중 하나입니다. 눈에는 빛을 받아들이는 세포가 있고 뇌가 이를 통해 신체의 생체 리듬을 조절하게 되기 때문입니다. 암막은 이러한 생체기전에 의해 빛이 눈에 들어오면서 뇌가 저절로 각성되어 잠이 깨는 것을 늦춰 주는 효과를 줍니다.

낮잠을 잘 때 암막을 치면 아기가 밤낮을 구별하기 어려워 할 것이라고 생각하는데 그것은 사실이 아닙니다. 아기의 질 좋은 밤잠에 필요한 빛은 낮에 아기가 깨어 있는 시간만으로도 충분히 충족 가능하기 때문입니다. 게다가 다 깬 잠을 다시 졸립도록 만들어 줄 수는 없어도, 더 자려는 아기를 빛에 노출시켜 완전히 깨우는 것은 가능합니다. 따라서 수면교육을 진행할 때에는 암막으로 잠을 좀 더 길게 자게 만들어 준 후 필요하면 깨워서 나오는 것이 아기의 잠 일과를 관리해 줄 때 훨씬 편리합니다.

사실 빛의 각성효과를 생각한다면 잠을 자는 동안에는 빛이 전혀 없는 것이 가장 좋습니다. 하지만 완전히 캄캄한 상태로 두면 아기가 중간에 깼을 때 아무것도 보이지 않아 당황스러워할 수 있다는 문제가 있습니다. 또한 부모도 아기가 왜 깼는지, 어떻게 도움을 줘야 하는지 아기의 상태를 살피는 것이 불편할 수도 있습니다. 만약 아기가 어느 정도 깨어 있던 차에 아기의 상태를 확인하려고 불을 켠다면 이미 반쯤 깨어 있던 아기가 빛자극으로 인해 완전히 깰 수 있다는 것도 감안해야 합니다.

이러한 점들을 고려했을 때, 수면교육에는 낮잠과 밤잠 모두 어둠에 익숙해지고 나서 아기가 눈을 감았는지 떴는지 알 수 있을 정도의 어스름함이 가장 이상적입니다. 그러기 위해서는 아기가 자는 방은 암막 커튼, 암막 시트지 등을 이용하여 최대한 어둡게 만들어 주는 것이 필요합니다. 암막 시트지를 쓰면 햇빛이 필요할 때 창문을 열어야 한다는 단점이 있으므로 암막 시트지 보다는 암막 커튼이 필요할 때만 어둡게 할 수 있어 더 편리합니다. 집에 암막 커튼을 설치하기 어렵다면, 벨크로 테이프를 이용하여 어디든 쉽게 설치할 수 있는 형태의 암막 커튼도 시중에 판매합니다.

이렇게 어둡게 만들어 준 방에는 집중되는 빛이 없어야 합니다. 집중되는 빛이 눈에 들어오면 그것만으로도 아기에게 자극이 되어 쉽게 각성하거나 잠들기까지 시간이 더 오래 소요되기 때문입니다. 따라서 암막을 사용할 때에는 최대한 암막과 창문 사이에서 강한 햇빛이 들어오지 않도록 조치가 필요합니다. 또한 암막은 펀칭된 디자인이 아닌 완전히 빛을 차단할 수 있는 제품을 선택하는 것이 좋습니다. 이외에도 불을 끄고 방을 둘러본 후 전자제품 전원부의 빛과 같이 집중되는 빛이 있다면 종이와 테이프를 이용하여 빛이 강하게 새어 나오지 않도록 막아 주어야 합니다.

간혹 암막을 사용하면 낮에는 어둠이 적절한데, 해가 지고 나면 너무 어두워 아무것도 보이지 않는 경우가 있을 수 있습니다. 이런 때에는 노란색 불빛이 도는 수면등이나 수유등이 흰색이나 파란색 불빛보다 자극이 덜해 불빛이 눈에 들어가더라도 잠을 완전히 방해하지 않아 도움이 됩니다. 하지만 대부분의 수면등이나 수유등은 어두운 곳에서의 시야를 제공하기 위해 다소 밝게 설계되어 있으므로, 이를 사용할 때는 등에 얇은 천을 덮어 밝기를 조절해 줘야 합니다. 또한 빛의 영향을 최소화하기 위해 가능하면 이 등은 아기 눈에 직접 보이지 않는 곳에 두는 게 좋습니다.

햇빛

잘 때 어둠이 필요하다면 깨어 있을 때는 반대로 빛이 필요합니다. 잠을 유도하는 호르몬인 멜라토닌의 생성에 빛이 중요한 역할을 하기 때문입니다. 아기가 자는 동안에는 암막을 이용하여 어둡게 보내는 만큼, 깨어 있는 동안에는 빛을 충분히 받게 해줘야 합니다. 이를 위하여 햇빛이 가장 잘 드는 곳에 아기의 놀 공간을 마련해 주는 것이 좋습니다. 아기가 노는 방과 자는 방이 같은 공간이라면 잘 때만 암막을 쳐주고 놀때는 햇빛이 환하게 들도록 해주세요.

만약 햇빛이 덜 드는 집이라면 최대한 불을 환하게 켜주는 것이 필요합니다. 하지만 아무리 불을 밝게 켜더라도 형광등은 햇빛에 비해서는 효과가 미약합니다. 집 환경상 도저히 밝은 빛을 충분히 쐬는 것이 어렵다면 잠에서 깼을 때 5~10분이라도 잠시 집 앞 현관에서라도 햇빛을 쬐게 해주거나 낮에 햇빛을 충분히 쬐도록 산책을 다녀오는 것도 도움이 됩니다. 이것도 여의치 않다면 시중에 햇빛과 유사한 빛을 내는 라이트테라피 조명 제품들을 판매하고 있으니 이런 제품을 활용해서라도 아기가 충분한 빛을 쐬도록 해줘야 합니다.

백색소음

백색소음은 단순한 청각 차단 역할을 할 뿐만 아니라 아기에게 잠시간임을 알려 주는 시그널도 되어 주므로 사용하는 것을 권장합니다. 잠시간마다 규칙적으로 백색소음을 사용하면 아기는 이 소리를 수면 신호로 인식하게 되어, 소리를 듣자마자 자야 할 시간임을 알게 됩니다. 이렇게 백색소음을 잠을 연상할 수 있는 잠연관으로 만들어 주면, 외출이나 여행 등으로 환경에 변화가 생겨도 익숙한 소리가 유지되기 때문에 아기가 안정감을 느끼며 잘 수 있게 해주는 장점이 있습니다.

백색소음에는 시중에 판매하는 아기 전용 백색소음 기계도 있지만 무료 어플이나 음원도 많으므로 집에 있는 핸드폰 공기계나 스피커를 활용할 수 있는 경우 굳이 백색소음 기계를 구매하지 않고도 편리하게 백색소음을 사용할 수 있습니다. 무엇이든 편한 것을 구비하여 사용하세요.

백색소음을 사용할 때는 적절한 볼륨도 중요합니다. 백색소음은 어느 정도 크기가 커야 효과가 있으나 잠시간 내내 사용해야 하므로 아기의 청력 보호를 위해 50데시벨 이하로 설정하는 것이 안전합니다.

아기 전용 백색소음 기계는 이러한 점이 미리 고려되어 설계되었으므로 걱정을 덜고 편하게 사용할 수 있지만 만약 핸드폰 공기계나 스피커 등을 사용한다면, 다른 핸드폰에 데시벨 측정 어플을 설치하고 50데시벨 이하의 볼륨인 것을 확인한 후 사용하세요. 또한 아기 침대 옆보다는 창문이나 문 앞과 같이 외부 소음이 들리는 곳에 두면 아기의 귀에 덜 자극적이면서도 외부 소음을 막는 데 좀 더 효과적입니다.

일부 부모는 무미건조하고 차갑게 느껴지는 백색소음 대신 자장가나 클래식을 선호하기도 합니다. 그러나 잠시간은 뇌가 깨어 있을 때 얻은 정보들을 정리하는 시간이므로 새로운 정보가 든 소리보다는 아무 의미 없는 백색소음이 숙면에 더 도움이 됩니다. 또한 백색소음이 자장가나 클래식보다 외부 소음을 차단하는 데 더 큰 효과가 있으므로 자장가 음원보다는 백색소음을 사용할 것을 권장합니다. 그럼에도 불구하고 자장가나 클래식을 사용하고 싶다면 백색소음에 원하는 한 개의 곡을 섞어 음악을 바꾸지 않고 꾸준히 사용하는 것이 좋습니다.

만약 수면교육 이후에 백색소음을 완전히 떼고 싶다면 점차적으로 볼륨을 낮추거나 타이머를 이용해 사용 시간을 줄여 가며 아기가 자연스럽게 적응할 수 있게 도와줄 수 있습니다.

온습도

편안한 잠에 있어서 온습도는 숨겨진 중요한 요소입니다. 사람은 잠이 들 때 체온이 약간 내려가므로 선선한 환경이 잠들기에 더 수월하고, 수면 온도가 높은 경우 영아돌연사 위험이 높아지기도 하므로 조금 시원하게 느껴질 정도의 온도가 아기의 수면에 도움이 됩니다.

아기가 잠잘 때 정확하게 몇 도로 온습도를 맞춰야만 한다는 규정은 없습니다만, 이러한 점을 고려하면 온도는 적당히 시원하도록 20~22도 정도, 겨울철에 난방을 하더라도 24도를 넘지 않는 것을 권장하고, 습도는 쾌적함을 느낄 수 있는 습도인 40~60% 정도가 좋습니다. 감기에 걸려 있거나 비염이 있는 경우에는 좀 더 높게 50~60%를 권장합니다.

또한 방안 공기의 온도뿐만 아니라 아기가 잘 때 입은 옷에 따라서도 아기의 체감 온도가 달라질 수 있으므로, 온도에 맞게 아기가 잘 때 입는 옷도 신경써야 합니다. 계절에 맞게 속싸개나 잠옷을 준비해 두고 아기 방 온도에 따라서 따뜻하게 혹은 시원하게 입혀 주세요. 아기가 더워하는지 추워하는지 모르겠다면 아기의 가슴 안쪽으로 손을 넣어서 아기가 느끼는 온도를 체크해 보면 아기가 더운지 추운지 알기 쉽습니다.

수면교육을 더 쉽게 만들어주는 육아템 구비하기

육아를 할 때 다양한 육아템을 구비하는 것은 부모의 선택이지만, 수면교육에서 일부 아이템은 아기의 잠의 질을 좌우할 만한 효과를 발휘하므로 구비둘 필요가 있습니다. 다음 내용을 참고하여 자신과 아기의 상황에 맞게 필요한 것들을 사전에 준비해 두세요.

시계

시계는 수면교육을 위해 세운 계획을 최대한 객관적이고 원활하게 진행하게 만들어 주는 데 있어 필수 아이템입니다. 수면교육을 어떻게 진행할지 아무리 꼼꼼하게 계획을 세웠더라도 막상 아기가 울면 식은땀이 나며 정신이 없어지고, 같은 시간이라도 아기 울음 크기에 따라서 빠르게도 느껴지고 느리게도 느껴지기 때문입니다.

시계는 아기 방에 두어야 하고, 아기를 재울 때는 방이 어두워야 하므로 어둠 속에서도 잘 보이는 시계를 구비하여야 합니다. 시곗바늘 끝이 야광으로 되어 있는 아날로그 시계도 좋고, 적절한 빛으로 시간을 명확히 알려 주는 전자시계도 사용하기 무난합니다. 다만 전자시계의 경우 빛이 너무 강하면 아기의 수면을 방해할 수 있으니 이 빛이 아기의 시야에 들어오지 않도록 주의해야 합니다. 아기의 눈에 직접적으로 빛이 들어가지 않도록 시계를 바닥에 두거나 아기를 안았을 때 아기의 얼굴이 향하는 쪽의 반대 방향에 시계를 두어 주세요. 아날로그 시계를 쓰는 경우에는 야광 빛이 약한 편이므로 아기의 잠에 크게 방해가 되지는 않으니, 엄마 아빠의 눈에 잘 보이도록 가까이 두거나 수면등이 있는 쪽에 보기 편하게 두셔도 됩니다.

베이비캠

베이비캠은 아기 혼자서 잠들게 하는 수면교육의 특징상 안전을 위한 필수 구매품입니다. 베이비캠이 있으면 아기가 깰 위험을 감수하며 방에 직접 들어가 보지 않더라도 아기가 혹시 위험한 상황에 처하지 않았는지를 확인할 수 있어 편리합니다. 또한 아기가 자는 상황을 눈으로 볼 수 있게 되면 아기의 잠을 도와줘야 하는 상황인지 아닌지를 판단하기도 좀 더 수월해집니다. 예를 들자면 자다가 아기 울음소리가 날 때, 아기가 눈을 감고 누워서 울고 있다면 눈을 뜨고 앉아서 울고 있는 경우 보다 다시 잠들 가능성이 높다고 판단할 수 있습니다.

방 분리를 하지 않는 경우라도, 수면교육을 하게 되면 엄마 아빠가 밤잠을 자는 시간 외에는 아기가 방에서 혼자 수면을 취하게 되므로 가능하면 베이비캠은 꼭 구입해 주세요. 또한 베이비캠을 사용하더라도 안전을 위하여 잠잘 때마다 매번 환경을 꼼꼼하게 체크하고 조금이라도 안전이 걱정되는 사항이 있을 때는 바로 방 안으로 들어가 확인하는 것이 좋습니다.

스와들 제품(속싸개)

스와들 제품은 어린 아기의 숙면에 필수적이라고 할 수 있습니다. 태어난 지 얼마 안 된 아기는 자신의 움직임을 스스로 인지하고 통제하지 못하는데, 스와들은 아기의 팔 움직임을 잘 잡아주어 좀더 안정적인 수면을 취하게 해줍니다.

스와들에는 다양한 형태가 있습니다. 100일 이전의 어린 아기들은 대부분 팔을 완전히 몸쪽으로 꽉 잡아 주는 형태의 스와들이 효과적이고, 100일이 지나 뒤집기를 본격적으로 하기 전까지는 팔을 제한적으로 움직이게 하는 Y자 형태의 스와들이 적합합니다. 팔만을 고정하는 것보다는 다리를 포함해 몸 전체를 감싸 주는 제품이 안정감을 더하므로 스트랩 형태의 제품보다는 다리 부분이 파우치인 형태의 제품을 권장합니다.

100일 이전의 아기에게는 팔을 완전히 잡아주고 다리를 싸주는 형태의 스와들 제품이 좋습니다.

100일 이후부터 잘 때 뒤집기를 하게 되기 전까지는 팔의 움직임을 반쯤 잡아주고 다리를 감싸주는 형태의 스와들 제품이 좋습니다.

스와들을 처음 사용할 때, 아기가 울거나 버둥거리기도 하는데, 그 모습을 보면 아기가 답답해하는 것으로 오해할 수 있습니다. 하지만 아기들은 사실 졸린데 움직임이 제한되었으므로 좀 더 잠에 빠지기 쉬운 상태가 되어 진정해 보려고 애쓰는 것입니다. 실제로 울거나 버둥거리더라도 차분히 아기를 진정시키며 잠이 들 수 있도록 도와주면 입면 시간이 훨씬 짧아지고, 잠을 더 안정적으로 잘 자는 것을 관찰할 수 있습니다. 또한 처음에 울음이나 버둥거림이 심했을지라도 꾸준히 스와들을 입은 상태에서 입면하게 하는 연습을 시켜 주면 입면 과정에 익숙해지며 점차 크게 어려움 없이 잠들 수 있게 됩니다.

스와들은 팔의 움직임을 잡아 주는 것이 주된 역할이므로 아기들이 5~6개월이 넘어가며 자신의 팔의 움직임에 충분히 익숙해지거나 뒤집기를 하게 되면 더 이상 필요하지 않습니다. 이때부터는 움직임에 제한은 없지만 발이 쌓여 있는 아기 잠옷인 슬리핑백을 사용하거나 아예 옷과 같은 수면조끼나 잠옷을 입히고 재워도 무방합니다.

아기에게 권장하는 스와들의 단계는 개월수 보다는 각각의 아기의 발달을 더 따르므로 설명에 나와 있는 개월 수가 아니더라도 아기가 낮잠 밤잠 모두 중간에 깨지 않고 길게 잘 자고 있다면 다음 단계로 일찍 넘어가도 괜찮습니다.

뒤집기 방지 육아템 (좁쌀이불류, 몸에 채우는 쿠션류)

아기가 뒤집기를 시작한 후부터 되집기를 하게 되기 전까지는 자면서도 뒤집기를 하여 잘 깰 수 있으므로 뒤집기 방지용 육아템이 필요합니다. 뒤집기 방지 육아템에는 여러 가지 종류가 있는데, 그중 효과가 좋아 많이들 사용하는 것은 옆으로 잘 수 있게 해주는 쿠션 제품들입니다. 그러나 영아돌연사 방지 가이드에 따르면 '등을 대고 자는 자세'만이 위험을 줄일 수 있으며, 옆으로 재우는 것도 엎드려 재우는 것과 같은 위험을 가지고 있기에 아쉽게도 이러한 제품들은 아기들을 침대에서 혼자 자게 하는 수면교육을 할 때에는 권장하지 않습니다.

일부 부모는 아기의 양쪽에 긴 쿠션을 두어 뒤집는 것을 방지하려고 하지만, 이 방법은 효과가 미약해 아기가 금방 그 안에서 돌아눕게 됩니다. 게다가 잘못하면 아기의 얼굴이 쿠션에 파묻혀 질식을 유발할 수 있으므로 이러한 쿠션은 수면교육 시에는 사용해서는 안 됩니다.

아기의 몸에 큰 쿠션을 채워 뒤집기를 방지하는 제품도 있는데 나쁘지 않은 아이디어이므로 이것을 사용해도 좋습니다. 다만 이러한 제품은 아기가 힘이 세면 그 제품을 허리나 등쪽으로 밀어내 뒤집어 버리기도 합니다. 그리고 그것을 채운 상태에서 아기를 안아서 위안을 줘야 하는 경우가 생기면 무게감이나 부피감 때문에 안는 것이 불편할 수 있습니다. 따라서 아기가 순한 편이어서 안아 주는 위안을 줄 필요가 별로 없을 때만 권장해 드립니다.

몸에 쿠션을 채우는 형태의 뒤집기 방지 제품.

수면교육을 할 때 가장 추천하는 제품은 양쪽으로 무거운 좁쌀이나 비즈 등이 들어 있는 형태의 뒤집기 방지 이불입니다. 이러한 형태의 제품은 뒤집기 방지를 주된 목적으로 하지만, 아기에게 적당한 압박감을 주어 움직임을 전체적으로 제한함으로써 뒤집지 않는 아기들에게도 도움을 줍니다. 또한 위안을 줘야 할 때는 걷어 내고 아기를 안아 들면 되므로 편리하게 사용할 수 있습니다.

다만 이 제품도 힘이 센 아기라면, 자면서 이불을 걷어차 이불이 얼굴 쪽으로 올라오거나 이불 안에서 뒤집기도 합니다. 이런 경우에는 이불 안쪽에 발걸이가 있는 제품을 사용해볼 수 있습니다. 발걸이를 사용하는 경우 스와들을 벗기고 사용해야 하기는 하지만 이불 안쪽에 있는 발걸이에 발을 걸어주면 이불이 얼굴까지 올라 오거나 안에서 뒤집어서 생기는 불편함을 막을 수 있어 편리합니다. 이렇듯 현재 시중에 나와 있는 뒤집기 방지 제품 중에서 가장 수월하게 사용할 수 있는 제품이므로 수면교육을 할 때에는 양쪽 끝에 좁쌀이 들어있는 이불 유형의 뒤집기 방지 제품을 권장 드립니다.

양쪽에 좁쌀이 들어 있는 형태의 뒤집기 방지 제품.

슬리핑백

슬리핑백은 우리나라에서는 아직 낯선 제품이지만, 해외에서는 최대 36개월까지의 큰 아기들에게 흔하게 사용합니다. 슬리핑백은 스와들과는 다르게 팔 부분은 조끼 형식으로 되어 있거나 팔 길이보다 좀 더 길게 손까지 싸주는 모양으로 움직임에 제한은 없으면서도 다리는 침낭처럼 쌓여 있는 형태로 되어 있습니다. 미국 애니메이션 〈심슨 가족〉에서 막내 매기가 입고 다니는 팔이 있는 큰 이불 같은 것이 바로 슬리핑백입니다.

아기의 다리를 싸주면서도 움직임에는 제한이 없는 슬리핑백은 아기의 체온 관리와 수면교육 유지 모두에 도움을 줍니다.

슬리핑백의 가장 큰 장점은 아기의 발까지 싸주기 때문에 체온유지를 쉽게 해줄 수 있다는 점입니다. 대부분의 아기들이 자면서 쉬지 않고 움직이며 돌아다니기 때문에 덮어 주는 형태의 이불은 아기의 체온을 제대로 유지해줄 수 없습니다. 더욱이 이불은 영아돌연사 방지를 위해 사용하는 것을 권장하지 않기도 합니다.

게다가 수면교육을 할 때에는 슬리핑백처럼 발을 싸주는 형태가 좀 더 효과적이기도 합니다. 다리가 쌓여 있는 것이 아기에게 좀 더 안정감을 제공하기도 하고, 아기의 활동성을 줄여 잠들기 전에 돌아다니며 잠드는 데 시간이 오래 걸리게 되는 것을 줄여 주기 때문입니다. 우리나라에서는 큰 아기들의 잠옷으로 옷처럼 되어 있는 수면조끼를 입히는 경우가 많은데, 이 제품은 발이 노출되어 발의 보온에 취약하고 슬리핑백과 같은 수면에 도움을 주는 효과는 없으므로 수면조끼보다는 슬리핑백의 사용을 권장합니다.

역류 방지 쿠션

4개월 이하의 어린 아기들 중 역류가 심한 경우 역류 방지 쿠션을 사용하면 수면에 도움을 주기도 합니다. 하지만 이러한 쿠션을 사용하는 경우 잘못하면 아기의 목이 아래로 꺾이며 기도가 압박되어 영아돌연사증후군(SIDS)의 위험이 높아질 수 있으니 주의가 필요합니다. 이러한 위험을 최소화하려면 기울기가 10도 이하인 제품을 사용하는 것이 중요합니다. 또한 10도 이하의 제품이라고 하더라도 쿠션 자체가 푹신하고 아기를 감싸 주는 형태라면 뒤집기 시도로 인한 질식의 위험이 있을 수 있으므로 단단한 형태의 제품이어야 합니다.

식도 역류는 단순히 아기가 잘 게운다는 것만으로 판단할 수 있는 것이 아니므로 아기에게 역류가 있다고 의심된다면 반드시 소아과의 진료를 받아 보아야 합니다. 또한 역류 방지 쿠션은 아기를 재울 때의 안전성을 확인한 제품이 아니므로 그것이 아기의 수면을 개선하는 효과가 있다고 하더라도 수면 내내 아기의 안전을 확보해 줄 수는 없다는 것을 알아야 합니다. 의사의 진단을 통해 역류가 확인된 경우에만 사용하고, 또한 아기의 수면 시간 내내 반드시 모니터링을 해야 합니다.

힙시트

수면교육 시 가능하면 아기를 안아 주는 도구는 사용하지 않는 것이 이상적입니다. 그러나 손목이 아프거나 아기가 잠을 많이 어려워하여 위안을 장시간 많이 줘야 하는 경우라면 힙시트의 사용을 고려해 볼 수 있습니다. 아기띠나 포대기와 달리 힙시트는 허리에 착용하여 아기의 무게를 부분적으로 지탱해 줄 수 있으면서도 사용하지 않을 때는 쉽게 허리 뒤로 돌려놓을 수 있다는 큰 장점이 있기 때문입니다.

힙시트를 사용하는 경우, 아기를 안아서 위안을 줄 때에는 힙시트를 앞으로 착용하고, 아기를 내려놓거나 침대에 누운 아기를 달래야 할 때는 뒤로 돌려

아기를 안을 때에는 힙시트를 앞으로 하여 아기의 몸무게를 지탱하고, 아기를 내려놓을 때에는 힙시트를 뒤로 돌립니다.

착용하세요. 이 방법은 아기를 안았다 내려놓을 때 힙시트를 착용했다 풀었다 할 필요가 없어 번거로움이 적으면서도 안고 위안을 줄 때 손목에 가해지는 부담을 줄여줍니다. 또한 아기띠와 다르게 아기를 내려놓더라도 클립을 풀어헤치는 부산스러움이 없으므로 잠들어 가는 아기를 내려놓을 때 아기 잠의 흐름을 방해하지 않습니다.

아기의 잠 문제를 객관적으로 알게 해주는 수면기록용 어플

아기의 수면 문제를 객관적으로 파악하려면 잠을 포함한 아기의 하루 전반에 무슨 일이 있었는지 기록하는 것이 필수입니다. 기록을 잘 해야 하는 이유는 부모가 아기에게 있었던 이벤트들을 정확하게 기억하기가 너무나도 어렵기 때문입니다.

컨설팅을 할 때 수면교육 시작 전에 사전 진단을 하고자 아기에 대한 정보를 받아 확인해 보면 부모가 기억하는 것과 객관적인 기록 내용이 다른 경우를 자주 보게 됩니다. 특히 아기 수면 문제의 원인에 있어서 부모가 생각하는 원인은 아기의 객관적인 잠을 반영하기보다는 가장 힘들고 괴로웠던 한두 개의 경험에서 기인하는 일이 흔합니다. 이러한 현상은 힘든 기억이 너무 강렬하다 보니 다른 기억들을 모두 덮게 되어 발생합니다.

부모들이 아기를 키울 때 어떤 하루를 보내는지 떠올려 보면 왜 그렇게 기억하는지 충분히 이해가 됩니다. 아기를 키우는 하루는 비슷비슷한 루틴이 매일 반복됩니다. 재우고 깨우고, 먹이고 치우고, 어르고 달래고, 거기서 거기인 일들을 하루에도 몇 번씩 반복하다 보면 절대로 잊어버리지 않을 것 같았던 조금 전의 일도 금세 희미해져 버립니다. 그런 와중에 특별히 고생하고 힘들었던 이벤트가 생기면 그 기억은 쉽게 잊혀지지 않습니다. 또한 사건이 지나간 후에도 그 일이 발생한 원인을 여러 번 곱씹게 되면서 문제의 원인을 한 방향으로 해석하는 경향이 생깁니다.

하지만 수면 문제에 대한 원인을 파악하기 위해서는 객관적인 원인 분석이 가장 중요합니다. 특별히 어려웠던 잠 한 개가 아니라 아기의 잠에서 공통적으로 보이는 현상들을 파악하고 그것을 중점으로 원인을 찾아 나가는 것이 문제 해결의 열쇠가 되기 때문입니다. 이를 위해 아기가 깨어 있는 시간, 잠들 때, 잠에서 깰 때의 모든 상황을 하나하나 상세하게 기재하여야 하며, 다음 사항들에 대한 준비가 필요합니다(무엇을 어떻게 기록해야 하는지는 Part4에서 설명하겠습니다).

메모장 어플

하루 동안 아기의 입면과 깸에 있었던 일을 모두 기록하고 찾아보는 것은 상당히 번거로운 일이므로, 잠이 끝나면 빠르게 기록 후 필요할 때마다 찾아보고 검색할 수 있도록 수기보다는 어플을 활용하는 것이 좋습니다.

수면기록을 할 메모장 어플은 텍스트를 편하게 기록할 수 있는 어플이라면 무엇이든 괜찮습니다. 가볍고 간단한 핸드폰의 기본 메모장 어플도 좋은 선택입니다. 만약 가족과 함께 아기의 수면을 담당해야 한다면 온라인에 연결해 어느 기기로든 접속하여 쉽게 볼 수 있는 어플을 사용하는 것도 좋습니다. 본인에게 편한 한 가지를 결정하여 수면교육 시작 전에 미리 준비해 둡니다.

수면 일과 기록 어플

일과 기록은 '아기가 몇 시에 잠들었는가, 언제 잠에서 깨었는가, 잠드는 데 얼마나 걸렸는가, 또 기상부터 밤잠까지 하루에 아기 수면이 어떻게 배분되었는가' 등 시간의 흐름에 따른 아기의 잠을 파악하는 데 도움을 줍니다.

일과 기록 역시 어플로 하는 것이 편한데 어플 중에서 무료이면서도 쉽게 쓸 수 있는 어플은 '베이비 타임'입니다. 이 어플은 수면교육 전용 어플이 아닌 아기의 전반적인 하루 일과를 기록하기 위해 많이 쓰는 어플이지만, 수면교육에 필수적인 기록들을 편하게 기록할 수 있어 유용하게 사용할 수 있습니다. 꼭 베이비타임 어플이 아니더라도 다음과 같은 조건을 충족하는 어플이라면 무엇이든지 사용해도 괜찮습니다.

- 원형으로 하루 24시간 일과를 나타내준다.
- 잠을 시작부터 끝까지 시간 텀으로 기록할 수 있다.
- 수유 시간 기록이 가능하다.
- 기저귀를 간 시간을 표시할 수 있다(선택).
- 잠과 수유 외에 다른 색으로 시간 텀을 기록할 수 있는 항목이 최소 1개 있다(3개 이상 권장).

일과 기록의 예를 들자면 다음과 같습니다.

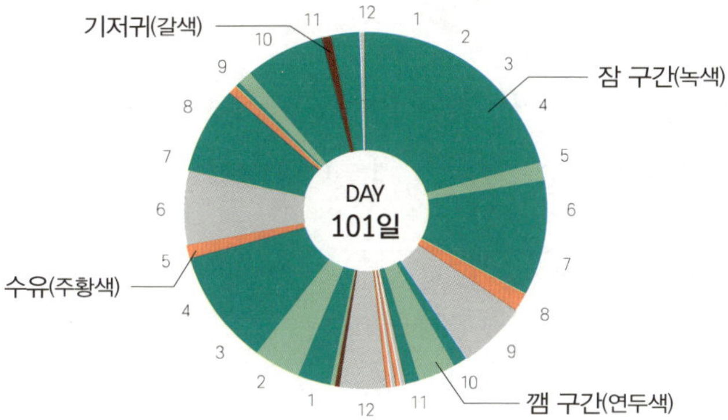

위의 그림처럼 원형으로 하루 잠 일과가 표시되고, 잠과 깸, 수유, 기저귀 갈기가 모두 시작부터 완료 시간까지 시간 텀으로 기록되고 다른 색으로 표시될 수 있다면 수면교육에 사용하기 적합하다고 볼 수 있습니다.

6

마음읽기 수면교육을 위한 수면의식과 기상의식 만들기

마음읽기 수면교육의 주 목표는 아기에게 '수면', 즉 잠에 대해 인지하고 올바로 대응하도록 '교육'하는 것입니다. 이는 아기가 수면과 관련하여 자신이 느끼는 불편함이 '잠욕구'임을 깨닫고, 그것을 어떻게 해결해야 하는지를 알아가도록 돕는 과정이라고 볼 수 있습니다.

'대화는커녕 울기만 할 줄 아는 아기에게 수면과 잠욕구에 대해서 인지적으로 가르친다고?'라는 의문이 들 수 있습니다. 그러나 우리는 아기에게 비단 말 뿐만이 아니라 지속적인 경험으로도 아기가 느끼는 그 불편감이 무엇인지, 그리고 그것을 어떻게 해결하면 되는지를 알려줄 수 있습니다. 아기는 처음에는 상황을 완전히 이해하지 못할 수도 있지만, 일관된 반복을 통해 서서히 배워 가는 것이 가능합니다.

교육을 시작할 때, 아기는 그저 무언가 불편했는데 '엄마 아빠가 하는 대로 따라서 자고 일어나 보니 불편감이 사라지는구나.' 정도로 인지할 수 있습니다. 하지만 그러다가 어느 순간, '아, 이 느낌일 때에는 이렇게 하면 되겠구나.'라는 것을 스스로 깨닫게 됩니다. 바로 그 순간을 위하여 여러분은 꾸준히 올바른 수면의식과 기상의식을 해주어야 합니다.

울음 없는 셀프 입면의 1등 공신, 수면의식 만들기

수면의식은 아기에게 '이제 잘 시간이야.'라는 메시지를 전달하는 언어 대용 수단입니다. 아기가 말을 이해하지 못하기 때문에 반복되는 환경의 변화와 동작, 짧은 말 등으로 자야 한다는 의미를 이해할 수 있도록 해주는 것입니다.

많은 사람들이 수면의식을 단순히 재우기 전에 어떤 행위를 반복하는 것쯤으로 알고 있습니다. 하지만 이 의식의 진정한 목적은 '아기 스스로가 자는 시간임을 인지하도록 돕는 것'임을 되새길 필요가 있습니다. 그 목적을 명확히 한다면 수면의식은 아기가 스스로 잠에 대해 인지하고 해결하고자 하는 마음을 스스로 가지게 마음을 가지게 만들어 울지 않고 잠들게 하는데 1등 공신이 됩니다. 이러한 수면의식의 장점을 최대한 키우기 위해서는 다음과 같은 과정이 필요합니다.

1단계, 아기에게 언어적으로 자는 시간이라는 것을 알려 주기

잠에 대해 대화로 아기와 소통하며 잘 시간이라는 것을 알려 주는 것은 마음읽기 수면의식이 지향해야 할 최종적인 목표입니다. 수면의식의 핵심은 언어 소통이며, 그 외 다른 절차들은 아기의 언어적인 이해를 보조하는 수단이라고 할 수 있습니다. 따라서 아기가 아직 말을 하지 못한다고 하더라도 언어로 소통하려는 노력을 반복적으로 해주는 것이 중요합니다.

이러한 잠에 대한 언어 자극은 아기의 발달 수준에 맞게 주는 것이 좋습니다. 처음 시작할 때에는 단어와 몸짓을 반복하여 아기가 쉽게 알 수 있게 해주고, 아기가 커 갈수록 이것을 좀 더 긴 문장으로 이야기하는 식입니다.

아주 어린 아기라면 앞에서 목소리 위안에 대해 설명한 것과 같이 시동어를 이용한 단어 위주의 짧은 문장을 수면의식 시작 시에 사용하면 효과가 좋습니다. 수면의식을 시작할 때에는 목소리 위안을 줄 때보다 좀 더 명료하게 시동어를 반복해 줘야 하며, 매 수면의식 때마다 같은 문장을 반복하면 아기가 좀 더 쉽게 이해합니다. 예를 들면 다음과 같습니다.

"코하자~, 우리 아기 코해야겠다~." (시동어: 코(하다), 반복 문장: 코하자)

"넨네 할까? 넨네 할 시간이네~." (시동어: 넨네, 반복 문장: 넨네 할까?)

여기에 시동어를 반영하는 직관적인 손동작인 '잠 시동 사인(이하 시동 사인)'을 만들어서 단어와 함께 반복하면 아기가 좀 더 빠르게 이해할 뿐만 아니라 스스로 잠욕구에 대해 표현하는 시기도 앞당길 수 있습니다.

시동 사인은 아기 수화인 베이비 사인을 활용한 것입니다. 아기들은 표현언어보다 수용언어가 훨씬 먼저 발달하기 때문에 알아듣고 있으면서도 그것을 표현할 수 없는 시기가 꽤 깁니다. 이때 아기가 좀 더 쉽게 사용할 수 있는 손 근육을 이용하여 자신이 원하는 것을 수화처럼 표현하게 해주는 것이 베이비 사인입니다. 베이비 사인을 사용하면 긴 시간 동안의 표현언어와 수용언어의 갭을 극복할 수 있다는 큰 장점이 있습니다. 이를 활용한 시동 사인은 시동어의 의미를 보조하는 장치이므로 시동 사인을 사용할 때에는 반드시 시동어를 함께 사용해야 합니다.

시동 사인의 동작으로는 '잠을 잔다'라는 의미를 손동작으로 표시해야 하므로 눈을 잠시 감고 고개를 옆으로 기울이며 두 손을 모아 뺨 옆에 붙이는 동작이나 마찬가지로 눈을 잠시 감고 고개를 기울이며 재우듯 가슴을 천천히 토닥이는 동작 정도면 좋습니다. 꼭 여기 설명된 동작이 아니어도 괜찮으니 무엇이든 손을 활용하여 잠을 잔다는 행위를 표현할 수 있는 동작을 시동 사인으로 만들어 보세요. 시동 사인은 한번 정하면 바꾸지 않고 계속해서 사용해야 하므로 아기가 직관적으로 이해할 만한 사인을 고심하여 만드는 게 좋습니다.

2단계, 편안하게 자는 데 필요한 것들을 미리 준비해 주기

잠을 잘 자려면 아기가 편안해야 합니다. 보통의 경우, 자면서 기저귀가 불편하지 않도록 미리 체크하고 갈아 주는 것과 아직 자신의 움직임이 익숙하지 않은 어린 아기에게 스와들을 입혀 주는 것, 이 두 가지면 충분합니다.

이 두 가지는 '잠을 방해할 수 있기 때문에' 필요한 요소들이므로 만약 잠을 방해하지 않을 것 같다면 생략해도 무방합니다. 예를 들어 아기가 더 이상 자신의 팔 움직임에 깨지 않고 아무것도 입지 않아도 잘 잔다면 스와들 입히는 것을 생략할 수 있고, 기저귀가 깨끗하여 자다가 소변을 보아도 새지 않을 정도라면 기저귀를 꼭 갈 필요는 없습니다.

이 단계는 편의에 따라 3단계와 순서를 바꿔도 됩니다. 또한 가장 일반적으로 아기 잠에 방해가 될 수 있는 두 가지 예를 든 것이므로 기저귀 갈기와 스와들 입혀 주기 외에도 잠에 있어서 우리 아기에게 꼭 필요한 것들이 있다면 무엇이든 수면의식에 추가해도 좋습니다.

3단계, 잠자는 환경 안으로 아기를 데리고 들어가기

잠환경의 기본은 암막과 백색소음(혹은 백색소음을 섞은 다른 배경음)입니다. 아기에게 잘 시간이라는 것을 알려 주었고, 기저귀를 갈고 스와들을 해주는 등 해줘야 하는 모든 준비가 완료되었다면 백색소음을 켜고 암막을 친 후 아기를 안고 잠환경 안으로 들어갑니다. 암막과 백색소음은 미리 준비해 두어도 되고, 아기를 안은 상태에서 불을 끄거나 암막을 쳐주고 백색소음을 켜는 것도 가능합니다.

어둠과 백색소음은 아기에게 직관적으로 잘 시간이라는 것을 알려줄 수 있는 아주 좋은 큐사인입니다. 아기가 졸릴 때 이러한 공간으로 데려가면 자동적으로 잠이 오게 되므로 본능적으로 지금이 자는 시간임을 이해하게 됩니다. 이것을 반복하다 보면 나중에는 아기가 어두워지거나 백색소음이 들리기만 하여도 하품을 하거나 눈이 풀리며 잘 준비를 하는 것을 볼 수 있습니다.

4단계, 아기가 편안하게 이완하고 잠에 대해 좋은 기억을 가질 수 있도록 자장가를 부르며 위안 주기

수면의식에서의 위안은 아기에게 '엄마 아빠가 여기 있으니 걱정하지 마~.'라는 메시지를 주는 행위입니다. 또한 잠에 있어서 좋은 기억을 남겨 주어 스스로 자는 것을 어렵거나 두렵게 느끼지 않게 하려는 의도도 있습니다. 아기가 마음이 편해지고 엄마 아빠의 존재를 충분히 느낄수록 안정감을 느껴 편안하고 쉽게 잘 수 있는 것은 당연한 이치입니다.

따라서 이 시간에 들려주는 자장가는 자장가 음원이 아닌 엄마 아빠의 목소리로 직접 불러 주는 것이 좋습니다. 아무리 좋은 음악이라고 하더라도 아기에게 엄마 아빠의 목소리 이상으로 아기를 안정시킬 수 있는 것은 없기 때문입니다.

수면의식에서 위안을 줄 때에는 자세에 제한을 둘 필요는 없습니다. 앉은 상태로 세워 안고 흔들어도 되고, 안고 걸어도 됩니다. 어떤 위안이든 아기가 편안해하는 자세로 위안을 주셔도 괜찮습니다. 하지만 수면교육의 최종 목적은 '아기 스스로' 잠들게 하는 것이므로 수면의식의 위안은 아기를 심적으로 편안하게 해주어 스스로 자연스럽게 이완이 되도록 해주는 정도여야 하고 직접적으로 재우는 위안이 되어서는 안 됩니다.

이 개념의 이해가 조금 어렵다면, 자장가 리듬으로 위안을 주면 쉽게 적용할 수 있습니다. 아기의 반응과 상관없이 자장가를 불러 주면서 자장가의 리듬으로 걷거나 흔들거나 토닥이며 아기에게 "몸을 편안하게 해보자~." 하고 제안을 하는 것입니다. 이것은 아기에게 잠을 제안하고 알려 주는 목적의 위안이므로 아기가 울더라도 차분히 위안 리듬을 유지하며 아기가 진정하도록 이끌어 줘야 합니다.

수면의식에서 우리의 역할은 여기까지입니다. 잠드는 것은 아기 스스로 해야 하는 것이므로 아기가 이미 잠에 빠져들 준비가 되었다면 수면의식을 중단해야 합니다. 그리고 위안 시간을 포함한 수면의식의 전체 시간도 최대 5~10분 정도로 제한해야 합니다. 아기가 어리면 하루에도 3~6번까지 잠을 재워야 하기에 수면의식이 길어서 좋을 것은 없습니다. 최대 10분이라고 해도 잠을 4번 재우면 하루에 40분을 써야 합니다. 게다가 이 시간을 넘기면 아기가 진짜로 졸린 시간이 아닌데도 부모가 잠을 유도해서 재워 주는 상황이 되어 버릴 수 있습니다. 이것은 아기가 가진 생체 리듬과 욕구를 최대한 존중해야 하는 마음읽기 수면교육의 취지에 반대되는 것이므로 반드시 주의해야 합니다.

반대로 아기를 편안하게 해주려고 노력하는데도 울음을 그치지 않는 상황이더라도 수면의식의 목표는 훼손되어서는 안 됩니다. 자장가 리듬 정도로, 시간을 지켜 위안을 주고 수면의식을 마무리해야 합니다. 수면의식 시간에 아기가 잠들기 어려워하면 수면의식이 끝난 후 직접적으로 도움을 주는 시간을 가지면 되므로 이 시간에 아기를 재우려고 무리하게 애쓸 필요는 없습니다. 아기가 울더라도 평정심을 잃지 말고 지금은 자는 시간이라고 알려 주려고 노력해 주세요.

수면의식은 매번 동일하게 하는 것보다는 위의 내용들을 전체적으로 포함하는 것이 중요합니다. 자장가 위안이 마지막에 오기만 하면 무엇이든 아기를 안정시키는 데 도움이 되는 방향으로 구성하여도 무방합니다. 그 외 어떤 위안을 줘야 하는지, 무엇을 입히는지 등의 사소한 사항들은 매일 달라도 괜찮으니 아기와 부모의 성향에 맞는 수면의식을 만들어 보세요. 다만 몇 가지 주의해야 할 것들이 있습니다.

첫 번째로, 목욕과 마지막 수유를 밤잠 수면의식에 넣지 마세요. 많은 부모들이 밤잠 수면의식에 마지막 수유와 목욕을 넣습니다. 그런데 이렇게 목욕과 수유를 수면의식에 포함시키면 목욕과 마지막 수유가 밤잠 시작 시간에 얽매여 버리게 되어 그 시간에 목욕이나 수유를 하는 것이 편하지 않음에도 불편을 감수하면서 밤잠 바로 앞에 진행해야 합니다. 부모들이 이렇게 밤잠 수면의식에 목욕과 수유를 넣는 이유는 이 두 가지가 수월한 입면에 도움을 준다고 생각하기 때문인데, 사실 수유와 목욕이 잠에 도움이 되지 않는 케이스도 많이 있습니다.

따라서 목욕과 수유는 수면의식과 아예 분리하는 것이 낫습니다. 육아를 도와주는 사람이 있는 낮 시간에 목욕을 하는 게 더 편하다면 그렇게 해도 좋고, 수유를 하면서 아기가 조는 것을 깨우느라 너무 힘이 든다면 수유를 밤잠 시작 시간으로부터 30분 이상 앞에 하여도 괜찮습니다. 만약 목욕과 수유가 아기의 잠에 도움을 주는 경우라고 한다면 '목욕-수유-수면의식-잠'의 순서로 진행하면 됩니다. 필요한 시간에 유연성 있게 진행하세요.

두 번째로, 수면의식은 낮잠과 밤잠 모두 동일하게 합니다. 수면의식을 통해 아기에게 이야기하고자 하는 바는 '아기가 현재 느끼는 게 잠욕구이고, 잠욕구가 느껴져서 불편할 때는 잠을 자면 해결할 수 있다는 것'이므로 낮잠과 밤잠의 수면의식이 꼭 달라야 할 필요는 없습니다. 간단하면서도 편안한 것으로 결정하여 낮잠 밤잠 모두 동일하게 해주세요.

마지막으로, 밤잠 수면의식에서 책 읽기나 그림자 극장 틀어 주기, 오늘 하루 있었던 일을 들려주는 이야기 시간을 가지는 것은 아기의 낮잠이 하루 한 번으로 줄어들 때까지는 권장하지 않습니다. 잠자리에 들려면 자극을 줄이고 이완 상태에 접어들어야 하는데, 어린 아기들에게 무언가 읽어 주는 내용을 듣거나 언어를 이해하려고 하는 것은 상당한 집중력을 요구하는 활동이기 때문입니다. 특히 어린 아기들은 잠욕구가 강하기에 충분히 졸린 타이밍에 진행하는 수면의식 시간에는 더 이상의 자극을 받아들이기 어렵습니다. 이런 활동들은 오히려 아기에게 짜증과 울음을 유발하여 평온해야 할 수면의식 시간을 아기와 씨름하는 시간으로 바꾸어 버릴 수도 있으므로 하지 않는 것이 낫습니다.

아기와 함께 즐거운 수면의식 시간을 가지고 싶은 엄마 아빠의 마음은 이해합니다만, 아기가 무언가에 집중해야 하는 수면의식은 아기가 조금 더 자랄 때까지 기다려야 합니다. 수면의식은 앞서 언급한 중요한 사항들을 포함하여 짧고 간결하게 만들어 주세요.

마음 편한 셀프 수면을 만들어 주는 또 하나의 비기, 기상의식

일반적으로 수면교육에서 기상의식의 중요성은 수면의식만큼 널리 알려져 있지 않습니다. 하지만 마음읽기 수면교육에서는 기상의식도 수면의식 못지않게 중요합니다. 간단히 방에 들어가 아기를 안고 나오는 것도 하나의 방법이지만, 아기를 깨워 나오는 과정에서 부모가 좀 더 아기를 존중해 주는 태도를 가지는 것이 아기에게 잠에 대한 좋은 기억을 만들어 주는 데 도움이 되기 때문입니다. 아기의 자존감은 비싼 육아용품을 쓰거나 좋은 장난감을 사주는 것이 아닌, 아기를 대하는 엄마 아빠의 평소 태도에서 쌓여 갑니다. 기상의식이 당장의 수면 문제를 해결하는 데 중요한 역할을 하는 것은 아니지만 긴 호흡으로 아기를 스스로 자게 하면서도 아기의 마음을 수면교육을 유지하고 싶다면 그 비중을 크게 생각해야 합니다. 기상의식은 다음과 같은 순서로 행하기를 권장합니다.

1단계, 잠시 기다려 주기

낮잠이든 밤잠이든 아기가 스스로 깨서 울고 있다면 바로 개입하기보다는 편안한 마음으로 여유를 가지고 잠시 기다렸다가 개입하여 주는 것이 좋습니다. 입면과 마찬가지로 잠에서 깨는 과정 역시 시간이 필요하기 때문에 아기가 스스로 기상할 수 있는 여유를 제공하는 것입니다. 물론, 울면서 깨어난 아기가 스스로 진정하는 것은 쉽지 않습니다. 하지만 아기가 울 때마다 바로 달려가면, 아기는 부모의 즉각적인 반응을 보고 혼자 방안에 있는 것이 옳지 못한 일이라고 여기게 될 수 있습니다.

낮잠을 자다가 깼을 경우에는 더욱 기다림이 중요합니다. 아기가 깼다고 생각했지만 사실은 잠울음일 수도 있기 때문입니다. 만약 잠울음인 경우였다면 기다리는 동안 울음이 다시 작아지거나 눈을 감고 다시 자려는 듯한 태도를 보이기도 합니다. 이러한 잠울음을 간과하지 않기 위해서는 깼다고 생각되더라도 울음을 기다려 보는 것이 좋습니다.

기상의식에서의 기다림은 시간이 길 필요는 없습니다. 아기가 깨도 괜찮은 시간이기는 하지만 다시 잠들 가능성도 있어 보인다면 3~5분, 깰 시간이 맞거나 다시 잠들 가능성이 적어 보인다면 한 템포 정도 늦게 들어간다는 느낌으로 15초~30초 정도 여유를 두고 개입하는 정도면 충분합니다.

2단계, 방문을 노크하고 문을 살짝 연 후 이름을 조용히 부르기

아기가 깼을 때 방문부터 벌컥 여는 것은 좋지 않습니다. 아기가 이미 깨어 있는 상태라고 하더라도 방에 암막을 쳐 놓은 상태이기 때문에 빛의 갑작스러운 유입에 아기가 불편해할 수 있기 때문입니다. 이런 경우 아기가 잠이 덜 깬 상태라면 화들짝 놀라며 울음을 터뜨리기도 합니다. 문을 벌컥 여는 대신, 노크하며 문을 조금 열고 따뜻한 목소리로 아기의 이름을 불러 보세요. 이렇게 하면 아기에게 일어날 시간이라는 것과 엄마 아빠가 방에 들어갈 것임을 부드럽게 알려줄 수 있어 아기가 깜짝 놀라거나 불편해하는 일이 줄어듭니다. 만약 같은 방, 다른 침대에서 잠들어 있는 경우라면 아기에게 가까이 간 후에 조용히 이름을 부르고 침대를 두드리거나 입으로 노크 소리를 내어 기상시간임을 알려 주면 됩니다.

3단계, 아기에게 다가가 안아 주겠다는 말과 사인을 한 후 안아 주기

잠에서 깬 아기를 안아 올리기 전에 아기에게 엄마가 안아 올릴 것이라는 것을 알려 주세요. 수면의식 때와 마찬가지로 안아 주겠다는 의미의 베이비 사인과 단어를 하나 정해서 반복하면 더욱 도움이 됩니다. 아주 어린 아기에게는 베이비 사인 대신 아기 손을 톡톡 두드려 보는 것도 좋습니다. 손을 톡톡 두드리면 아기가 반사적으로 손을 쫙 펼치는데 이때 아기 손 안에 엄마 아빠의 손가락을 넣어 주면 아기가 본능적으로 꽉 잡습니다. 이렇게 아기가 손가락을 잡게 한 후 손을 살짝 잡아 당기면 아기를 일으켜 안아 주겠다는 신호가 될 수 있습니다. 아기가 힘이 부족하면 갑자기 손가락을 놓칠 수 있으므로 아기가 알아챌 수 있을 정도로만 아기를 살짝 당겨준 후 바로 아기의 등과 목을 받쳐 아기를 안아 올립니다.

4단계, 아기가 좀 더 쉽고 편안하게 잠을 깰 수 있도록 마사지 해주기

막 잠에서 깼을 때에는 몸이 둔하고 무겁습니다. 아기는 이러한 기분 때문에 깨고 나서도 한동안 짜증을 내거나 울음을 터뜨리기도 합니다. 기상의식에서 아기에게 마사지를 해주는 것은 아기가 좀 더 빨리 잠에서 깨어나 좋은 기분이 되는 것에 도움을 줍니다. 마사지는 안아 주는 것과 순서가 바뀌어도 괜찮으니 아기가 좋아하는 방식의 순서를 따라 주세요. 팔, 다리, 손, 발, 목, 머리 등에 혈액순환이 잘 되고 자극이 되도록 주물주물 마사지해 줍니다. 어느 정도 잠이 깨는 것 같으면 옷 속에 손을 넣어 가슴이나 배의 맨살을 스윽스윽 쓰다듬으며 문질러 주는 것도 도움이 됩니다.

5단계, 아기에게 불을 켜겠다고 알려 준 후 방을 밝게 해주기

불을 켜거나 암막을 걷을 때에도 아기에게 미리 무엇을 할 것인지 알려 주시면 좋습니다. 마찬가지로 불에 대한 단어 하나, 사인 하나를 미리 정해서 반복적으로 사용하면 추후 기상의식의 이러한 과정들을 언어적으로 바꾸어 가는 데 도움이 됩니다. 아기가 조금 컸다면 아기에게 직접 불을 켜거나 암막을 걷게 해주는 것도 아기가 즐거운 마음으로 기상할 수 있도록 돕습니다.

아기에 따라서 아기를 깨워야 하는 시간에 미리 커튼부터 치워 주어 아기가 빛을 받아 자연스럽게 깰 수 있도록 한 후 안아 주는 것이 더 나은 경우도 있으므로 이 단계도 아기의 성향에 맞추어 순서를 조절해 보세요.

6단계, 아기를 안고 햇빛이 잘 드는 창가로 가기

잠에서 각성으로 전환하는 데에는 밝은 빛이 가장 필요합니다. 충분히 각성하기 위해서는 자연광이 가장 좋으므로 햇빛이 잘 드는 곳으로 가서 아기 눈에 빛이 들어가도록 해주는 시간을 가집니다. 잠이 덜 깬 경우 조금 불편해할 수 있으므로 안고 어루만져 주며 햇빛을 받게 해주세요.

7단계, 아기가 완전히 깨면 아기를 내려놓고 활동시간을 가지게 하기

이 단계까지 잘 되었다면 기상은 충분히 되었다고 봐도 됩니다. 아기를 놀이공간에 두고 편안히 놀 수 있도록 해주세요.

독자들과 나누는 육아 경험담

기상의식은 제가 무지개를 수면교육하면서 만들어 낸 것입니다. 어느 날 무지개가 깨어서 옹알이를 하고 있는 것을 보고 방안에 들어갔는데, 혼자 잘 있던 무지개가 제가 문을 벌컥 열고 들어간 순간 화들짝 놀라며 울음을 터뜨렸습니다. 크게 울음을 터뜨린 무지개를 달래 주며 생각해 보니 어른도 자는 중에 누군가가 문을 벌컥 열고 큰소리를 내면 기분이 좋지 않은데 아기들도 같은 마음일 것이라는 생각이 들었습니다. 그리하여 무지개를 위한 기상의식을 만들게 되었고 그 후로는 무지개가 화들짝 놀라며 우는 일은 없었습니다.

당시 저는 수면의식과 기상의식 모두에 무지개를 최대한 참여시키며 공을 들였는데, 처음에는 그저 멀뚱멀뚱했던 무지개는 시간이 갈수록 무슨 일이 벌어지고 있는지 이해하는 것으로 보였습니다. 5개월 중반이 넘어가자 기상의식에서 노크를 하면 엄마가 들어와서 안아 준다는 것을 이해하고 기뻐하였습니다. 8개월이 넘어가자 '불'을 켜고 끌 때 보여 주었던 사인과 단어에 반응하여 스위치를 바라보았고, 10개월이 되자 스위치라는 단어와 사인의 의미를 이해하고 안아서 스위치 쪽으로 데리고 가면 손을 뻗어 스스로 불을 끄고 켤 수 있었습니다.

이 모든 것은 '아이가 표현을 하지 못할 뿐 분명히 듣고 이해하고 있다.'고 믿고 신생아 때부터 꾸준히 노력한 결과입니다. 여러분도 아기가 어리니 알아듣지 못하여 의미가 없을 것이라고 생각하지 말고 잠에 있어서 아기와 대화하기 위해 꾸준히 노력해 보셨으면 좋겠습니다.

도움이 되는 팁 하나는 아기를 '언어와 문화가 전혀 다른 별에서 온 천사'라고 생각하면서 이해시키려고 해보는 것입니다. 손짓 발짓(베이비 사인), 쉬운 단어를 또박또박 반복하는 것 등, 다른 별에서 온 이 작은 천사와 이야기를 나누기 위해 최선을 다하다 보면 분명 어느 순간부터 아기의 눈에서 보이는 '알아듣고 있어요.'라는 의미의 반짝임을 느낄 수 있을 것입니다.

Part 4

마음읽기 수면교육으로 아기 스스로 잠을 원하는 일과 만들어 주기

1

마음읽기 수면교육 '일과 만들기'에 필요한 사전지식 알아두기

수면교육에서 아기의 하루 일과를 만들어 준다는 것은 아기 잠의 주춧돌과 기둥을 세우는 것과 같습니다. 질 좋은 잠에는 하루 일과가 가장 중요하기에 일과가 잘 되지 않는다면 입면도 어려워집니다. 지금까지 나와 있는 대부분의 수면교육서들도 이것을 동일하게 강조합니다. 하지만 개월 수별 권장 일과표 정도만 기재되어 있는 데서 그치고 구체적인 지침이 없다는 아쉬움이 있습니다.

마음읽기 수면교육은 이러한 일반적인 방식과 달리 '우리 아기'에게 집중합니다. 부모는 아기가 언제 졸려하고 언제 일어나는지, 얼마나 깨어 있어야 하고 얼마나 자야 하는지 등 아기의 수면과 관련된 욕구에 대한 질문을 던지고 아기의 일상에서 답을 찾습니다. 이 과정을 통해 우리 아기가 잠에서 무엇을 원하고 있는가를 알아가고, 그것을 어떻게 하루 일과에 반영해 줄 수 있는지를 깨달을 수 있습니다.

활동시간과 낮잠시간의 정의

마음읽기 수면교육에서 아기 잠 일과 중 활동시간과 낮잠시간은 단순히 깨어 있는 시간과 자고 있는 시간이라는 것과는 조금 다른 개념을 가지고 있습니다. 따라서 아기 잠 일과를 어떻게 만들어 갈 것인가에 대해서 배우기 위해서는 먼저 일과의 가장 기본 개념인 활동시간과 낮잠시간에 대해 알아야 합니다. 마음읽기 수면교육에서 활동시간과 낮잠시간은 다음과 같이 정의합니다.

활동시간

아기의 뇌가 적극적으로 활동하는 시간, 즉 오감의 자극을 충분히 받아 잠 피로를 쌓을 수 있는 시간을 의미합니다. 일과상으로는 기상의식 중 아기가 완전히 잠이 깬 것과 잠환경(암막, 백색소음) 밖으로 데리고 나온 것을 둘 다 동시에 충족시키는 시간부터 다음 수면의식 중 잠환경 안으로 들어간 시간까지의 길이입니다. 기상의식이 길지 않다면 간단하게 기상의식의 끝부터 활동시간의 시작을 계산해도 무방합니다.

잠시간

오감의 자극이 충분히 차단된 시간과 실제로 수면에 들어가 잠피로가 해소되는 시간, 두 가지 모두를 의미합니다. 일과에서는 수면의식 중 잠환경 안으로 들어간 시간부터 활동시간 시작 시간, 즉 아기가 완전히 잠이 깬 것과 잠환경 밖으로 데리고 나온 것을 둘 다 동시에 충족시키는 시간까지입니다. 잠환경

밖에서 진행하는 수면의식 시간이 길지는 않으므로 간단하게 수면의식 시작 시간부터 계산해도 됩니다. 중간에 깬 시간이나 재우려고 노력한 시간도 모두 잠시간에 포함됩니다.

활동시간은 아기에게 맞는 일과를 찾아 나갈 때 가장 먼저 파악해야 하는 것입니다. 아기는 자기 위해 깨어 있는 것이 아니라 깨어 있기 위해 잠을 자는 것이기 때문입니다. 아기의 뇌는 발달하고 있으며, 그 발달의 재료가 되는 것은 바로 '자극'입니다. 스펀지처럼 자극을 흡수하고자 하는 아기의 뇌는 자극을 양껏 빨아들이다가 더 이상의 피로를 감당하기 어렵게 되면 항상성의 원리로 잠을 발동시켜 쌓인 피로를 처리합니다.

이러한 이유로 아기가 잠에서 깼다고 하더라도 잠환경 안에 있었다면 활동시간이 아닌 잠시간으로 보아야 합니다. 활동시간은 아기의 뇌가 충분히 오감 자극을 받았는지가 중요하기 때문입니다. 잠환경 안에서는 아기가 받는 자극 중 가장 정보가 많은 자극인 시각 자극이 차단되고 촉각, 청각 등 다른 자극도 충분히 받기 어렵습니다. 사실상 잠피로를 제대로 쌓기가 어려워지므로 아기가 시간당 비슷한 양의 자극을 받는다고 가정하고 잠피로를 예측하는 활동시간의 개념에 맞지 않습니다.

일과에서 낮잠시간은 활동시간과 반대의 개념으로 잠피로를 쌓을 수 없거나 피로를 해소하는 시간을 의미합니다. 따라서 재우려고 노력한 시간과 잠 중간에 깨서 울거나 재우려고 노력한 시간, 완전히 깼더라도 잠환경 안에 있었던 시간도 모두 잠시간으로 계산해야 합니다. 아기가 깼는데 잠환경 안에 있었거나 재우려고 노력했다는 이유로 잠시간으로 계산하라니 이상하다고 생각할 수도 있겠지만, 이 시간들은 잠욕구를 예측하는 데 가장 중요한 '활동시간'이 될 수 없기에 그렇습니다.

이 때문에 계산된 잠시간보다 실제 잔 시간이 적어진다고 하더라도 걱정할 필요는 없습니다. 아기가 깼다고 판단한 시간들이 실제로는 깬 것이 아닌 얕은 잠이었을 수도 있고, 잠의 효과에 있어서는 잠의 질이 수면 시간의 길이 못지않게 중요하기에 짧은 잠이라고 해서 꼭 문제가 있다고 판단할 수는 없기 때문입니다.

더욱이 아기가 깨서 재우는 시간이나 입면을 도와주는 시간을 잠시간에서 제외한다면, 아기를 재우는 데 걸리는 시간에 따라서 뒤의 일과가 한없이 밀려 버리는 경우가 생길 수도 있습니다. 하루는 24시간으로 정해져 있고, 잠욕구를 쌓기 위해 일정 시간 이상의 활동시간은 반드시 필요하며, 밤잠 역시 일정 시간 이상 확보되어야 하므로, 잠 하나에서 실제 잔 시간을 맞추기 위하여 긴 시간 재우려고 애쓰게 되는 경우 결국 그만큼 밤잠시간이 줄어드는 치명적인 문제가 생깁니다. 그러므로 마음읽기 수면교육의 일과 계산에서는 잠시간을 활동시간과 반대되는 개념인 좀 더 넓은 범위로 이해해야 합니다.

마음읽기 수면교육의 핵심 개념, 아기 본연의 니즈

마음읽기 수면교육의 관점에서 아기의 일과를 찾아갈 때 기존의 수면교육에는 없는 또 다른 중요한 개념이 있습니다. 그것은 바로 '아기 본연의 니즈'입니다. 이것은 제가 컨설팅을 통해 수백 명의 아기들의 잠을 개선해 주며 확인하고 정립한 것으로, 잠에 대한 아기의 마음을 이해하고 최소의 울음으로 교육하는 데 있어서 빠져서는 안 되는 아주 중요한 개념입니다.

'아기 본연의 니즈'란 아기 생체 리듬상에 존재하는 잠과 관련된 아기의 온전한 니즈를 의미합니다. 여기에는 생체 리듬상의 기상시간, 밤잠시간, 활동시간 니즈, 잠 니즈 등이 포함됩니다. 이 본연의 니즈는 아무것에도 영향받지 않은 상태의 잠욕구과 연관된 니즈를 의미하므로 현재 아기가 보여 주는 사인과는 차이가 있을 수 있습니다. 특히 아기에게 현재 진행 중인 발달이 있거나 오랜 기간 동안 지속된 수면 문제가 있어 피로감이 큰 상태라면 이러한 차이가 더욱 두드러질 수 있습니다.

아기의 잠은 24시간 주기로 매일 반복해서 돌아가며, 하루 단위로 리셋되는 것이 아니라 전날, 또 다음 날과도 연속적으로 연결됩니다. 이 때문에 아기가 잠에 대해서 가지고 있는 순수한 니즈를 알고 싶어도 우리는 과거의 잠에 영향을 받은 상태의 잠에 대한 욕구만 볼 수 있습니다.

예를 들자면 어떤 사람이 늘 오전 7시에 일어나 밤 11시에 잠을 자는 것이 가장 편하다고 생각해 봅시다. 어느 날 일이 많이 생겨 꼬박 밤을 새게 되었다면 많이 피로하여 2~3일 정도는 밤 9시에 잠들거나 다음 날 오전 10시에 일어날 수도 있을 것입니다. 만약 우리가 이때에만 이 사람을 관찰했다면 이 사람의 기상시간은 오전 10시로, 밤잠시간은 밤 9시로 잘못 판단할 것입니다.

또한 과거의 잠 컨디션뿐만 아니라 현재에 발생하는 여러 요인에 따라 눈에 보이는 잠욕구가 달라지기도 합니다. 만약 위의 사람이 커피를 마신다면 밤 12시까지 정신이 말똥해서 새벽 1시에 잠에 들 수도 있습니다. 이 사람은 이날 밤 12시에는 분명 전혀 졸립지 않았지만 생체 리듬상 밤잠시간이 12시를 넘어선다고 이야기할 수는 없습니다. 생체 리듬에 영향을 줄 만한 요인이 있었기 때문입니다.

이를 좀 더 쉽게 표현하자면 비이커 속에 들어 있는 물과 같습니다. 비이커에 일정량의 물을 넣은 후에 비이커를 흔들면 수위가 오르락내리락합니다. 이를 순간 포착하여 보면 비이커의 물의 양을 더 많게도 더 적게도 볼 수 있겠지만, 실제로 비이커 안에 들어있는 물의 양은 동일합니다. 이렇게 아기가 실제로 가지고 있는 생체 리듬상의 잠과 연관된 욕구는 다양한 원인으로 매일 다르게 관찰될 수 있습니다. 아기의 경우 비이커를 흔들 만한 원인들이 어른보다 훨씬 더 많기도 하고 아기의 뇌가 발달함에 따라 비이커 사이즈나 비이커 안

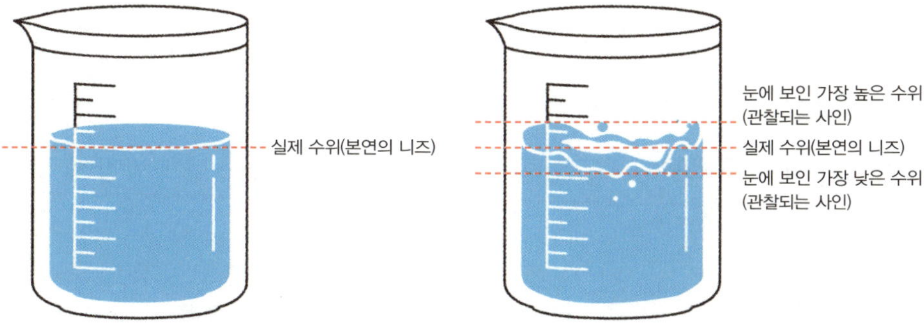

물의 양에 변동이 생기기도 하므로 얼핏 봐서는 훨씬 종잡을 수 없어 보이는 것입니다.

같은 이유로 아기 잠에 누적된 수면 문제가 있는 경우, 이미 피로감이 제대로 관리되고 있지 않아 아기는 자신이 실제로 깨어 있을 수 있는 시간보다 더 빨리 졸려하거나, 자신이 잘 수 있는 시간보다 더 많이 잘 수도 있습니다. 혹은 만성피로나 각성으로 인해 생체 리듬 교란 상태가 되어 졸린데도 잠욕구를 잘 느끼지 못해 훨씬 긴 시간을 깨어 있기도 합니다. 이런 상황들은 분명 아기의 사인을 관찰해 가며 아기에게 맞춰서 재웠는데도 불구하고 아기가 계속 잘 자지 못하는 원인이 됩니다. 그러므로 아기의 잠에 대한 니즈를 파악할 때 현재 눈에 보이는 욕구들이 아닌 본연의 니즈를 추정해 보는 것이 필요합니다. 즉 비이커 속 원래 물의 양을 읽을 수 있어야 하는 것입니다. 우리가 읽어야 하는 잠에 대한 아기 본연의 니즈를 정리해 보자면 다음과 같습니다.

기상시간

아기 생체 리듬상 각성 호르몬이 작동하여 아기가 자연스럽게 깨기 쉬워지는 시간.

밤잠시간

아기 생체 리듬상 밤잠 호르몬이 작동하여 아기가 자연스럽게 밤잠에 들기 쉬워지는 시간.

최소 활동시간

피로가 크게 누적되지 않은 상태에서 적어도 1사이클 이상 잤을 때 그 다음 잠에서 아기가 스스로 자기가 가능할 정도로 잠욕구를 느낄 수 있게 만드는 가장 짧은 활동시간 텀. 1사이클만 잔 경우도 포함합니다.

여기서 1사이클이란 '비렘수면 1단계-2단계-3단계-렘수면 단계'가 반복되는 수면의 주기를 말합니다. 어른은 보통 80~90분 정도 되며, 아기는 이보다 훨씬 짧은 30~50분 정도의 주기를 가지다가 성장하면서 성인과 같은 주기를 가지게 됩니다. 아기가 실제 잠든 시간 기준으로 늘 비슷한 시간대에 꼭 한 번씩 깬다면, 그 시간 텀을 아기의 1사이클 주기로 추정할 수 있습니다. 그 시간이 명확하지 않다면 마지막 낮잠은 30분, 나머지 낮잠은 50분으로 계산합니다.

또한 '스스로 자기'는 완전히 잠들기 전에 방 밖에 나온 상태에서 아기가 잠드는 것과 입면에 시간이 소요 되더라도 스스로 잘 수 있는 것을 기준으로 합니다. 스스로 자기를 하고 있지 않는 경우, 수면의식을 제외하고 15분 안에 거의 잠든 상태가 되는 것을 기준으로 할 수 있습니다. '거의 잠든 상태가 되는 것'이란 침대에 누운 상태에서 위안을 중단하여도 눈 감기를 유지할 수 있는 정도로 잠드는 것을 말하며, 몸을 움직이더라도 눈을 더 이상 뜨지 않아야 합니다('스스로 자기'에 대한 이 기준은 다른 활동시간의 정의에도 동일하게 적용합니다).

기본 활동시간

피로가 크게 누적되지 않은 상태에서 적어도 1사이클 이상 잤을 때 아기 스스로 입면이 가능하면서도 다음 낮잠에서도 마찬가지로 잠 1사이클을 초과하여 잘 수 있을 만큼 피로감이 쌓이는 활동시간 텀. 1사이클만 자고 깬 경우는 포함하지 않습니다.

다음 낮잠에서 중간에 깨더라도 위안을 주었을 때 연장이 되어 1사이클을 넘겨서 잤다면 부모의 도움 여부와 상관없이 기본 활동시간으로 보며, 반대로 1사이클 이전에 자다가 깨서 위안을 주었는데 연장이 되지 않았다면 마지막 연장시간을 포함하여 1사이클 시간을 넘었다고 하더라도 기본 활동시간으로 보지 않습니다. 또한 어떤 활동시간을 가지더라도 그 잠은 늘 1사이클만 자고 일어나서 연장이 안 된다면 그 활동도 기본 활동시간으로 볼 수 있습니다. 마지막 활동의 경우 뒤에 낮잠이 아닌 밤잠이 오기 때문에 뒤의 잠길이와 상관없이 앞의 낮잠만 1사이클 이상 잤다면 기본 활동시간으로 봅니다.

최대 활동시간

피로가 크게 누적되지 않은 상태에서 적어도 1사이클 이상 잤을 때 바로 뒤의 잠에서 스스로 입면 가능하고, 1사이클을 초과하여 잘 수 있게 하는 깨어 있을 수 있는 가장 긴 활동시간 텀. 입면 시 울음이 크거나 입면 후에 잠연장에 도움을 주더라도 스스로 잘 수 있고 1사이클을 넘겨 잘 수 있다면 아기가 과피로하지 않으면서 깨어 있을 수 있는 최대 활동시간으로 볼 수 있습니다.

기본 낮잠시간

기본 활동시간을 가졌을 때 바로 뒤의 잠에서 아기가 잠을 이어갈 수 있는 가장 짧은 낮잠시간 텀. 잠 중간에 도움이 필요했다고 하더라도 도움 이후 아기가 스스로 이어 잘 수 있었다면 연장 도움 시간을 포함하여 잠시간으로 보고 계산합니다. 잠 연장을 시도하였는데 결국 연장이 되지 않아 깨워나온 경우라면 이 마지막 연장 시간은 기본 낮잠시간에 포함하지 않습니다.

최소 낮잠시간

일상에서 피로가 누적되지 않은 상태인 것을 가정했을 때 그 잠의 다음 활동에서 기본 활동시간만큼 깨어 있을 수 있도록 피로감을 낮춰 줄 수 있는 최소한의 낮잠시간 텀.

최대 낮잠시간

아기가 기본 활동시간에서 최대 활동시간 사이의 활동시간을 가졌을 때 잘 수 있는 다음 낮잠시간 중 최대 낮잠시간.

총 낮잠시간

아기가 기본 활동시간에서 최대 활동시간 사이의 활동시간을 가졌을 때 기상시간과 밤잠시간을 지키면서 재울 수 있는 전체 낮잠시간.

이러한 본연의 니즈를 찾을 때에는 아기의 컨디션과 별개로 각 활동과 잠, 기상과 밤잠시간이 각각의 니즈의 정의에 부합하는지를 보는 것이 가장 중요합니다. 아기의 컨디션과 연관된 요인들은 잠과 피로 외에도 많기 때문에 아무리 본연의 니즈를 완벽하게 맞춰 주어도 아기는 짜증을 내거나 칭얼거리는 모습을 보여 줄 수 있기 때문입니다. 이러한 아기의 잠에 대한 니즈를 어떻게 찾아가면 되는지는 뒤의 '아기의 마음을 반영하는 하루 일과 만들어 주기'에서 구체적으로 설명하도록 하겠습니다.

아기 하루 잠 일과를 어플에 기록하기 - 일과표 기록

아기의 잠일과에 대하여 제대로 알아가려면 객관적인 기록이 필요합니다. 수면교육을 시작하고 부터는 아기 하루 일과 기록 어플을 이용하여 다음 사항을 기록해 주세요. 일과를 기록할 때에는 오기나 누락을 피하기 위해 반드시 실시간으로 기록해 주어야 합니다.

일과 기록 어플에 기록할 것

수면의식 시작 시간

아기의 잠시간을 계산하는데 기준이 되는 시간을 파악하고 아기가 잠드는데 얼마나 걸렸는지 판단하기 위해 수면의식 시작 시간을 표시합니다. 정확하게 하자면 수면의식 시간 중 잠환경 안으로 들어간 시간을 표시해야 하지만 보통은 큰 차이가 없으므로 편의상 수면의식 시작 시간으로 기록해도 무방합니다. 일과 기록 어플에 수면의식을 기록하는 항목이 따로 없으므로 수면과 다른 색 항목으로 수면의식 전체 시간을 기록하거나, 수면의식 시작 시간에 잠을 1분 자고 깬 것처럼 기록합니다. 수면의식 시작시 1분 잠 완료로 기록을 해주면 수면의식 시작 시간에 얇은 선이 하나 생기게 되어 언제 잠을 재우기 시작 했는지 쉽게 확인할 수 있습니다.

잠든 시간

아기의 입면 과정에서 마지막으로 진정하고 눈을 감기 시작한 시간을 실제 자기 시작한 시간으로 보고, 이 시간부터 잠 시작을 기록합니다. 아기가 움직이더라도, 혹은 위안을 주다가 내려놓았다고 하더라도 아기가 진정 상태로 눈을 뜨지 않고 그대로 잠으로 이어졌다면 마지막으로 눈을 감기 시작한 시간부터 잠을 기록합니다. 또한 기상의식 중 아기가 완전히 잠이 깬 것과 잠환경 밖으로 데리고 나온 것을 둘 다 동시에 충족시키는 시간을 잠의 끝으로 보고 기록을 완료합니다. 크게 차이가 없다면 기상의식의 끝에서 잠시간 완료를 기록해 줍니다.

아기가 깨서 개입하여 위안으로 재워 준 시간

잠항목과 다른 색의 항목을 이용하여 아기가 중간에 깨서 도움이 필요했던 시간을 기록합니다. 이것은 아기의 잠시간 중에서 스스로 잠을 이어가지 못한 시간을 기록하기 위한 목적이므로 '아기가 울음을 시작한 시간부터 완전히 도움이 끝나 아기에게 위안을 주지 않고도 아기 스스로 다시 수면을 이어나가기 시작한 시간까지'를 잠 항목과 별도의 색으로 표시합니다. 아기가 울지 않았는데 개입을 하였다면 위안을 시작한 시점부터 위안이 끝난 시점까지 기록을 해줍니다.

아기가 깼지만 스스로 잠든 시간

아기가 깼다가 스스로 잠든 시간은 스스로 잠을 유지한 시간이므로 문제없는 잠으로 볼 수 있습니다. 꼭 따로 기록할 필요는 없지만 아기의 잠의 변화를 좀 더 세밀하게 살펴보고 싶다면 개입해서 재워 준 깸 항목과 별도의 색으로 표시를 해두어도 좋습니다.

수유 시간

낮 수유 시간은 수면교육에 반드시 필요한 정보는 아니므로 이것을 일과표에 기록하는 것은 선택입니다. 하지만 기록해 둔다면 하루의 일과에서 잠과 수유를 한 번에 파악하는 데 용이하므로 기록을 권장합니다. 밤잠 중에 하는 수유의 경우 잠의 질을 파악할 수 있는 정보이므로 반드시 기록해야 합니다.

기저귀를 갈아 준 시간

아기 기저귀를 갈아준 시간에 대한 기록은 수면교육에 필수적인 것은 아닙니다. 하지만 용변 때문에 잠에 방해가 됐을 때라면 어떤 상황으로 인해 잠이 어려웠는지를 파악하기 쉬워지므로 기록해 두는 것이 좋습니다.

각 활동시간

활동시간은 일과 기록 어플에 따로 기록할 필요는 없습니다. 잠시간 외의 빈공간은 모두 활동시간이 되어 잠시간과의 구별이 명확하게 되기 때문입니다. 만약 활동시간 중 산책이나 친지의 방문과 같은 아기의 피로감에 크게 영향을 끼칠 만한 일이 있었다면 그 시간을 별도로 표시해 아기의 피로감에 따른 잠의 변화를 파악해 볼 수 있습니다.

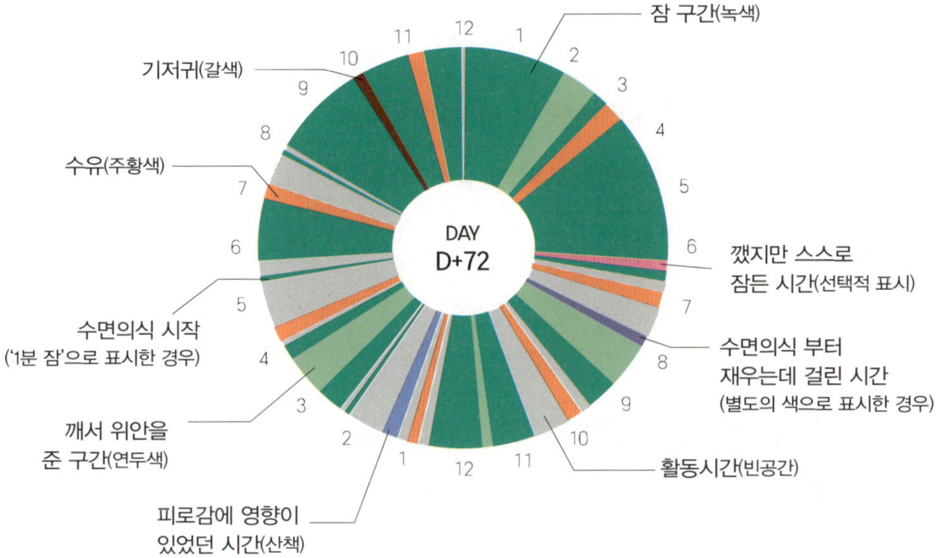

하루 잠 일과 기록표의 예시

활동시간 텀과 잠시간 텀 기록하기 - 일과 텀 기록

마음읽기 수면교육을 할 때에는 아기의 잠패턴 파악을 용이하게 하기 위해서 일과 기록 어플과 별개로 각 활동시간 텀과 잠시간 텀을 계산하여 기록해 두는 것도 필요합니다. 일과 기록 어플에서 계산해 주는 잠시간은 마음읽기 수면교육에서 계산하는 방식과 다르므로 수기 계산이 필요합니다. 일과 어플에 실시간으로 기록해 두면 추후에 기록된 시간만 체크하여 계산하면 되므로 이

기록은 하루를 마무리하고 정리해도 괜찮습니다. 각 활동시간과 낮잠시간 텀은 다음과 같이 계산하여야 합니다.

각 활동시간 텀

각 잠의 끝(**기상의식의 끝**)에서부터 다음 수면의식 시작 시간까지를 활동시간 텀으로 계산합니다. 기상에서부터 밤잠까지 순서대로 활동 1, 활동 2와 같은 식으로 번호를 붙여 기록합니다.

각 낮잠시간 텀

낮잠시간은 반대로 수면의식 시작 시간부터 잠이 끝나는 시간인 기상의식의 끝까지를 계산해서 기록합니다. 마찬가지로 기상부터 밤잠까지 순서대로 낮잠 1, 낮잠 2와 같은 식으로 번호를 붙여 기록합니다.

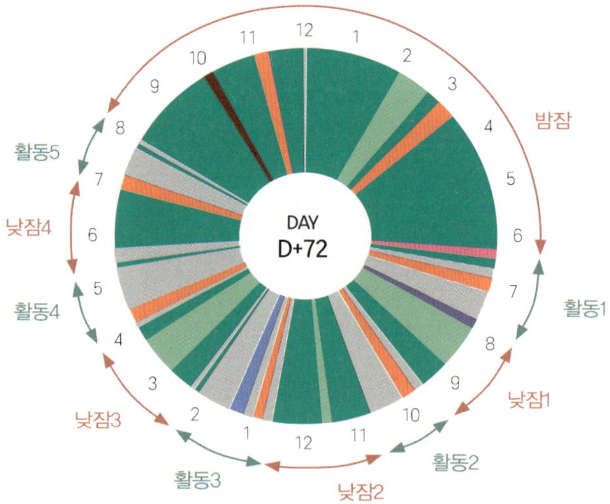

각 활동과 각 낮잠의 구분 번호

아기의 컨디션과 반응 기록하기 - 아기 관찰 기록

수면교육을 하게 되면 아기의 일과에 대한 기록과 별개로 아기가 각 활동과 각 잠에서 어떤 컨디션과 반응을 보였는지 상세히 기록하는 것이 필요합니다. 교육을 진행하며 아래의 기록지에 있는 내용을 참고하여 잠과 연관된 아기에 대한 관찰 내용을 기록해 둡니다. 아기 관찰 기록에는 주관적인 생각보다는 어떤 위안을 주었고 어떤 반응이 있었는지, 시간은 언제였는지 등의 객관적인 관찰 내용이 필요합니다.

목표 설정(목표 위안과 도움 위안은 Part 5의 내용을 참고)

- 목표 위안
- 도움 위안

활동시간(각 활동시간마다 별개로 기록)

- 활동시간 전반의 피로감(시간과 함께 기록을 권장)
- 활동시간 가장 끝에 아기가 보인 사인, 어느 정도 졸려했는지에 대한 느낌

잠시간(낮잠 밤잠 모두 포함, 각 잠마다 별개로 기록)

- 수면의식에 주었던 위안과 아기의 반응
- 재울 때 주었던 위안과 아기의 반응
- 재우는 데 걸린 시간(수면의식을 제외하고 위안 시작 시점 부터 마지막으로 눈을 감기 시작

한 시간까지)

잠 연장 시(각 잠에 대한 연장 상황을 연장 1개마다 별개로 기록)

- 얼마나 잔 후에 울기 시작했는지
- 울음 강도(0~10 중에 어느 정도인지)
- 주었던 위안과 아기의 반응
- 연장이 되었는지 여부

기상 시

- 아기가 스스로 깼는지, 깨워서 나왔는지
- 아기가 어떻게 깼는지와 어떻게 대응하고 깨워 나왔는지, 아기 반응은 어땠는지

총평

- 하루 진행에 대한 총평, 특이사항 등을 기재

아기 반응 기록의 좋은 예(시간기록과 함께 객관적인 묘사)

목표 설정

– 목표 위안 : 침대에 내려놓고 재우기 (최소 시간 : 3분)

– 도움 위안 : 앉은 상태에서 세워 안아 주기 (최대 시간 : 5분)

활동 1 기록

– 활동시간 전반의 피로감: 잠에서 깼을 때는 울었으나 세워 안아 달래니 곧 진정했다. 수유를 하니 기분이 좋아졌고, 1시간 45분까지는 아주 잘 놀았다. 1시간 50분부터 조금씩 하품을 하며 피로해 보이기 시작하더니 2시간이 지나자 눈을 비비기 시작했다.

– 활동시간 가장 끝에 아기가 보인 사인, 어느 정도 졸려 했는지에 대한 느낌: 활동시간 2시간 10분 째에 눈을 비비며 귀를 긁음. 2시간 20분 째에 짜증이 커져 안아 주었더니 금방 처지고 잘 것 같아 수면의식 시작.

낮잠 1 기록

– 수면의식에 주었던 위안과 아기의 반응: 기저귀를 갈고 스와들을 입힐 때 엄청 눈을 긁어대었다. 잠환경 안에 들어가니 갑자기 몸을 뻗대며 크게 울고 손을 휘적였다. 얼른 세워 안고 자장가를 불러주면서 토닥이며 걷자 금방 진정이 되고 눈이 풀리는 게 보였다.

– 재울 때 주었던 위안 및 아기의 반응: 수면의식의 위안 도중에 잠이 들 것 같아 침대에 내려놓았고, 침대에 내려놓자 울려고 하여 공갈을 물리니 바로 잠이 들었다.

– 재우는데 걸린 시간 : 2분

총평: 아기가 금방 잠이 들어 도움 위안을 사용할 필요가 없었다. 아직 공갈을 사용하는 것이 걱정되니 아기가 충분히 적응하고 나면 공갈 말고 다른 위안에 적응시켜 보아야겠다.

아기 반응 기록의 나쁜 예(느낌과 감정 위주의 주관적 기록)

목표 설정

– 목표 위안 : 침대에 내려놓고 재우기 (최소시간 : 5분)

– 도움 위안 : 앉은 상태에서 세워 안아 주기 (최대시간 : 5분)

활동 1 기록

– 활동시간 전반의 피로감: 처음에는 잘 놀았는데 시간이 갈수록 힘들어 하고 피로해하기 시작했다.

– 활동시간 가장 끝에 아기가 보인 사인, 어느 정도 졸려했는지에 대한 느낌: 엄청 짜증내며 졸려했다. 많이 안아 줘야 했다. 피곤해서 힘들어 하는 것 같다.

낮잠 1 기록

– 수면의식에 주었던 위안과 아기의 반응: 어두운 방에 들어가니 많이 울었다. 아무래도 어둠이 무서운 것 같다. 다행히 자장가를 불러 주니 곧 진정했다.

– 재울 때 주었던 위안 및 아기의 반응: 공갈을 물려 주니 바로 잠들었다.

– 재우는데 걸린 시간 : 2분

총평: 목표 위안으로 재우기에 성공했다. 그런데 아기가 많이 울고 어둠을 무서워하는 것 같아 걱정이 된다.

2

아기 스스로 잠을 원하는 하루 일과 만들어 주기

이제부터는 본격적인 아기 일과 만들기 과정입니다. 마음읽기 수면교육에서는 부모의 주관적인 감으로 아기를 파악하거나 주어진 일과표를 따라가는 것에서 벗어나 객관적인 관찰을 토대로 데이터를 만들어 가며 아기의 잠과 아기의 사인을 파악합니다. 이것은 지금까지 알려진 수면교육의 방식들과 완전히 다른 새로운 방법이므로 조금 생소할 수 있습니다. 또한 일과에 대한 답안지가 정해져 있지 않으므로 할 것도 더 많게 느껴지고 그만큼 시간도 더 소요될 수 있습니다.

하지만 마음읽기 수면교육에서 이러한 노력은 우리 아기를 더 잘 알아가기 위한 것입니다. 충분히 연습하고 익숙해진다면 더 이상 인터넷과 책에 의지하지 않고도 내 아기 잠의 전문가가 될 수 있습니다. 수면교육에 대해서 공부한다기보다는 '우리 아기'에 대해서 공부하는 마음으로 차근차근 읽어 보고 충분히 이해하며 진행해 보기를 바랍니다.

아기 일과를 리셋하고 관찰하며 본연의 니즈 찾아보기 - 관찰 기간

아기 본연의 니즈를 알기 위해서는 아기를 관찰하기 위한 시간이 꼭 필요합니다. 처음부터 내 아기의 니즈를 읽고 딱 맞는 일과를 만들어 줄 수 있으면 좋겠지만 초보자가 그렇게 하기는 쉽지 않습니다. 따라서 여기서는 비슷한 개월 수의 아기들이 많이 보여 주는 일과 범위 안에서 내 아기를 관찰하며 좀 더 쉽고 빠르게 본연의 니즈를 찾아보도록 할 것입니다. 이 방식은 자칫 아기의 사인을 잘못 판단하여 오히려 생체 리듬이 더욱 흐트러지는 것을 방지하는 안전장치의 역할을 합니다. 이 단계를 진행할 때에는 아기의 잠에 대해서 충분히 객관적으로 관찰할 시간이 필요하므로 산책을 포함한 외출이나 방문이 없도록 하는 것이 중요합니다.

관찰 기간은 5~10일 정도가 적절합니다. 아기의 하루 일과가 어느 정도 비슷하게 보이기 시작하는 날이 연속으로 3일 이상이 된다면 다음 단계로 넘어가도 좋습니다. 만약 그렇지 않다면 10일을 모두 채워서 진행할 것을 권장합니다. 이 기간 동안은 일과의 뼈대를 파악하는 것이 중점이 되기에 일과표와 일과 텀 기록은 꼭 필요하지만 아직 아기 관찰 기록지는 작성하지 않아도 괜찮습니다.

아기의 본연의 니즈를 제대로 파악하기 위해서는 먼저 생체 리듬의 리셋이 필요합니다. 만약 아기의 현재 일과가 생체 리듬에서 크게 벗어나 있다면, 앞서 설명한 이유로 아기가 보이는 피로감이나 잠에 대한 사인이 정확하지 않을 수 있기 때문입니다.

아기의 생체 리듬 리셋 방법은 간단합니다. 어느정도 예측되는 범위 안에서 아기 생체 리듬상의 기상시간에 기상시켜 각 잠과 각 활동시간 모두 아기가 원하는 만큼 충분히 제공해 주는 것입니다. 그러다가 밤잠이 가능해지는 시간이 되면 밤잠을 재웁니다. 아래의 설명을 읽고 〈아기 잠 일과 참고 범위〉 표를 참고하여 주어진 범위 내에서 아기의 하루 일과를 만들어 주며 아기를 관찰해 보세요.

1. 아기 생체 리듬 리셋하기

기상

기상시간을 아침 6~7시로 맞추세요. 6시 전에 깨면 최대한 재우고, 7시가 되면 잘 자도 깨워서 나옵니다. 6~7시 사이에 아기가 깬다면 그 시간에 아기를 깨워 나옵니다.

활동시간

아래의 설명과 <아기 잠 일과 참고 범위> 표를 참고하여 주어진 활동시간 범위를 벗어나지 않는 선에서 '아기가 명확하게 졸려하는 타이밍'을 찾아 아기를 재워 줍니다.

- '활동시간 범위'의 최소 활동시간 까지는 무조건 깨워 둡니다.
- 마찬가지로 최대 시간에는 무조건 수면의식을 하고 재워 줍니다.

- 깨어 있는 동안 아기 발달에 맞는 오감 자극을 충분히 받게 해주세요. 아기띠나 포대기로 내내 안고 있거나 바운서로 오랜 시간 흔들어 주어서는 안 됩니다. 아기가 피로해해서 안아 줄 때에는 한 번에 3분 이상 길게 안아 주지 말고 과한 흔들림을 주지 않도록 주의하세요. 졸음 신호를 잘못 볼 확률이 높아집니다.
- 깨어 있는 동안 절대로 쪽잠을 자게 하거나 깜빡 졸지 않게 하세요. 졸면 그 활동시간은 아기의 니즈를 제대로 파악할 수 없습니다. 잠깐 눈을 꿈뻑하며 조는 것도 피할 수 있도록 해주세요. 특히 어린 아기일수록 수유 중에 조는 것을 주의해야 합니다. 졸기 시작한 후에 깨우면 늦으므로 관찰을 놓치지 말고 있다가 졸려하는 것 같으면 바로 새로운 자극을 주면서 각성을 유지하게 해줘야 합니다. 아기띠, 포대기, 유모차 태우기, 피로해하는 시간에 수유하기 등 아기가 쉬이 졸 수 있는 행위들은 모두 피해 주세요.
- 주어진 범위 중에 엄마 아빠가 판단하기에 아기가 명확하게 졸려한다고 느껴지는 때가 오면 세워 안고 천천히 걸으며 진정시켜 보세요. 안고 진정시킬 때 1~2분 안에 몸이 쳐지고 눈꺼풀이 풀리며 눈이 금방이라도 감길 것 같이 무거워지는 것이 느껴지는 때가 찾아야할 타이밍 입니다. 이 잠 타이밍을 찾으면 바로 수면의식을 시작합니다. 시간을 넘기지 말고 최대 2분까지 처지며 눈이 풀리지 않는다면 바로 내려놓고 더 활동을 시켜 주어야 합니다. 세워 안고 걸을 때 손으로 눈을 1~2초 정도 감겨 주었다가 떼며 눈을 뜨기 힘들어하는지 관찰해 보는 것도 좋습니다. 이 테스트는 잠 욕구를 확인하기 위한 것이지 재우기 위한 시도가 아니므로 세워 안기나

안고 천천히 걷기 이상의 흔들림이나 과한 위안을 주지 않도록 주의해야 합니다.

- 수면의식 시작 타이밍을 하품, 눈 비비기, 짜증, 울음 등으로 판단하지 마세요. 우리가 확인해야 하는 것은 아기가 피로감이나 불편감을 느낄 때가 아니라 '아기 스스로 자고 싶을 만큼 잠이 쏟아지는 때'입니다.
- 만약 피로해 하다가 갑자기 울기 시작했거나 심하게 짜증을 내서 안아 달래주었는데, 진정과 함께 눈이 감기며 처지는 것이 보이거나 깨워 두려고 해도 조는 경우라면 활동시간 최소범위를 넘지 않았더라도 바로 재워 줍니다. 반대로 달래 주었을 때 당장 잠이 오는 느낌이 없다면 조금 더 깨워 두세요.
- 위 조건들을 충족했다고 생각해서 수면의식을 하고 재우려고 하는데 수면의식의 자장가 위안시간을 제외하고 10분 내에 잠드는 기미가 전혀 없다면 중단하고 데리고 나온 후에 다시 위 내용과 같은 잠 타이밍을 찾을 수 있도록 시도하세요.
- '활동시간 범위' 중 최대 시간이 됐는데도 잠을 잘 못 드는 경우라면 주던 위안보다 좀 더 진정 효과가 큰 위안을 충분히 길게 주어서라도 잘 수 있게 해주세요.

낮잠

아래의 내용과 〈아기 잠 일과 참고 범위〉 표를 참고하여 주어진 낮잠 범위 안에서 아기가 자고 싶은 만큼 자게 해주세요.

- 입면 시 재우는 방식은 평소 하던 것과 동일하게 진행합니다. 아직은 아기띠, 짐볼 같은 도구를 사용해도 괜찮습니다. 도구를 사용할 때에는 활동시간을 충분히 가지고 수면의식도 제대로 해준 후에 도구를 사용해야 합니다.
- 어떤 방식의 위안으로 재우든 충분히 깊이 잠들면 아기를 침대에 내려놓고 침대에서 잠을 이어가게 합니다.
- 잠 중간깸 위안에는 제한이 없습니다. 깸을 인지한 즉시 개입하여 최대한 빠르게 깊이 재울 수 있는 방식의 위안을 주세요. 단, 아기가 완전히 잠들면 반드시 침대에 내려놓고 나옵니다.
- 주어진 범위 안에서 낮잠을 재워 줍니다. 잠에서 깨는 경우 항상 바로 개입해서 위안을 주며 아기가 더 자고 싶어 하는지 확인하세요. 아기가 더 자려는 게 보인다면 위안을 충분히 주어 잠을 연장시켜 줍니다.
- 최소 시간 이전에 아기가 깨서 더 잘 생각이 잘 생각이 없더라도 주어진 낮잠 범위의 최소시간 까지는 잠환경 안에서 위안을 주다가 최소 시간이 되면 깨워서 데리고 나옵니다.
- 최소 시간이 지났고, 잠에서 깼는데 위안을 주어도 아기가 더 자려고 하지 않는다면 깨워 나오세요. 5분 정도 위안을 주었을 때 완전히 깨서 잘 생각이 없어 보이거나 위안을 줄수록 더 크게 우는 경우는 아기가 더 잘 생각이 없다고 판단해도 좋습니다.
- 깊이 재워도 내려놓으면 깨는 경우 3개월 이하의 아기라면 안고 재워서라도 자고 싶은 만큼 자게 해주세요. 4개월 이상부터는 안지 않으면 더 재울 수 없는 경우에는 깨워 나옵니다. 깨워 나오려고 판단하기 전에 충분히 더 깊이 재워 주면 내려놓을 수 있는지 확인하세요.

밤잠

위의 활동시간과 낮잠시간을 해가 질 때까지 활동-잠-활동-잠으로 반복합니다. 그러다가 저녁이 되어 해가 지고, 기상시간에서 12~14시간이 지난 시간 사이에 아기가 졸려하여 활동시간이 끝난다면 낮잠이 아니라 밤잠으로 재워 줍니다. 예를 들어, 기상시간이 아침 6시 15분인 경우 저녁 6시 15분부터 8시 15분 사이에 밤잠 수면의식을 시작하는 것입니다. 나머지는 다음의 지침을 따르세요.

- 마지막 낮잠을 재우면서 시간을 확인했을 때 예상되는 밤잠 수면의식 시작 시간이 기상시간으로부터 14시간을 넘길 것 같다면 표에 기재된 활동시간 범위를 참고하여 마지막 낮잠을 최소시간만 넘도록 하면서 밤잠이 너무 늦지 않게 깨워 나옵니다. 시간이 많이 늦었을 시 최소 시간만 재우고 깨워 나와도 됩니다. 마지막 낮잠을 짧게 재워도 위에 설명한 활동시간 조건과 활동시간 범위를 맞추려면 밤잠이 기상시간에서 14시간을 넘어야 하는 경우, 마지막 활동은 활동시간 범위와 관계 없이 언제든 아기가 충분히 졸려할 때 재워 줍니다.
- 마지막 활동이 끝난 시간이 기상으로부터 12시간 이전이라면 20~30분 정도의 낮잠 1개를 더 재운 후 시간 범위와 상관 없이 아기가 졸려하는 만큼의 활동시간을 한번 더 가지고 밤잠을 재워 줍니다.
- 기상시간으로부터 13.5시간이 넘어가고(예를 들어 기상시간이 6시 15분인 경우 저녁 7시 45분) 아기가 졸려하는데 안아 주어도 2분 안에 처지는게 아니라면

좀 더 적극적으로 잠을 유도해 주어도 괜찮습니다. 최대 10분까지 안아 주면서 이완되게 해주고 아기가 눈이 풀리고 몸이 처지는 게 보이면 밤잠 수면의식을 시작 해주세요. 기상시간으로부터 14시간이 지난 경우라면 활동시간 최소범위를 넘지 않았더라도 아기가 졸려 하는 게 보일 때 적극적으로 잠을 유도하여 밤잠이 너무 늦지 않도록 해주어야 합니다.

아기 잠 일과 참고 범위

아기 개월 수	활동시간 범위	낮잠 시간 범위	예상 낮잠 횟수	비고
출생 직후~ 50일	45분~1시간 30분	1시간~2시간 45분	4~6회	-
50일~ 70일	1시간~1시간 45분	1시간~2시간 30분	3~6회	-
70일~ 100일	1시간 15분~ 2시간 15분	1시간~2시간 30분 마지막 낮잠에 한해 최소 40분	3~5회	-
100일~ 120일	1시간 30분~ 2시간 30분	1시간~2시간 15분 마지막 낮잠에 한해 최소 시간 30분	3~4회	일부 아기들은 오후로 갈수록 활동시간이 길어지고 늦은 오후의 낮잠 시간이 짧아지기 시작함.
120일~ 150일	활동 1 & 2 1시간 50분~2시간 30분 활동 3 & 4 2시간 10분~2시간 45분	50분~2시간 마지막 낮잠에 한해 최소 시간 30분	3회	이 시기 이후로 모든 아기들이 오후로 갈수록 활동시간이 길어짐. 또한 마지막 낮잠은 30~40분의 쪽잠임.
150일~ 300일	**낮잠 3회시** 활동 1 & 2 2시간~2시간 45분 활동 3 & 4 2시간 20분~3시간 15분 **낮잠 2회시** 활동 1 & 2 2시간~3시간 30분 활동 3 3시간 30분~4시간 30분	낮잠 3회시 50분~2시간 마지막 낮잠에 한해 최소 시간 15분 낮잠 2회시 1시간~2시간 15분	2~3회	낮잠 2회 시 첫 활동과 마지막 활동의 길이가 1.5배 이상 차이 남. 낮잠 2회도, 3회도 가능한 경우라면 낮잠 2회 일과를 먼저 적용할 것
10개월~ 12개월	**낮잠 2회시** 활동 1 & 2 2시간 30분~3시간 45분 활동 3 4시간~5시간	낮잠 2회시 45분 ~ 2시간	1~2회	낮잠 1회시 오전 활동과 오후 활동의 길이가 크게 차이 나지 않을 수 있음.

아기 개월 수	활동시간 범위	낮잠 시간 범위	예상 낮잠 횟수	비고
10개월~ 12개월	**낮잠 1회시** 활동 1 4시간 30분~5시간 활동 2 5시간~6시간	낮잠 1회시 1시간~2시간 30분	1~2회	낮잠 1회도, 2회도 가능한 경우라면 낮잠 1회 일과를 먼저 적용할 것
12개월 ~ 18개월 이상	5시간~7시간	1시간~2시간 30분	1회	만약 5시간 이상 깨어 있기 어려워한다면 10~12개월의 범위를 참고하여 진행할 것

가이드 일과 만들어 보기 - 가이드 기간 (1)

관찰 기간 동안 알려준 대로 잘 따라왔다면 아기의 일과가 어느 정도 리셋되며 조금씩 잠의 패턴이 보이기 시작했을 것입니다. 어쩌면 일과를 리셋하는 것만으로도 어느 정도의 문제가 해결 됐을 수도 있습니다. 하지만 이것만으로 균형 잡힌 일과를 만들어 주기는 어렵습니다. 어떤 아기들은 밤잠이 너무 이르거나 너무 늦을 것이고, 어떤 아기들은 낮잠이 오전이나 오후로 몰려 긴 잠은 너무 길고 짧은 잠은 너무 짧아 하루의 피로 관리가 원활하지 않을 것입니다. 혹은 잠은 더 잘 자더라도 잠들기 직전에 많은 피로감을 호소하여 매일 일과를 진행하는 것이 쉽지 않을 수도 있습니다.

아기의 일과를 좀 더 균형 있게 만들어 주려면 관찰한 아기의 일과에서 아기 본연의 니즈들을 확인하고, 어떻게 하면 그 니즈들을 하루 24시간 안에 잘 맞게 해줄 수 있는지 고민해야 합니다. 이 과정은 부모에게 아기의 잠을 이해하고 아기의 니즈를 존중하면서도 부모의 통제력으로 아기를 더 편안하게 만들어 주게 하는 능력을 키울 수 있게 해줍니다.

먼저 관찰 기간 동안 기록한 일과를 살펴보며 다음 내용을 정리합니다. 진행하였던 관찰 일과 중 마지막 5일치의 기록을 참고하여 정리하며, 모든 시간 텀은 계산하기 편하도록 5분 단위로 반올림해 줍니다.

활동시간

각 활동별 기본 활동시간 확인

기록된 일과들 중 '기본 활동시간'의 정의에 맞는 활동시간들을 찾고 그중 가장 긴 시간 3개의 평균을 냅니다. 기본 활동시간은 각 활동시간별로 다를 수 있으므로 각각의 활동시간마다 따로 찾아 줘야 합니다. 주의할 점은 잠 타이밍을 잘 맞추지 못해 여러 차례 수면의식을 시도해야 했던 활동시간은 제외해야 한다는 것입니다. 여러 차례 시도를 하게 되면 아기의 니즈에 맞는 활동시간이 시간 텀에 제대로 반영되지 않습니다.

만약 기본 활동시간의 정의에 맞는 활동시간이 3개 미만이라면 그것들로만 평균을 내거나 관찰 기간을 늘려서 확인합니다. 관찰 기간이 부족하여 기본 활동시간의 파악이 어려운 경우에도 관찰 기간을 늘려서 확인합니다.

낮잠시간

각 낮잠별 기본 낮잠시간 확인

각 낮잠별 기본 낮잠시간을 나열한 후 그중 가장 짧았던 잠 3개 시간의 평균을 냅니다. 기본 활동시간 확인 방법과 마찬가지로 기본 낮잠시간의 정의에 맞는 낮잠시간이 3개 미만이라면 그것들로만 평균을 내거나 관찰 기간을 늘려서 파악합니다. 또한 마지막 5일 내에 1사이클 이상 잔 잠이 없는 경우 5일 중 가장 짧았던 잠시간 3개의 평균을 냅니다.

각 낮잠별 최대 낮잠시간 확인

각 낮잠별로 가장 길게 잔 낮잠시간을 확인합니다. 가장 길게 잔 낮잠 1개로 길이를 확인하므로 평균을 내지 않습니다. 단, 독단적으로 다른 날의 최대 낮잠보다 30분 이상 크게 차이가 나도록 길게 잔 잠이 있다면 그 잠은 제외합니다. 예를 들어 7~10일 차에는 낮잠 1을 1시간 15분에서 1시간 45분 정도를 잤는데 6일 차에만 2시간 30분을 잤다면 6일 차 낮잠 1은 최대 낮잠시간에서 제외합니다.

낮잠의 개수 확인

관찰 기간 중 마지막 4일 동안 기상부터 밤잠까지 낮잠의 개수를 세어 봅니다. 아기에게 몇 개의 낮잠이 필요한지 알 수 있습니다. 만약 낮잠 개수가 하나로 고정되지 않고 2~3회나 3~4회와 같이 1회 정도의 차이로 관찰 기간 내내 반복된다면 낮잠 변환기일 확률이 높습니다. 낮잠 변환기는 아기가 하루에 자는 낮잠의 횟수가 줄어드는 시기를 의미합니다.

이제 기록하고 정리한 내용들을 토대로 가이드 일과를 만들어 볼 것입니다. 가이드 일과는 아기의 하루가 대략적으로 어떻게 흘러갈 것인지 이해하고, 어떤 방향으로 일과를 운영해 나가야 하는지 결정할 때 큰 도움을 줍니다.

가이드 일과는 다음과 같이 만들어 줍니다.

기상시간

6시를 기상으로 설정하여 일과를 작성합니다. 아기의 기상시간은 매일 꼭 같지 않을 수 있기 때문에 6시를 기준으로 맞춘 가이드 일과를 작성하면 아기가 다른 시간에 일어나더라도 일과를 계산하기가 수월합니다.

활동시간

위에서 확인한 각 기본 활동시간만큼의 텀을 적용합니다.

낮잠시간

위에서 확인한 기본 낮잠시간 텀을 적고 그 옆에 각 잠별 최대 시간과의 차이를 기재하여 아기가 얼마나 더 잘 가능성이 있는지 예측할 수 있게 합니다.

밤잠시간

기상에서 12시간~14시간의 범위 안에 밤잠이 들어오는지 확인합니다. 만약 범위를 벗어난다면, 밤잠 기준에 맞출 수 있도록 활동시간을 늘리거나 낮잠시간을 줄여 줘야 합니다.

예를 들면 다음과 같습니다.

예제 1 : 4개월 아기, 관찰 기간 총 10일(낮잠 3회 아기)

	Day 6	Day 7	Day 8	Day 9	Day 10
활동 1	1시간 53분	1시간 52분	2시간	2시간 2분	1시간 30분

	Day 6	Day 7	Day 8	Day 9	Day 10
낮잠 1	1시간 17분	1시간 30분	1시간 30분	1시간 45분	50분 (마지막 15분 연장)
활동 2	2시간 1분	2시간 10분	2시간 17분	2시간 16분	1시간 50분
낮잠 2	1시간 32분	1시간 44분	2시간	2시간	50분 (마지막 20분 연장)
활동 3	2시간 11분	2시간 15분	2시간 20분	2시간 14분	2시간 10분
낮잠 3	32분	39분	31분	30분	1시간 33분
활동 4	2시간 21분	2시간 33분	2시간 30분	2시간 45분 (2시간 15분 텀에 시도했다가 실패하여 2차 시도에 성공)	2시간 31분

* 총 10일 진행 중 마지막 5일치 기록.

* Day 10의 활동 1과 활동 2는 다음 낮잠에서 1사이클을 스스로 넘겨서 자지 못했으므로 기본 활동시간이 아닙니다. 따라서 낮잠 1과 낮잠 2도 기본 낮잠시간이 아닙니다.

* Day 9의 활동 4는 재우기를 실패했던 시간을 포함한 활동시간이므로 기본 활동시간이 아닙니다.

- 활동 1의 기본 활동시간 : 2시간

1시간 53분, 2시간, 2시간 2분의 평균 = 2시간

* 계산한 시간은 5분 단위로 반올림 되었습니다. 이하 예제에 적용된 모든 활동시간과 낮잠시간은 5분단위로 반올림 된 시간입니다.

- 활동 2의 기본 활동시간 : 2시간 15분

2시간 10분, 2시간 17분, 2시간 16분의 평균 = 2시간 15분

- 활동 3의 기본 활동시간 : 2시간 15분

2시간 15분, 2시간 20분, 2시간 14분의 평균 = 2시간 15분

* 활동 3은 낮잠 3이 1사이클 이상 자기 어려운 낮잠 3회의 마지막 잠이므로 뒤의 낮잠인 낮잠3을 1사이클만 잤더라도 앞의 활동시간은 모두 기본 활동시간으로 봅니다.

- 활동 4의 기본 활동시간 : 2시간 30분

2시간 33분, 2시간 30분, 2시간 31분의 평균 = 2시간30분

* 활동 4 다음에는 밤잠이 오므로 앞 낮잠 길이만 1사이클 이상이어도 기본 활동시간입니다.

- 낮잠 1의 기본 낮잠시간 : 1시간 25분

1시간 17분, 1시간 30분, 1시간 30분의 평균 = 1시간 25분

* Day 10의 낮잠 1은 기본 낮잠시간이 아니므로 Day 10의 낮잠 1을 제외한 나머지 낮잠 1 중 가장 짧은 시간 3개의 평균을 냅니다.

- 낮잠 1의 최대 낮잠시간 : 1시간 45분

- 낮잠 2의 기본 낮잠시간 : 1시간 45분

1시간 32분, 1시간 44분, 2시간의 평균 = 1시간 45분

* Day 10의 낮잠 2는 기본 낮잠시간이 아니므로 Day 10의 낮잠 2를 제외한 나머지 낮잠 2 중 가장 짧은 시간 3개의 평균을 냅니다.

- 낮잠 2의 최대 낮잠시간 : 2시간

- 낮잠 3의 기본 낮잠시간 : 30분

30분, 31분, 32분의 평균 = 30분

* 낮잠 3 중 가장 짧은 시간 3개의 평균을 냅니다.

- 낮잠 3의 최대 낮잠시간 : 39분

* 낮잠 3 중 가장 긴 시간은 1시간 30분이지만 다른 낮잠 3과 독단적으로 30분 이상 차이가 나므로 제외합니다.

이제 정리한 아기의 니즈를 토대로 하루 일과가 어떻게 진행되는지, 밤잠은 기준에 들어오는지 좀 더 잘 파악할 수 있도록 기상시간을 6시로 잡고 가이드 일과를 만들어 봅니다. 관찰 기간 동안 확인한 아기의 각 기본 활동시간과 기본 낮잠시간을 바탕으로 일과를 만들어 주고, 활동시간 안에 수유 규칙에 따라 적절히 수유 시간을 배치합니다. 또한 최대 낮잠시간을 참고하여 아기가 더 잔다면 어느 정도 잠을 더 잘 수 있을 것인지 기재합니다.

활동 1 6:00~8:00 / 수유 6시 15분 (2시간)
낮잠 1 8:00~9:25 (1시간 25분) *최대 +20분
활동 2 9:25~11:40 / 수유 10시 15분 (2시간 15분)
낮잠 2 11:40~1:25 (1시간 45분) *최대 +15분
활동 3 1:25~3:40 / 수유 2시 15분 (2시간 15분)
낮잠 3 3:40~4:10 (30분) *최대 +9분
활동 4 4:10~6:40 / 수유 6시 15분 (2시간 30분)

이렇게 가이드 일과를 작성해 보면 대략적으로 하루가 어떻게 흘러갈지 알 수 있습니다. 이 경우에는 하루에 낮잠이 3회로 끝나게 될 것이고, 아기가 예상하는 범위 내로 잘 자서 모든 낮잠을 최대로 잔다고 해도 밤잠이 기상시간으로 부터 14시간을 넘지 않음을 알 수 있습니다. 아기의 컨디션에 따라 활동시간이 조금 더 늘거나 조금 짧아지더라도 크게 문제없이 밤잠 기준 범위 내에 밤잠을 재울 수 있는 무난한 일과입니다. 이 아기는 이대로 가이드 일과를 진행해도 크게 무리는 없습니다.

예제 2 : 3개월 아기, 관찰 기간 총 8일(밤잠이 이른 아기, 낮잠 3회 변환기)

	Day 4	Day 5	Day 6	Day 7	Day 8
활동 1	1시간 28분	1시간 37분	1시간 35분	1시간 44분	1시간 40분
낮잠 1	1시간 33분	2시간 5분	1시간 31분	2시간 30분	2시간 30분
활동 2	1시간 38분	1시간 47분	1시간 35분	1시간 43분	1시간 45분
낮잠 2	2시간 30분	2시간 30분	2시간 5분	2시간 13분 (마지막 15분은 연장 시도 시간)	2시간 10분

	Day 4	Day 5	Day 6	Day 7	Day 8
활동 3	1시간 42분	1시간 47분	1시간 21분	1시간 47분	1시간 45분
낮잠 3	1시간 45분	1시간 44분	1시간 5분	2시간	1시간 43분
활동 4	1시간 34분	1시간 42분	1시간 31분	1시간 30분	1시간 47분
낮잠 4	–	–	1시간 5분	–	–
활동 5	–	–	1시간 21분	–	–

* Day 7의 낮잠 2는 마지막에 10분 연장을 시도했으므로 기본 낮잠시간을 1시간 58분으로 봅니다.

- 활동 1의 기본 활동시간 : 1시간 40분

1시간 37분, 1시간 44분, 1시간 40분의 평균 = 1시간 40분

- 활동 2의 기본 활동시간 : 1시간 45분

1시간 47분, 1시간 43분, 1시간 45분의 평균 = 1시간 45분

- 활동 3의 기본 활동시간 : 1시간 45분

1시간 47분, 1시간 47분, 1시간 45분의 평균 = 1시간 45분

- 활동 4의 기본 활동시간 : 1시간 40분

1시간 34분, 1시간 42분, 1시간 47분의 평균 = 1시간 40분

- 활동 5의 기본 활동시간 : 1시간 20분

* 활동 5의 경우 데이터가 3개가 안 되므로 확인할 수 있는 데이터만으로 계산합니다.

- 낮잠 1의 기본 낮잠시간 : 1시간 45분

1시간 33분, 2시간 5분, 1시간 31분 의 평균 = 1시간 45분

- 낮잠 1의 최대 낮잠시간 : 2시간 30분

- 낮잠 2의 기본 낮잠시간 : 2시간

2시간 5분, 1시간 58분, 2시간 10분 = 2시간 5분

- 낮잠 2의 최대 낮잠시간 : 2시간 30분

- 낮잠 3의 기본 낮잠시간 : 1시간 30분
  1시간 44분, 1시간 5분, 1시간 43분의 평균 = 1시간 30분

- 낮잠 3의 최대 낮잠시간 : 2시간

- 낮잠 4의 기본 낮잠시간 : 1시간 5분

위 내용을 토대로 정리하면 다음과 같습니다.

활동 1	6:00~7:40 / 수유 6시 10분 (1시간 40분)
낮잠 1	7:40~9:25 (1시간 45분) *최대 +45분
활동 2	9:25~11:10 / 수유 9시 40분 (1시간 45분)
낮잠 2	11:10~1:10 (2시간) *최대 +30분
활동 3	1:10~2:55 / 수유 1시 10분 (1시간 45분)
낮잠 3	2:55~4:25 (1시간 30분) *최대 +30분
활동 4	4:25~6:05 / 수유 4시 40분 (1시간 40분)
낮잠 4	6:05~7:10 (1시간 5분)
활동 5	7:10~8:30 / 수유 8시 (1시간 20분)

이 아기의 일과에서 낮잠을 모두 기본시간만 자고 깨는 경우 낮잠 3개로는 밤잠 최소 기준인 기상으로부터 12시간에 겨우 맞출 수 있는 것을 알 수 있습니다. 따라서 아기의 컨디션이 좋지 않아서 활동시간이 짧아지거나 낮잠을 더 짧게 자는 경우 낮잠 4회가 될 것이 예상됩니다. 관찰된 일과 상으로도 아기가

낮잠 4회를 잔 날이 있었으므로 이 아기는 현재 낮잠 3~4회 변환기에 있는 것입니다.

이런 경우 아기의 활동시간을 최대 활동시간에 가깝게 운영하여 낮잠 3회로 마무리하는 것이 좋을지, 기본 활동시간만 가지고 낮잠이 짧은 경우 낮잠 4회가 되도록 할지 고민하여 가이드 일과에 반영해 주면 도움이 됩니다. 낮잠 4회로 진행하려는 경우에는 밤잠이 기상으로부터 14시간을 벗어나기 쉬우므로 낮잠을 제한해야 할 필요가 있습니다. 낮잠 3회로 진행되면서 만약 아기가 낮잠을 최대로 자게 된다면 밤잠이 기상으로부터 14시간에 가깝게 끝나게 되는데 이 경우 낮잠을 길게 자면서 밤잠을 깎아먹는 형국이 되므로 가능하면 낮잠을 더 재우지 말고 밤잠을 더 자게 하는 게 아기의 잠의 질을 더 좋게 합니다. 가이드 일과는 이러한 일과의 운영을 고려하여 만들어 줍니다. 이 아기를 위한 수정 가이드 일과의 예시는 다음과 같습니다.

활동 1 6:00~7:45 / 수유 6시 15분 (1시간 45분)
낮잠 1 7:45~9:30 (1시간 45분) *최대 +45분
활동 2 9:30~11:20 / 수유 10시 15분 (1시간 50분)
낮잠 2 11:20~1:20 (2시간) *최대 +30분
활동 3 1:20~3:10 / 수유 2시 15분 (1시간 50분)
낮잠 3 3:10~4:40 (1시간 30분) *최대 +30분
활동 4 4:40~6:30 / 수유 6시 (1시간 50분)

수정된 가이드 일과에서는 아기가 활동시간 끝에 많이 힘들어하지 않았다는 것을 반영하여 각 활동시간에 5~10분씩 더해주었습니다. 이 아기가 활동 1~3은 일찍 피로해 하는 편이고, 마지막 활동인 활동 4는 덜 피로해 하는 편이므로 이를 고려하여 활동 1~3은 5분, 활동 4는 10분을 더하였습니다. 활동시간을 조금 더 늘려 주었으니 예상 외로 낮잠이 좀 더 짧아지더라도 낮잠 4회가 될 확률이 적어져 일과 운영도 좀 더 수월해집니다. 이렇게 아기의 평소 피로감과 컨디션의 패턴을 파악하여 가이드 일과를 만들어 주면 진행이 좀 더 쉬워집니다.

이 단계에서 가이드 일과를 만들 때에는 너무 많은 것을 고려하여 일과를 조정하려고 하지 않는 것이 좋습니다. 밤잠 기준을 맞추기 어려운 경우에만 기준을 맞출 수 있도록 필요한 만큼만 조정합니다. 또 한 가지 주의할 것은 가이드 일과를 조정할 때에는 활동시간은 추가하는 방향으로, 낮잠시간은 줄여 가는 방향으로 조정해야 한다는 것입니다. 즉, 밤잠시간이 기상으로부터 14시간을 넘는 경우 낮잠을 줄여 밤잠 기준을 맞춰 주고, 밤잠시간이 기상으로부터 12시간에 너무 가까워 일과를 진행하며 낮잠을 짧게 자게 되면 밤잠 기준을 맞추지 못할 가능성이 높은 경우에는 활동시간을 늘려 기준에 맞춰 줍니다.

예제 3 : 6개월 아기, 관찰 기간 총 10일(낮잠 2회 변환기)

	Day 6	Day 7	Day 8	Day 9	Day 10
활동 1	2시간 15분	2시간 28분	2시간 12분	2시간 21분	2시간 10분
낮잠 1	1시간 (45분에 깨어 15분 위안 주다 깨워 나옴)	1시간 47분	50분 (45분에 깨어 5분 위안 주다 깨워 나옴)	2시간	2시간

	Day 6	Day 7	Day 8	Day 9	Day 10
활동 2	2시간 44분	3시간 1분	2시간 58분	3시간	3시간 2분
낮잠 2	1시간 30분	2시간	2시간 15분 (낮잠 2회로 예상하여 최대 시간이 초과됨)	2시간 2분	2시간 24분
활동 3	3시간 3분	3시간 51분	3시간 15분	3시간 43분	4시간 12분
낮잠 3	30분		20분 (밤잠이 너무 늦어질 것 같아서 짧게 깨워 나옴)		
활동 4	3시간 5분		2시간 42분		

* Day 6의 낮잠 1은 1시간으로 계산되었지만 잠 1사이클인 45분 이후의 15분은 위안으로 잠을 연장시키기 위해 노력하다가 나온 시간이므로 기본 낮잠 시간으로 보지 않고, 따라서 활동 1도 기본 활동시간으로 보지 않습니다. Day 8의 낮잠 1과 활동 1 역시 같은 이유로 기본 낮잠시간과 기본 활동시간이 아닙니다.

* Day 7, 9, 10의 활동 3은 뒤에 낮잠이 없이 밤잠으로 이어지고 앞의 잠을 1사이클 이상 잤으므로 모두 기본 활동시간입니다. Day 8의 활동 3의 경우 뒤의 잠을 1사이클 미만으로 잤지만, 이 경우에는 아기는 1사이클은 잘 수 있었으나 부모가 깨워 나온 경우이므로 기본 활동시간으로 계산합니다. 다만 활동 4는 1사이클 이하로 잔 이후의 활동시간이므로 기본 활동시간이 아닙니다.

- 활동 1의 기본 활동시간 : 2시간 20분

2시간 28분, 2시간 21분, 2시간 10분의 평균 = 2시간 20분

- 활동 2의 기본 활동시간 : 3시간

3시간 1분, 3시간, 3시간 2분의 평균 = 3시간

- 활동 3의 기본 활동시간 : 3시간 55분

3시간 51분, 3시간 43분, 4시간 12분의 평균 = 3시간 55분

- 활동 4의 기본 활동시간 : 3시간 5분

- 낮잠 1의 기본 낮잠시간 : 1시간 55분

1시간 47분, 2시간, 2시간의 평균 = 1시간 55분

- 낮잠 1의 최대 낮잠시간 : 2시간

- 낮잠 2의 기본 낮잠시간 : 1시간 50분

  1시간 30분, 2시간, 2시간 2분의 평균 = 1시간 50분

- 낮잠 2의 최대 낮잠시간 : 2시간 25분

- 낮잠 3의 기본 낮잠시간 : 30분

위 내용을 바탕으로 정리하면 다음과 같습니다.

활동 1	6:00~8:20 / 수유 6시 30분 (2시간 20분)
낮잠 1	8:20~10:15 (1시간 55분) *최대 +5분
활동 2	10:15~1:15 / 수유 10시 45분, 이유식 11시 30분 (3시간)
낮잠 2	1:15~3:05 (1시간 50분) *최대 +35분
활동 3	3:05~7:00 / 이유식 3시 20분, 수유 6시 35분 (3시간 55분)
낮잠 3	7:00~7:30 낮잠 3 (30분)
활동 4	7:30~10:35 / 수유 10시 10분 (3시간 5분)

이 아기의 관찰된 기본 활동시간과 기본 낮잠시간을 쭉 나열하여 시간순으로 배열해 보면, 활동 3이 끝나는 시점에 이미 밤잠 기준을 충분히 맞출 수 있다는 것을 알 수 있습니다. 그러므로 이 아기는 낮잠 2회로 진행하는 것이 더 맞습니다.

다만 기본 낮잠시간이 상당히 긴 편이므로 낮잠에서 예상 외로 짧게 자고 깨는 일이 발생한다면 낮잠 2개와 활동 3개로는 밤잠 최소 기준인 기상으로부터 12시간을 넘기지 못할 수도 있습니다. 그런 경우에는 낮잠 3을 재운 후 밤

잠을 재워 주어야 합니다. 이때, 활동 4의 기본 활동시간이 적지 않으므로 낮잠 3을 15분~20분 정도로 짧게 깨워 나와야만 밤잠이 늦지 않을 것입니다.

예제 4 : 관찰 기간 총 10일, 11개월 아기(밤잠이 너무 늦은 아기)

	Day 6	Day 7	Day 8	Day 9	Day 10
활동 1	3시간 8분	3시간 13분	3시간 5분	3시간 28분	3시간 25분
낮잠 1	1시간 45분	1시간 30분	1시간 (마지막 10분은 연장 시도 시간)	1시간 45분	1시간 45분
활동 2	3시간 45분 (3시간 텀에 시도하였으나 실패하여 최종 성공은 3시간 45분 텀)	3시간 29분	3시간 3분	3시간 20분	3시간 2분
낮잠 2	1시간 45분	1시간 45분	2시간	1시간 (밤잠이 너무 늦어져서 깨워 나옴)	1시간 45분
활동 3	5시간 (4시간 텀에 시도하였으나 실패하여 최종 성공은 5시간 텀)	4시간 32분	4시간 31분	4시간 17분	4시간 23분

* Day 6의 활동 2와 활동 3은 재우기를 실패하여 다시 시도했을때 성공한 텀이므로 기본 활동시간에 포함하지 않습니다. 따라서 낮잠2도 기본 낮잠시간이 아닙니다.
* Day 8의 낮잠 1은 연장시간을 제외하면 1사이클을 초과하여 자지 못했으므로 기본 낮잠시간이 아니며, 따라서 활동1도 기본 활동시간이 아닙니다.
* Day 9의 활동 3은 앞의 잠을 깨워 나왔지만 1사이클 이상 잤으므로 기본 활동시간으로 정의합니다. 하지만 텀이 가장 긴 3순위 안에 들지 않으므로 평균값 계산에는 포함되지 않습니다.
* Day 9의 낮잠 2는 부모가 깨워 나왔으므로 아기의 정확한 니즈를 파악할 수 없어 기본 낮잠시간 계산에 포함하지 않습니다.

- 활동 1의 기본 활동시간 : 3시간 20분

3시간 13분, 3시간 28분, 3시간 25분의 평균 = 3시간 20분

- 활동 2의 기본 활동시간 : 3시간 15분

3시간 29분, 3시간 3분, 3시간 20분의 평균 = 3시간 15분

- 활동 3의 최소 활동시간 : 4시간 30분

4시간 32분, 4시간 31분, 4시간 23분의 평균 = 4시간 30분

- 낮잠 1의 기본 낮잠시간 : 1시간 40분

1시간 30분, 1시간 45분, 1시간 45분의 평균 = 1시간 40분

- 낮잠 1의 최대 낮잠시간 : 1시간 45분

- 낮잠 2의 기본 낮잠시간 : 1시간 45분

1시간 45분, 1시간 45분, 1시간 45분의 평균 = 1시간 45분

- 낮잠 2의 최대 낮잠시간 : 1시간 45분

위 내용을 바탕으로 정리하면 다음과 같습니다.

활동 1 6:00~9:20 / 수유 6시 45분 (3시간 20분)
낮잠 1 9:20~11:00 (1시간 40분)
활동 2 11:00~2:15 / 이유식 11시 15분, 수유 11시 45분 (3시간 15분)
낮잠 2 2:15~4:00 (1시간 45분)
활동 3 4:00~8:30 / 이유식 4시 15분, 수유 8시 5분 (4시간 30분)

이 아기는 낮잠이 짧지 않고 활동시간도 무척 긴 편이기 때문에 밤잠이 늦어지기 쉬운 잠 패턴입니다. 이러한 경우에는 낮잠을 줄여 밤잠을 충분히 잘 수 있게 해주는 것이 좋습니다. 섣불리 활동시간을 줄였다가는 잠들기 어려워지거나 낮잠 길이가 갑자기 예상 이상으로 줄어들 수 있으므로, 낮잠을 적절히 줄인 가이드 일과를 만들어 줘야 합니다.

활동 1　6:00~9:20 / 수유 6시 30분 (3시간 20분)
낮잠 1　8:20~10:30 (1시간 10분)
활동 2　10:30~1:45 / 이유식 11시, 수유 11시 30분 (3시간 15분)
낮잠 2　1:45~3:30 (1시간 45분)
활동 3　3:30~8:00 / 이유식 4시, 수유 7시 30분 (4시간 30분)

낮잠을 줄여 밤잠 기준인 기상으로부터 14시간을 넘지 않도록 해준 가이드 일과입니다. 이 아기는 깨어 있는 시간이 긴 편이어서 낮잠을 너무 많이 줄이면 아기의 컨디션이 좋지 않을 확률이 높으므로 밤잠 최대 기준인 기상으로부터 14시간을 맞추는 선에서 낮잠을 조절해 주었습니다. 활동 2보다는 활동 3이 긴 편이므로 낮잠 2가 아닌 낮잠 1을 줄여줍니다. 낮잠을 적지 않게 줄였으므로 실제 일과 진행 시 줄어든 낮잠에 맞추어 다음 활동시간도 줄어들 확률이 있습니다. 만약 그렇게 된다면 밤잠을 더 일찍 재울 수 있어 좀 더 균형 있는 좋은 일과가 됩니다.

아기 맞춤 가이드 일과 진행하기 - 가이드 기간 (2)

이제부터는 가이드 일과를 아기에게 적용하며 일과를 다듬어가는 시간입니다. 가이드 기간은 3~5일 정도가 적당합니다. 최소 3일은 진행하면서 살펴보되 아기에게 설정한 가이드 일과가 잘 맞아 낮잠도 충분히 길어지고 밤중깸도 거의 사라졌다면 다음 단계로 넘어가도 좋습니다. 혹은 3일 정도 진행으로 앞으로 일과를 어떻게 조정해야 할지 파악되었다면 역시 다음 단계로 가도 됩니다. 두 가지 모두 해당되지 않는다면 2~3일 정도 더 진행하면서 충분한 시간을 가지고 앞으로의 일과 진행 방향을 파악하세요.

가이드 기간에는 가능한 한 설정한 가이드 일과에 따라 진행하되, 아기가 뚜렷하게 자고 싶어 하거나 깨어 있고 싶어 하는 사인을 보여 주는 경우에만 아기에게 맞춰 줍니다. 이 기간부터는 아기의 잠에 대한 반응도 세심하게 관찰하여 '아기 관찰 기록'으로 남겨 두며 현재 진행 중인 일과가 얼마나 아기의 니즈를 잘 반영해 주고 있는지 평가합니다. 이를 통해 앞으로 일과를 어떻게 조정하며 아기에게 맞춰 줘야 할지 방향을 찾을 수 있습니다. 다음의 지침을 따라 가이드 일과를 진행해 주세요.

- 활동시간은 가이드 일과를 그대로 맞춥니다. 단, 아기가 어떻게 해도 졸 정도이거나, 울어서 달래 주니 바로 자려고 하는 경우에는 아기의 사인을 우선시하여 바로 수면의식을 하고 재워 줍니다.
- 낮잠시간 역시 가이드 일과에 설정한 대로 진행합니다. 정해진 시간 이전에 깨는 경우에는 최대한 위안을 주며 잠을 다시 잘 수 있도록 도와줍니다. 위안을 주어도 의식이 또렷하거나 위안을 줄수록 울어 아기 스스로 더 자고 싶지 않은 것이 확인되는 경우에만 가이드 일과에 정해진 낮잠시간보다 일찍 깨워 나옵니다.
- 만약 낮잠과 활동시간이 예상보다 짧아져서 가이드 일과에 잡아둔 마지

막 활동이 끝났는데도 밤잠 최소 기준인 기상에서 12시간을 넘지 못했다면 그때는 그날만 임시적으로 20~30분의 짧은 낮잠을 재운 후 마지막 활동은 시간 범위 상관 없이 아기가 졸려 할 때 재워 줍니다. 다음 날에는 다시 가이드 일과대로 진행합니다.

일과를 잘 만들어 준다고 해서 모든 문제가 해결되는 것은 아니기 때문에 가이드 일과를 따라갈 때 어떤 점은 개선이 되고 어떤 점은 개선이 안 되거나 오히려 안 좋아지는 것처럼 보일 수도 있습니다. 하지만 개선점이 조금이라도 있다면 그것은 개선되고 있다고 보아야 합니다. 가이드 기간은 제대로 따랐다면 어느정도 아기의 니즈에 맞으면서도 예측 가능한 일과를 운영할 수 있도록 도와줍니다. 일과는 하루아침에 답이 나오는 것이 아니므로 파악한 아기의 니즈대로 3~5일은 진행해 보아야 변화를 확인할 수 있습니다. 잘되지 않는다고 섣불리 일과를 변화시켜 운영하지 않도록 주의하세요.

일과를 아기에게 더 잘 맞도록 최적화하기 - 최적화 기간

이 단계는 약 5~10일 정도 시도하면 좋습니다. 최적화 기간은 오로지 현재 시점의 아기의 니즈에 맞도록 일과를 조절해 주는 시간입니다. 이때부터는 내 아기에게 더 잘 맞는 일과를 찾아 주는 것이 목표가 됩니다.

일과에는 정답이 없습니다. 이제는 앞서 참고한 아기 잠 일과 참고 범위도,

만들어 두었던 가이드 일과도 잊어버리세요. 그것들은 아기 관찰의 시작 지점을 만들기 위해 참고한 스타팅 가이드에 불과합니다. 소수이기는 하나 그 범위에서 벗어나는 아기들도 분명히 있습니다. 아기들은 각각 자기만의 생체 리듬을 가지고 있으며, 그 편차는 하늘과 땅 차이여서 아기 한 명당 하나의 일과를 가지고 있다고 해도 과언이 아닙니다.

아기 관찰 기간에서 파악한 활동시간과 낮잠시간들이 아기의 니즈를 있는 그대로 정확하게 반영하는 것은 아닙니다. 엄마 아빠가 이해하기 쉽도록 기준이 될만한 시간 텀을 확인하였을 뿐, 아기가 스스로 잘 수 있는 활동시간이나 낮잠시간은 고정된 시간 텀이 아니라 어느 정도의 범위 이며, 그날 그날의 컨디션에 따라 차이가 있을 수 있습니다. 그러므로 이 지점까지 왔다면 사전에 계획한 일과를 일방적으로 아기에게 적용하는 것이 아니라 하루 하루 내 아기의 니즈를 직접 읽고 하루 일과를 만들어 가야 합니다.

따라서 최적화 기간에는 아기 본연의 니즈를 파악해 두되, 가이드 기간처럼 하루 일과를 미리 작성하지는 않습니다. 또한 정확하게 같은 텀을 적용하기 보다는 매일 파악한 각 활동과 잠에 대한 본연의 니즈에서 크게 벗어나지 않는 선, 그리고 밤잠 수면의식이 기상으로부터 12시간~14시간 안에 들어오도록 하는는 선으로 일과를 운영합니다. 그날 그날 아기가 보여주는 사인에 따라 유연성 있게 아기에게 가장 잘 맞는 일과를 실시간으로 만들어 가세요. 그리고 하루가 끝나면 그날의 일과를 평가하여 아기에게 더 잘 맞는 일과가 있는지, 아기 본연의 니즈에 변화가 있는것은 아닌지 고민하고 다음날 일과 운영에 반영합니다. 일과에 대한 조정이 필요한지 여부는 다음 내용을 참고하여 평가합니다.

활동시간 조정

적용하고 있는 활동시간이 현재의 아기에게 적절한지 검토하고 아기에게 좀 더 잘 맞는 활동시간을 찾아갑니다. 매일 기록한 일과표, 일과 팁, 그리고 아기 관찰 기록들을 살펴보고 다음 기준에 따라 일과를 조정해 봅니다.

활동시간 부족

수면의식을 할 때부터 졸려 보이지 않습니다. 재우는 데 오래 걸립니다. 어떤 아기들은 잠이 안 와 크게 울며 발버둥을 칩니다. 이와 함께 낮잠에서 짧게 자고 깨서 연장이 불가하거나 위안을 크게 많이 줘야지만 겨우 잠이 연장되는 현상이 보입니다. 5개월 이상 된 아기들의 경우 더 이상의 잠 연장 시도를 포기하고 데리고 나오면 짧은 시간 잔 것에 비해서는 컨디션이 좋아 보이거나 말똥해 보이는 경우도 있습니다. 이런 경우라면 활동시간을 좀 더 늘려주며 현재의 아기의 활동시간 니즈가 기존에 파악한 것보다 더 길어진 것은 아닌지 확인해 보아야 합니다.

적정 활동시간

울더라도 짧은 시간 안에 잠들 수 있습니다. 보통 수면의식을 하면 바로 졸려하며 자려는 모습이 보입니다. 늦은 오후의 낮잠이 아니라면 낮잠 중간깸 유무와 상관 없이 대부분 1사이클을 넘어서는 잠을 잘 수 있습니다.

조금 과한 활동시간

잠 타이밍을 놓쳐서 평소보다 늦게 재우게 되었을 때 발생합니다. 이 경우 크게 울어 잠들 때 위안이 많이 필요해집니다. 우는 것을 진정시키느라 시간이 평소보다 오래 소요될 수 있습니다. 또한 잠 중간에 여러 번 깰 수 있습니다. 낮잠 자기 바로 직전에만 활동시간이 과했던 경우 그 낮잠에서만 이러한 현상이 발생하지만, 하루 내내 활동시간이 과하여 아기가 자극을 감당하기 어렵게 된 경우에는 밤잠에서도 내내 깨기도 합니다. 잠 중간에 급작스럽게 폭발하듯 울며 깨는 경우가 발생할 수 있으며, 이럴 때 아기를 다시 재우며 관찰해 보면 크게 울지만 잠에서 완전히 깨지는 않은 것이 보입니다. 잠을 길게 자기는 하지만 잠 전반에 이런 현상들이 관찰된다면 앞의 활동시간을 조금 줄여 보는 것이 좋습니다.

너무 과한 활동시간(과피로)

잠 타이밍을 완전히 놓쳐 버린 경우에 발생합니다. 재울 때 크게 울고 시간이 오래 걸립니다. 많은 낮잠 중간깸과 밤중깸이 생길 수 있습니다. 평소 활동시간의 배가 가까운 시간이 되도록 오히려 졸려하는 모습이 보이지 않고 행동이 과해지거나 자극에 몰두하는 등 흥분 상태가 지속되는 모습이 보입니다. 보통은 스스로 졸음을 느낄 정도의 타이밍에 놓인 아기를 잠환경에 데려가지 않고 계속하여 자극을 준 경우에 발생합니다. 최적화 기간까지 온 경우라면 일과가 관리되고 있어 과피로까지 갈 일은 희박하므로 외출로 아기의 일과를 따르기 어려워지는 경우에 간혹 일어납니다. 어쩌다가 한 번쯤 과피로가 된 경우라면 이후의 일과에서 서서히 회복되지만, 연속적으로 과피로가 되면 일과 회복이 어려울 수 있으므로 주의해야 합니다.

최적화 기간에서 활동시간 조정의 목표는 아기가 스스로 길게 잘 수 있으면서도 피로한 시간을 줄여 줄 수 있는 적절한 텀을 찾는 것입니다. 만약 잠드는데 수면의식을 제외하고 15분 이상 걸리는 잠이 다시 생기기 시작했다면 좀 더 빠르고 쉽게 잘 잠들 수 있는 활동시간 텀이 있는지 활동시간을 조정해 가며 확인해야 합니다.

활동시간을 조정할 필요가 있다고 판단될 때에는 3개월 이하의 아기는 5~10분, 3개월 이상이며 낮잠 3회에 있는 아기의 경우는 10~15분, 낮잠 2회에 있는 아기라면 15~30분 텀으로 조정해 보며 결과를 확인해 본 후 다시 세세하게 조정하는 것이 좋습니다. 만약 활동시간을 어떻게 조정하여도 잠드는 시간이 줄어들지 않는 잠이 있다면, 그 잠은 입면이 어려운 이유가 잠 타이밍이 아니므로 활동시간은 입면 시간 상관없이 아기가 적정 시간의 잠을 잘 수 있을 정도로만 운영해 줍니다.

낮잠 중간깸이나 밤잠 중간깸 둘 다 거의 없이 안정적으로 잘 자고 있는데 매번 활동시간 끝에 너무 많이 피로해 한다면 활동시간을 조금씩 줄여 보아도 괜찮습니다. 한 번에 많이 줄이기보다는 5분씩 줄여 보면서 다음 잠이나 밤잠이 어려워지지 않는지 확인합니다.

만약 활동시간을 줄였더니 낮잠이 갑자기 짧아지거나 낮잠 혹은 밤잠에서 중간깸이 많아진다면 문제가 없었던 활동시간 중 가장 최근의 활동시간으로 돌아가야 합니다. 관찰한 최소 활동시간, 기본 활동시간, 최대 활동시간 등을 기록해 두고 꾸준히 아기의 잠 패턴을 통해 잠에 대한 니즈를 파악하고 그 니즈가 충분히 반영될 수 있도록 일과를 운영해 줍니다.

낮잠 배분

낮잠은 활동시간 니즈를 충분히 충족시키면서 밤잠 수면의식 시작시간이 기상으로 부터 12시간 ~ 14시간 기준 안에 들어가게 할 수 있다면 아기가 자고 싶어 하는 만큼 재우되 낮잠 최대시간은 관찰기간에 참고하였던 <아기 잠 일과 참고 범위>의 최대 기준을 넘기지 않습니다. 낮잠의 경우 부모가 조절해 줄 수 있는 여지가 많지는 않습니다. 아기가 잘 수 있는 잠의 양보다 더 자게 하는 것은 불가능하고 오로지 깨워 나오는 것만 가능하기 때문입니다. 하지만 같은 양의 낮잠이더라도 하루 일과에서 잠을 좀 더 잘 배분해 주면 아기의 하루 컨디션 관리에 도움이 될 수 있습니다. 다음 내용을 참고해서 아기에게 좀 더 편안함을 줄 수 있는 낮잠 배분을 찾아보세요.

- 아기들이 3~4개월을 넘어서면서부터는 일주기 리듬이 생겨 늦은 오후가 되면 활동시간이 길어지고 낮잠은 짧아지는 경향이 생깁니다. 이로 인하여 늦은 오후 시간에 아기의 컨디션이 좋지 않아지는 현상이 발생하곤 합니다. 따라서 늦은 오후에 피로감 관리가 좀 더 잘 되게 하려면, 하루 중 가운데 있는 낮잠인 두 번째 낮잠을 오전의 첫 낮잠보다 길게 재워 주는 것이 유리합니다.

- 긴 낮잠은 좀 더 깊은 피로감을 해결해 주는 효과가 있으므로 여러 낮잠 중 최소 1개의 낮잠은 1시간 30분 이상의 파워낸인 것이 좋습니다(3개월 이하의 아기는 2시간 이상). 예를 들자면 낮잠 1과 2를 각각 동일하게 1시간 15분씩 재우는 것보다, 낮잠 1을 1시간, 낮잠 2를 1시간 30분을 재우는 것이 좋은 컨디션으로 만들어 줄 확률이 높습니다. 가능하면 하루 중 한 개 이상의 낮잠을 1시간 30분 이상 재우는 것을 권장 드립니다.
- 짧게 잔다고 해서 문제가 있는 낮잠은 아닙니다. 일과가 안정적이어서 밤잠도 잘 자고 낮잠도 균형이 잘 잡혀 있다면 잠의 1사이클인 30~50분만 자도 다음 활동시간을 충분히 깨어 있을 수 있을 만큼 피로감을 잘 해소해 내기도 합니다. 특히 활동시간을 아무리 조정해도 낮잠이 짧은 경우에는 그 낮잠이 아기가 잘 수 있는 최선의 낮잠임을 인정해 주고 그러한 아기 잠의 특징을 고려하여 일과를 만들어 줘야 합니다.
- 일과를 진행하면서 각 낮잠의 최소 낮잠시간, 기본 낮잠시간, 최대 낮잠시간, 총 낮잠시간을 관찰하는 대로 기록하고, 하루 일과 안에 어느 정도의 범위에서 낮잠을 조절하고 배분할 수 있을지를 생각하여 반영해 보는 것을 꾸준히 연습하세요.

위 내용들은 팁일 뿐 정답지는 아닙니다. 아기의 잠의 질을 높이고 활동시간 컨디션을 좋게 하는 데 있어서 잠의 생리적인 특징을 고려한 방법들을 소개한 것이므로 만약 내 아기에게는 다른 방식의 일과가 더욱 컨디션을 좋게 한다면 아기가 주는 답을 따라도 됩니다. 낮잠 1이 낮잠 2보다 길다고 해서, 잠 한

개가 1시간 30분을 넘지 않는다고 해서 큰일이 나거나 수면 문제가 생기는 것은 아닙니다. 이 시점의 일과 조정은 잠을 완벽하게 만들어 주려는 과정이 아니라 조금 더 아기에게 편한 일과를 찾아 가기 위한 여정입니다.

기상 및 밤잠 조정

기상과 밤잠은 낮잠보다 더 유동적인 범위가 크지 않습니다. 대부분의 경우, 기상시간은 아기가 스스로 정하여 그 시간만 되면 깨게 되고, 밤잠도 아기의 니즈에 맞는 낮잠과 활동시간을 적용하다 보면 자연스럽게 정해집니다. 처음 일과를 만들어 갈 때에는 아기의 생체 리듬상 기상시간일 확률이 높은 시간인 아침 6~7시로 설정하여 진행했지만, 아기의 일과가 어느 정도 안정되었다면 기상시간도 크게 문제되지 않는 범위에서 좀 더 아기에게 맞춰도 괜찮습니다. 다음 내용을 보고 아기에게 잘 맞게 기상과 밤잠을 조정해 보세요.

- 늘 아침 7시까지 아기가 자고 있어 깨워 나와야 하고, 깨워 나오면 이른 오전에 컨디션이 좋지 않은 아기는 기상을 최대 8시까지 늦춰도 괜찮습니다. 8시를 넘기는 것은 생체 리듬을 벗어날 확률이 높기도 하고 추후 어린이집, 유치원 등 사회적으로 요구되는 기상시간에 맞추기 어려워지므로 권장하지 않습니다.
- 아침 6시 이전에 기상하는 경우라면 일찍 깨워 나오기보다는 6시까지 최대한 잠환경 안에 두어 빛의 노출과 먹는 시간을 늦추는 것이 기상을 늦추는 데 도움을 줍니다. 하지만 이른 기상이 생리적인 원인이라면 이것을 미

루는 것은 쉽지 않습니다. 어떤 노력을 해도 아기가 늘 5시대에 기상을 하고 매일 6시까지 재우느라 씨름하는 게 괴롭다면 5시대의 기상도 정상범위의 기상시간으로 보고 일과를 진행하여도 무방합니다. 기상시간은 아기가 커 갈수록 늦춰지는 경향이 있으므로 어릴 때 5시대에 기상하던 아기라고 하더라도 커 가면서 6시 이후로 늦춰질 가능성이 아주 높습니다.

- 아기가 좀 더 수월하게 밤잠을 드는 시간대나 유독 그 시간이 되면 아기가 처지며 힘들어하는 저녁 시간대가 있다면 그 시간쯤에 밤잠에 들 수 있도록 해줍니다. 밤잠시간만 조정하면 아기 본연의 니즈가 무시되므로 기상부터 전체 일과의 활동시간과 낮잠시간을 조절하여 밤잠시간을 맞추어야 합니다.
- 낮잠을 많이 자는 일과보다는 밤잠을 많이 자는 일과가 아기 컨디션 관리와 성장 발달에 더 유리합니다. 밤잠 수면의식 시작 시간이 기상으로부터 13시간 이후로 늦어져 있고 낮잠을 많이 자는 편이라면 낮잠을 줄여 밤잠을 평균 11~12시간은 잘 수 있도록 해봅니다. 단, 이미 낮잠이 짧아서 더 줄이기 어려운 경우에는 밤잠이 늦더라도 억지로 당겨오려고 하지 않습니다.

기상시간과 밤잠시간은 아기의 잠 일과를 운영하는 데 있어서 간과되기 쉬우나 오히려 잠의 근간을 이루는 가장 중요한 요소입니다. 엄마 아빠가 원하는 시간 보다는 아기의 생체리듬에 따르는 것이 아기를 잠의 질을 높일 수 있는 비법이므로 아기의 하루를 잘 관찰하여 아기의 생체리듬에 가장 잘 맞는 기상시간과 밤잠시간으로 일과를 운영해 주세요.

아기의 사인을 읽어주며 일과를 안정시키기 - 안정기간

이 기간은 아기에게 잘 맞춰 준 일과를 안정화시켜 가는 기간입니다. 안정기간은 1주에서 2주 정도를 권장하며, 이 시기의 목표는 실시간으로 아기의 사인을 읽고 반영하며 자연스럽게 일과를 만들어 나가는 것입니다. 아기가 가장 잘 잘 수 있는 잠 시간과 활동시간의 패턴을 파악하여 아기에게 최적의 일과를 운영해 보세요. 파악해둔 본연의 니즈는 돌발상황이 생겼을때 일과가 크게 틀어지지 않게 하는 안전장치의 용도로만 활용하여야 합니다.

이 시기에는 산책이나 아기에게 익숙한 사람의 방문 정도는 괜찮으나 가능하면 너무 긴 외출이나 여행은 삼가고 최대한 아기의 일과 운영에 충분히 익숙해지는 시간을 가지는 것이 좋습니다. 그래야만 여행이나 외출이 있어서 일과가 평소와 같지 않게 되거나 어쩔 수 없는 사정으로 안아서 재우게 되더라도 다시 아기에게 필요한 일과를 빠르게 파악하고 회복시켜 주는 것이 어렵지 않기 때문입니다.

이 단계까지 왔으면 아기의 수면 패턴은 이미 충분히 정상화되었을 것입니다. 수면 패턴이 정상화되었다는 것은 아기가 자신이 자고 싶을때 잠들고 필요한 만큼 효과적으로 자며 잠의 회복력을 잘 활용하고 있다는 것을 의미합니다. 그럼에도 '우리 아기는 수면 문제가 해결되지 않았는데요.'라고 생각하고 있다면, 다음에 나오는 체크리스트를 통해 정말로 아기에게 잠 문제가 남아 있는지 점검해 보셨으면 합니다.

아기의 잠이 위의 내용과 대부분 일치한다면 아기에게 우려할 만큼의 수면 문제는 없다고 봐도 좋으니 꾸준히 유지하면서 아기의 성장을 지켜 보세요. 남은 잠의 불안정함은 아기가 성장하면서 자연적으로 해결됩니다. 만약 아기의 잠이 위의 체크리스트에서 많이 벗어나 있다면 놓친 것은 없는지 첫 단계인 관찰기간 부터 다시 시작해 보는 것이 좋습니다. 일과가 충분히 안정되기 전까지는 작은것 하나만 놓쳐도 잠 전체가 안정이 되지 않는 경우도 흔하기 때문입니다.

내용	check
밤잠이 평균 10시간 이상이 되도록 일과를 운영하고 있다.	
밤잠이 평균 10시간 이하 이지만, 아기의 사인을 따라가다 보니 일시적으로 10시간 이하가 된 경우이거나 아기가 밤잠을 스스로 길게 자지 않아 10시간 이하가 된 경우이고 낮에 크게 무리 없이 잘 깨어 있을 수 있다.	
매 낮잠시 아기가 스스로 잠을 원할 만큼 충분히 졸려하는 각 활동시간을 알고 있고, 거기에 맞게 일과를 운영해주고 있다.	
피로해하더라도 모든 활동시간에서 기본 활동시간 이상 깨어 있을 수 있어 하루 일과 중 잠 구간과 활동시간 구간이 뚜렷하게 분리되어 있다.	
하루 일과에 낮잠이 적절하게 배분되어 있으며, 깬 지 얼마 안 되어 졸려서 다시 자거나 한 개의 낮잠에서 대부분의 잠을 몰아서 자는 일은 없다.	
밤잠의 중간에 깨더라도 위안을 주면 금방 잠들고, 잠의 전체 구간이 아닌 일부 구간에서만 깬다. 혹은 긴시간의 깸이 있더라도 횟수가 1번을 넘지 않고 일시적이다.	
낮잠을 일부러 깨워 나오는 것이 아닌 이상 모두 최소 1사이클의 시간만큼(약 30~50분)은 깨지 않고 잘 수 있다.	
부모의 개입을 통해 다시 잠들거나 스스로 잠들거나 상관없이 최소 한 개 이상의 낮잠에서 1사이클을 넘는 잠을 잔다.	

특히 일과를 리셋할 때에는 어려움이 있더라도 하나도 놓치지 않고 모든 것을 따르며 애쓰는 기간이 충분해야 합니다. 저 조차도 잠에 대한 아기의 니즈를 파악하기 위해서 모든 변수를 통제하며 최소 3일 이상을 소요합니다. 초보자는 더더욱 어떠한 변수도 없이 각 단계에서 주어진 일정 동안 알려 준 그대로 따라볼 필요가 있습니다.

차근차근 단계를 따라오다 보니 아기의 잠 일과가 잘 안정되었다면 그때 부터는 잠도 활동시간도 시간 텀에 연연해 하지 말고 아기의 상태를 관찰하며 아기의 사인에 맞게 실시간으로 일과를 운영해 주는 것이 좋습니다. 일과에서 시간은 절대적인 기준이 아닙니다. 아기의 피로감을 잴 수 있는 측정기가 있는 것이 아니기에 아기의 피로감을 유추할 수 있는 가장 객관적인 척도인 시간을 이용하여 아기의 피로감을 추정하는 것입니다.

아기는 로봇이 아니므로 늘 똑같은 시간에 똑같은 피로감을 느끼지는 않습니다. 그날그날 있었던 일에 따라, 아기의 발달 상황에 따라 일과도 함께 변화해 갑니다. 그러므로 시간만을 의지해서 아기를 파악하는 방법은 아기의 니즈를 읽는 데 있어서 시행착오를 피할 수 없습니다. 일과의 방향성을 확인하는 데에는 시간 텀을 활용하는 것이 유리하지만, 이미 수면 패턴이 충분히 안정된 상태라면 아기의 사인을 직접 읽어 주며 일과를 만들어 주는 방식이 훨씬 더 편안하고 자연스럽습니다.

아기의 사인을 읽는 것이 어렵다면 아기가 쉽게 잘 잔 잠이 있을 때 그 앞에 아기가 어떤 모습들을 보여 주었는지 적어놓은 '아기 관찰 기록'의 내용들을 살펴보며 복기해서 떠올려 보는 것이 도움이 됩니다. 아기의 사인과 울음의 의미를 읽는 능력에는 경험이 가장 중요하기 때문입니다. 일과가 어느 정도 안정되어 잘 자는 잠이 늘어나게 되면, 아기가 쉽게 입면할 때 어떤 모습인지 관찰할 기회가 많아집니다. 어떤 울음을 울었을 때 도움을 주지 않아도 잠에 들었는지, 어떤 모습을 보여주었을 때 가장 빠르고 쉽게 입면하면서도 충분히 잠을 잤는지, 데이터가 많을수록 파악하기가 쉽습니다. 잘 자면 잘 잔 것으로 교육이 끝났다고 생각하지 말고 반드시 아기의 잠을 복기하며 어떤 요인들이 아기를 잘 자게 만들었는지 확인해야 합니다. 이러한 과정들을 반복하다 보면 어느새 시계를 신경쓰지 않더라도 아기의 얼굴만 보고도 재워야겠다, 깨워 나와야겠다를 알 수 있게 될 것입니다.

편안하게 일과를 유지하기 - 유지 기간

유지 기간까지 왔다면 이미 내 아기 한 명을 위한 잠 전문가가 되었을 것입니다. 정해진 일과표가 아닌 아기가 보여 주는 사인을 보고 아기의 니즈를 파악하여 재우며, 잠과 진정에 있어서 아기의 숨겨진 능력을 찾아 키워 주고 있겠지요. 이 단계는 따로 정해진 기간이 없습니다. 꾸준히 배운 대로 유지하면서 아기의 성장을 지켜보면 됩니다.

이 단계에서 아기의 일과에 대해 알고 있어야 하는 것은 단 두 가지입니다. 첫 번째로는 아기가 커 가면서 활동시간은 늘어나고 잠시간은 줄어든다는 것입니다. 혹시 아기의 활동시간이 늘어난 것은 아닌지, 잠시간이 줄어든 것은 아닌지 염두에 두고 관찰하며 아기의 잠의 변화를 놓치지 말고 하루 일과에 반영해 주어야 합니다.

두 번째로는 아무리 완벽하게 아기의 니즈를 반영하여 일과를 운영해 주고 아기가 부모 없이 스스로 잠들 수 있어도 잠이 다시 흔들리는 때는 올 수 있다는 것입니다. 때로는 입면이 어렵기도 하고, 때로는 중간에 깨서 자기 어려운 날들이 오고 갈 것입니다. 걱정이 되더라도 새로 발생한 문제에 온 신경을 쏟으며 그것을 없애려고 하기보다는 일과와 습관 부분에서 기본 원칙을 잘 지키고 있는지를 체크하는 것이 가장 좋습니다.

다시 잠에 어려움이 발생했을 때에도 잘 잔다는 다른 아기나 책에 적혀 있는 평균치의 어떤 아기의 답을 찾아 적용하기보다는 우리 아기에게 잠이 어려울 만한 이유가 있는지 아기의 시선으로 살펴보고 '내가 어떻게 도와주면 좋을까?'의 관점으로 아기에게서 답을 읽어내기를 바랍니다. 하루 하루 이런 과정을 겪어 나가며 아기에 대해서 알아가다 보면 어느새인가 아기가 훌쩍 커서 잠에 대한 고민은 다른 육아 고민들 사이에서 자연스럽게 순위가 뒤로 밀리게 되는 날이 올 것입니다.

원형 일과표로 잠의 흐름과 밸런스 체크해 보기

하루 24시간의 잠흐름을 도식으로 나타내어 보여 주는 원형 일과표는 아기 잠의 흐름을 파악하기에 아주 좋은 도구입니다. 원형 일과표를 이용하면 아기가 잠드는 데 얼마나 걸렸으며, 어떤 잠을 어떻게 잤는지, 그로 인해 지금은 어느 정도의 피로감을 가지고 있을지 한눈에 알아볼 수 있습니다. 원형 일과표는 수면교육을 시작한 시점부터 완전히 수면이 안정된 후에도 매일 꾸준히 기록하는 것이 좋습니다. 일과표로 아기의 잠에 대한 정보를 어떻게 파악하고 판단할 수 있는지 예를 들어 보겠습니다.

예제 1

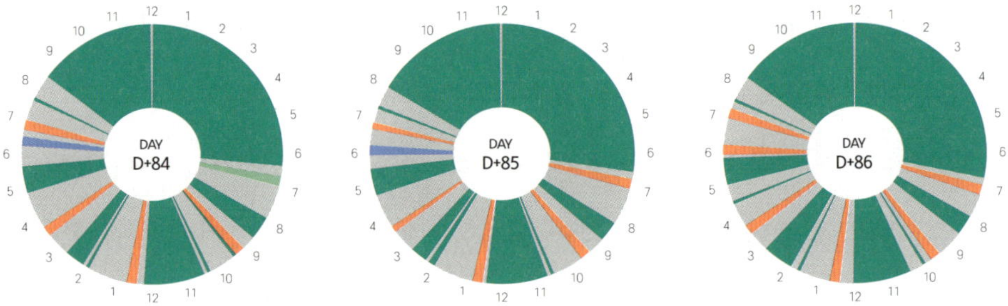

이 일과에서 가장 눈에 띄는 점은 하루 일과에 어느 정도 일정한 활동시간이 확보되어 있고 낮잠 배분도 잘 되어 있으며, 입면 시간도 짧은데 낮잠 1과 3은 늘 1사이클 정도만 자고 일어나고 있다는 것입니다. 진행하고 있는 활동시간이 기본 활동시간이 아닌 최소 활동시간일 가능성이 있으므로 활동시간을 좀 더 확보해가며 일과를 다시 살펴볼 필요가 있습니다.

또한 마지막 활동은 다른 활동에 비해서 긴 편인데도 불구하고 밤잠 입면이 오래 걸리고 있는 게 특이점입니다. 활동시간이 너무 길었다고 보기에는 어렵지 않게 잠든 다른 잠에 비해 크게 차이가 나도록 길었던 것은 아니므로 활동시간의 문제가 아닐 확률도 높은 편이지만, 그래도 마지막 활동시간을 조정해가며 밤잠의 입면이 수월해지는지 확인해 볼 필요는 있습니다.

예제 2

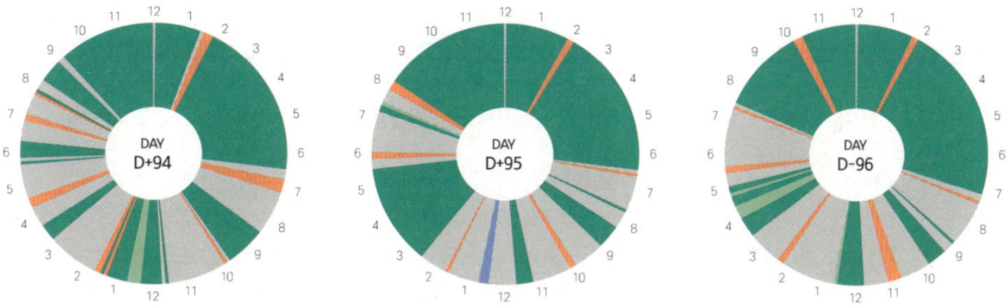

이런 일과표가 보인다면 일과 리셋부터 다시 시작해야 합니다. 전체적으로 활동시간이 크게 들쭉날쭉하고 낮잠 길이의 변화도 큰데, 이것은 잠에 대한 아기 본연의 니즈를 제대로 파악하지 못하고 있다는 의미이기 때문입니다. 특히 잠드는 데 오래 걸린 95일과 96일의 활동 1 시간은 최소 활동시간보다 짧았을 확률이 높습니다. 실제로 94일은 95일과 96일보다 활동시간이 길었으며 잠도 빨리 들었고 잠의 길이도 길었습니다. 적어도 94일의 활동시간보다 길게 깨워 둔 후 낮잠 1이 어떤지 확인해 보면 활동 1의 기본 활동시간을 파악할 수 있을 것입니다. 다른 활동들도 모두 기본 활동시간부터 다시 파악해야 합니다.

예제 3

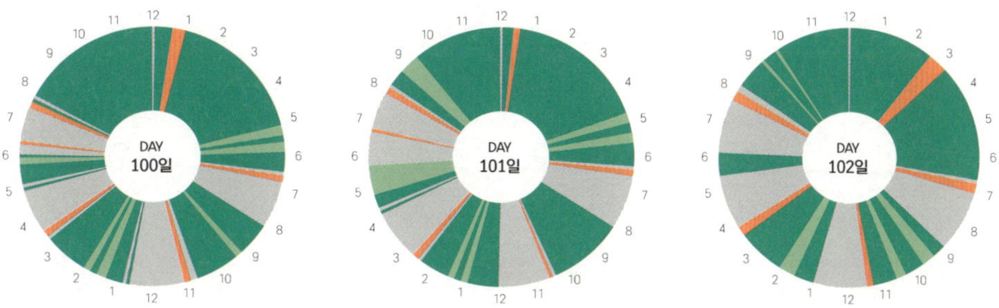

이 일과는 모두 적절한 기본 활동시간이 반영된 것으로 보입니다. 101일의 낮잠 3은 스스로 잠을 잔 시간의 길이가 굉장히 짧았는데 활동 3의 길이는 100일과 102일에 비해 큰 차이가 없고 그 앞의 일과도 다른 날들과 큰 차이는 없습니다. 이런 경우에는 활동시간의 문제는 아닐 확률이 높습니다.

또한 101일과 102일에는 밤잠 초반 시간대에 깸이 길게 있습니다. 초반깸이 없었던 100일에 비해 101일과 102일의 활동시간이 긴 편이었으므로 활동 4의 활동시간을 조금 줄여 밤잠 초반깸과 활동시간이 연관이 있는지 살펴볼 필요가 있습니다.

이렇게 일과를 꾸준히 기록해 두면, 예상치 못한 때에 갑자기 잠을 자기 어려워하는 일이 발생하더라도 혹시 일과에 원인이 있는 것은 아닌지 확인하기가 쉽습니다. 가능하면 꾸준히 일과를 일과 어플에 기록하고 일주일에 한 번 정도는 들여다보며, 하루 일과에 좀 더 교정할 부분이 있는지 체크해 보는 것을 권장 드립니다.

Part 5

마음읽기 수면교육으로 울음 걱정 없이 스스로 자는 아기로 만들어 주기

1

마음읽기 수면교육 '스스로 잠들기' 플랜에 필요한 사전 지식 알아두기

잠에 있어서 일과가 주춧돌과 기둥이라면 '스스로 자기'는 대들보입니다. 대들보가 튼튼해야 집도 튼튼해지는 법이므로 더욱 안정적이고 질 좋은 수면을 위해 아기의 입면 능력을 키워 주는 교육은 꼭 필요합니다. 울음을 기다리는 것이 두렵게 느껴지는 사람들도 걱정할 것은 없습니다. 마음읽기 수면교육은 각각의 아기의 개별적인 특성에 집중하며, 부모의 감정적인 성향까지 고려한 맞춤형 교육이므로 마음이 약한 부모라도 충분히 할 수 있습니다.

마음읽기 수면교육의 핵심은 아기를 깊이 이해하고, 아기에게 적합한 과제를 설정하는 데 있습니다. 이러한 교육방식을 경험하는 것은 수면교육뿐만 아니라 육아 전반에 큰 도움이 될 수 있습니다. 부모와 아기가 함께 과제를 해결해 나가는 과정은 부모에게 강한 육아 효능감을 제공하며, 아기의 자립성을 키워 줌으로써 긴 육아의 여정에서 부모의 부담을 줄여 주어 육아가 더욱 효율적이고 즐거워지게 만들어 줍니다.

아기가 해낼 수 있을 만큼의 목표 정하기 - 목표 위안

아기에게 스스로 자는 방법을 가르친다고 해서 바로 눕혀서 울게 해야 하는 것은 아닙니다. 수면교육에서는 부모의 위안 없이 잠들게 하는 것을 목표로 하는 것이 가장 이상적이지만 그보다 더 중요한 것은 아기를 성장시키는 것입니다. 이를 위해서는 아기의 능력을 정확하게 파악하고 영역을 구분하여 아기가 차근차근 따라올 수 있도록 플랜을 잘 설계해 주는 능력이 필요합니다. 이것이 처음에는 어렵게 느껴질 수도 있지만 부모의 애정 어린 눈이 있다면 충분히 가능합니다.

아기의 능력은 크게 구분하자면 세 가지의 영역으로 구분할 수 있습니다. 바로 '크게 노력하지 않아도 쉽게 할 수 있는 영역', '어렵지만 노력하면 할 수 있는 영역', '노력해도 절대 할 수 없는 영역'입니다. 이 영역들에 속하는 아기의 능력은 가변적이며, 아기의 경험과 발달 상태, 그리고 부모의 지도에 따라서 변할 수 있습니다. 만약 부모로써 어떤 분야에서 아기의 능력치를 키워주고 싶다면 아기를 잘 관찰하여 그 분야에 대한 아기 능력 중 이 세 가지 영역을 구별해 낸 후, '노력하면 할 수 있는 영역'을 꾸준히 연습시켜 '쉽게 할 수 있는 영역'으로 바꾸어 가야 합니다.

이러한 성장의 단계를 수면교육에 적용하려면 우선 '목표 위안'을 설정하는 것이 필요합니다. 목표 위안은 입면에 있어서 '어렵지만 노력하면 할 수 있는 영역에 있는 위안'을 의미합니다. 예를 들자면 아기가 짐볼을 타고 둥가둥가를 해주면 울지 않고 잠들지만, 짐볼을 쓰지 않고 세워 안고 걸으면 10~15분 정도 울다가 잠드는 경우, '세워 안고 걷기'가 바로 목표 위안이 됩니다. 다른 예를 들자면 세워 안고 걸으면 쉽게 잠들지만, 서서 가만히 토닥이면 5~10분 정도 뻗대고 울다 잠드는 아기에게는 가만히 서서 토닥이며 재워 주는 것이 목표 위안이 될 수 있습니다.

목표 위안은 현재 아기가 수월하게 잘 수 있는 위안을 기준으로 엄마 아빠의 노력이 덜 들어가는 형태, 아기가 엄마 아빠를 덜 느낄 수 있는 형태, 침대에 누워 잠드는 모습에 가까운 형태로 흔들림이 적거나, 접촉이 적거나, 거리가 멀거나, 아기를 좀 더 가로로 눕히는 위안이어야 합니다. 이러한 기준으로 엄마 아빠가 할 수 있는 선, 그리고 아기가 너무 많이 힘들어하지 않는 선의 위안 하나를 결정합니다.

목표 위안에 정해진 답은 없습니다. 침대에 눕힌 채로 토닥토닥해 주면 잠드는 아기일 때는 토닥토닥하지 않고 손을 가만히 대고만 있는 것이 목표 위안이 될 수 있고, 아기의 바로 옆에만 있어 주면 잘 수 있는 아기라면 아기에게서 두어 걸음 뒤로 물러서 있는 것이 목표 위안이 될 수 있습니다. 평소 아기에 대해 관찰한 바를 바탕으로 부모인 나 자신의 한계와 아기의 한계를 고려하여 적절한 목표 위안을 설정합니다.

목표 위안을 어떻게 설정해야 할지 감이 오지 않는다면 다음과 같이 자세를 단계적으로 제한해 가는 방식으로 목표 위안을 업데이트해 가는 것도 좋습니다.

도구 사용(짐볼, 아기띠 등)

세워 안고 걷기

걷지 않고 서서 세워 안기

앉은 상태에서 세워 안기

앉은 상태에서
가로 눕혀 안기

침대에 눕힌 상태로 위안 주기

침대에 누운 상태에서
진정하면 방 밖으로 나오기

이 단계대로 위안을 주는 자세를 제한하면 흔들기, 둥가둥가, 공갈 등의 세부적인 위안은 어떻게 주더라도 자세가 주는 한계 때문에 자연적으로 흔들림도 제한되고, 엄마 아빠의 노력도 덜 들어가게 됩니다.

목표 위안을 설정했다면 그 다음으로 설정해야 하는 것은 '최소 연습시간'입니다. 목표 위안을 진행한다는 것은 아기가 울거나 어려워하더라도 그 위안에 익숙해지도록 애쓰는 시간을 갖는다는 것을 의미합니다. 이 시간은 엄마 아빠의 마음이 허용하면서도 아기가 너무 힘들어하지 않는 시간 내에서 설정하는 것이 좋습니다.

어느 정도 해보아야 하는가에 대한 정답은 없습니다만, 적어도 충분히 노력은 해봐야 하므로 최소 3분에서 최대 10분 선이면 적당합니다. 이 시간은 아기가 힘들어하더라도 아기가 할 수 있을 것이라는 믿음을 가지고 시도해 보는 '최소' 시간입니다. 만약 최소시간 만큼 목표 위안을 시도해 보는 단계에서 아기가 진정하고 잠들 것 같다면 그때부터 시간 제한은 생각하지 말고 그 위안 그대로 잠들 때까지 적극적인 마음으로 기다려 줘야 합니다.

아기를 어떻게 도와줄 것인가 결정하기 - 도움 위안

목표 위안은 아기가 쉽게 바로 잠들지 못하는 위안으로 설정하게 되므로 아기가 목표 위안을 생각보다 어려워한다면 도움을 줄 위안이 필요합니다. 이 위안은 아기가 '쉽게 할 수 있는 영역'의 위안으로, 현재 주는 위안 중에 아기를 가장 쉽게 진정시키면서도 위안이 적은 편에 속하는 위안을 한 가지 정하여 설정합니다. 예를 들어 앉은 상태로 세워 안기와 서서 둥가둥가를 하는 것 둘 다 아기를 쉽게 진정시킨다면 도움 위안은 좀 더 적은 위안의 형태인 앉은 상태로 세워 안기로 정합니다.

이 도움 위안은 목표 위안의 최소 시간이 지났는데도 아기가 여전히 잠드는 것을 어려워할 때 사용합니다. 이 시간은 아기를 적극적으로 도와주는 시간이므로 진정 위안을 최대한 활용하여 아기가 진정하고 다시 잠들 준비가 되도록 해주는게 중요합니다.

그런데 도움 위안에도 시간 제한은 필요합니다. 어느 정도 위안을 주었는데도 아기가 진정하지 못한다면 그때는 울음으로써 진정하고 싶어하는 아기의 마음을 존중하고 울음을 허용해 주는 시간이 필요하기 때문입니다. 또한 피로 때문에 잠들기 어려워하는 상태라면 계속하여 진정시키려고 하는 것보다는 울음을 허용해 주고 다시 위안을 줄 때 아기가 위안을 좀 더 잘 받아들이고 입면을 수월하게 하는 경향이 있습니다.

도움 위안에도 시간 제한을 두어 '최대 도움 시간'을 설정해야 하는데, 처음 시작할 때에는 5~10분 정도가 적장합니다. 이때의 최대 위안 시간은 진정이 어려울 때 도움을 주는 '최대' 시간이므로 설정한 최대 시간이 되기 전에 아기가 진정을 하고 잘 준비가 된다면 도움 위안은 중단하고 다시 목표 위안으로 전환하여 목표 위안으로 잠들 수 있게 해주어야 합니다.

만약 아기가 생각보다 입면을 어려워하여 도움 위안을 주는데도 아기 울음이 진정되지 않는다면 설정한 도움 위안보다 위안을 더 많이 줘야 할 수도 있습니다. 하지만 우리의 목표는 위안을 줄여가면서 좀 더 적은 위안에 아기를 적응시키는 것이므로 이렇게 위안을 더 줄 때에도 급한 마음으로 큰 위안으로 전환하는 것보다는 아기를 진정시킬 수 있는 최소 위안을 주는 것이 좋습니다.

아기를 진정시키며 최소 위안을 찾아 줄 때에는 앞서 설명한 것과 반대로 아기가 엄마 아빠를 더 느낄 수 있는 형태, 세워 안아 주는 것에 가까운 형태로 흔들림이 많거나 접촉이 많거나, 서 있지 않고 걷는 위안을 주는 방향으로 조금씩 더 위안을 높여 가며 아기를 살펴보고 아기가 진정할 수 있는 가장 작은 위안을 찾아 줍니다. 이렇게 세부적으로 최소 위안을 찾아 주는 것이 어렵다면 마찬가지로 단계별 자세의 위안을 적용하되 다음과 같이 거꾸로 적용해 보면 좀 더 쉽게 최소 위안의 개념을 적용할 수 있습니다.

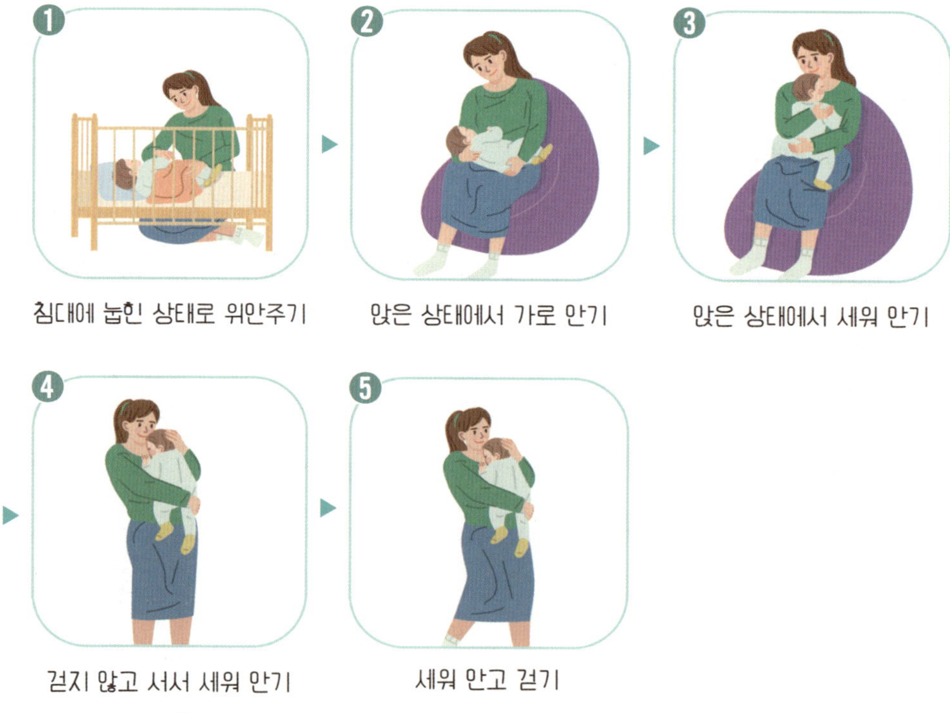

* 도움 위안은 아기를 목표 위안에 적응시키면서 필요할 때마다 사용하는 위안이므로 위안을 바로바로 전환하기 어려운 도구(짐볼, 아기띠 등)를 사용한 위안은 한 번 뗀 이후로는 도움 위안에 사용하지 않습니다.

최소 위안은 실시간 개념이므로 아기가 어느 정도 진정이 되는 것 같다면 아기의 진정 추이가 방해되지 않는 속도로 최소 위안을 적용하며 위안을 천천히 줄여 다시 목표 위안으로 전환합니다. 아기가 이미 충분히 진정한 경우라면 바로 목표 위안으로 전환하여도 됩니다.

즉 아기를 진정시키는 위안으로 도움을 주되, 충분히 진정하면 목표 위안으로 전환하고, 만약 설정한 도움 위안보다 위안을 더 줘야 한다면 아기에게 꼭 필요한 만큼만의 최소 위안을 제공하는 것이 도움 위안의 핵심입니다.

2

우리 아기에게 딱 맞는 '스스로 잠들기' 플랜 만들기

수면교육을 알아보다 보면 아기를 스스로 자게 만든다는 여러 재우기 비법들을 접하게 됩니다. 하지만 아무리 다른 아기는 효과를 봤다는 어떠한 비법이라고 하더라도 내 아기에게 통하지 않는다면 실패와 상처만 가져다 줄 수밖에 없습니다. 그러다 보니 수면교육 시작도 전에 '과연 내 아기에게 통할까?'라는 불안감을 떨치기 어려운 것이 사실입니다.

그런데 앞서 알려드린 목표 위안과 도움 위안을 이용하여 위안도 기다림도, 내 아기에게 맞춰서 진행한다면 어떨까요? 내 아기에 대해 가장 잘 아는 엄마 아빠가 만들어주는 우리 아기에게 딱 맞는 플랜이라면 분명 처음 하는 수면교육이라고 하더라도 아기가 훨씬 수월하게 잘 따라올 수 있을 것입니다.

이번 장에서는 내 아기의 특성을 이해하고 그에 맞춰 수면 교육을 진행하는 방법을 알려드릴 것입니다. 육아의 답은 언제나 아기에게 있다는 것을 잊지 말고 아기를 떠올리며 내 아기에게 가장 잘 맞도록 플랜을 설계해 보시면 좋겠습니다.

목표 위안과 도움 위안으로 '스스로 잠들기' 플랜 만들기

목표 위안과 도움 위안을 설정했다면 실제 플랜의 진행 방법은 전혀 어렵지 않습니다. 수면의식이 끝나면 바로 목표 위안을 주기 시작합니다. 목표 위안은 아기가 진정하지 못하더라도 최소 시간만큼은 시도해야 합니다. 만약 최소 시간이 끝나도록 아기가 진정하지 못하면 도움 위안으로 전환하여 설정한 최대 시간까지 아기를 충분히 진정시켜 줍니다. 최대 시간이 되지 않았더라도 아기가 진정하고 잠들려고 하거나 최대시간이 되면 다시 목표 위안으로 전환합니다. 이렇게 목표 위안과 도움 위안 세트를 만들어 잠들 때까지 반복해 줍니다.

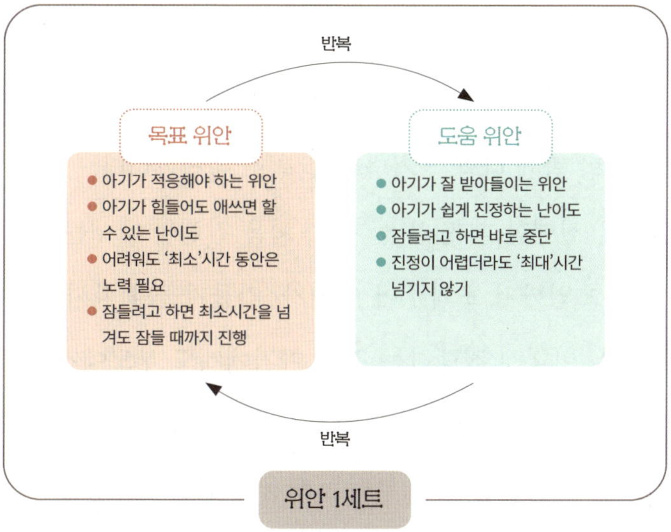

플랜을 진행하면서 아기가 목표 위안에 익숙해지면 목표 위안과 도움 위안을 재설정해야 합니다. 목표 위안에 익숙해졌다는 것은 목표 위안이 이제는

'쉽게 할 수 있는 영역'이 된 것이므로 새로운 '어렵지만 노력하면 할 수 있는 영역'을 찾아 목표를 수정해야 합니다. 또한 목표 위안이 수정되면 도움 위안도 조금 더 난이도를 높여 주어야 합니다. 도움 위안을 재설정할 때에는 기존의 목표 위안이 아기가 진정할 수 있는 능력 중 가장 위안이 적은 형태의 최소 위안 이므로 기존의 목표 위안을 도움 위안으로 설정하는 것이 좋습니다.

혹시라도 이 새로운 도움 위안으로 진정하기 어렵다면 그 시점에서 아기를 진정시킬 수 있는 최소 위안을 사용하면 되므로 난이도에 대해 걱정할 것은 없습니다. 이렇게 기존의 목표 위안보다 조금 더 적은 형태의 위안을 새로운 목표 위안으로 삼고, 익숙해진 기존의 목표 위안은 새로운 도움 위안으로 설정하며 조금씩 아기를 적응시켜 나갑니다. 이렇게 한 단계 한 단계 차근차근 아기에게 맞춰 단계를 밟아 나가다 보면 어느 순간 아기를 침대에 눕혀 재우는 것이 수월해지는 단계까지 오게 될 것입니다. 이때부터는 목표 위안을 수면교육의 최종 단계인 '방 밖에 나와서 기다려 주기'로 설정합니다.

재우기 플랜을 진행할 때 팁을 들자면, 처음 진행할 때에는 도움 위안시 아기를 잠의 문턱 초입까지 도와주어 아기가 '가물가물할 때까지' 위안을 주는 것이 수월합니다. 이렇게 진행하는 것은 아기에게도 부모에게도 울음에 대한 부담을 많이 줄여줄 수 있습니다. 그러다가 아기가 대부분의 잠에서 울음 없이 어렵지 않게 잠들게 된다면, 그때부터는 도움 위안을 중단하는 시점에도 최소 위안을 적용하여 목표를 입면 직전이 아닌 진정할 때까지로 조정해 줍니다.

또 한가지 팁을 드리자면 갑자기 아기가 입면을 크게 어려워하여 30분 이상 재우려고 시도 중인데도 잠들기 어려워하는 상황이 발생하는 경우, 일단 목표 위안 없이 도움 위안 중 최소 위안을 시간 제한 없이 주어 아기를 재워 주는 것이 낫습니다. 아기가 잠을 너무 못 자면 무언가를 배우기는 더더욱 어려워질 수 있고, 이후의 일과가 예상대로 진행되지 않아 잠의 어려움이 가중될 수 있기 때문입니다.

물론 아기를 재우고 나오는 것을 반복하면 애써 잘 잡아놓은 입면의 습관을 어그러뜨리게 될 수 있으므로 일단 아기를 재우고 나온 후에는 무엇 때문에 아기의 잠이 어려웠는지를 체크해 보는 과정이 반드시 필요합니다. 여러 잠 중에 어쩌다 한두 번만 그러한 현상이 발생했다면 그것은 아기 발달상 그럴 수도 있는 것이므로 크게 더 신경쓸 것은 없습니다. 아기가 잘하는 잠에서 꾸준히 스스로 자기를 연습시켜 주고, 어려워하는 잠에서는 조금 더 아기를 도와주며 아기가 좀 더 크기를 기다려 주는 것이 현명합니다. 하지만 많은 잠에서 이와 같은 일이 발생한다면 진행하는 아기의 일과가 아기 본연의 니즈를 충분히 반영하고 있는지 반드시 체크해야 합니다. 다음은 재우기 플랜을 어떻게 세우고 진행하는지에 대한 예제 입니다.

예제 1

짐볼을 타야만 잘 수 있는 아기였는데 관찰 기간에 일과를 리셋해주니 수면의식에서부터 잠들려고 하게 되어 짐볼을 쓰지 않게 되었다. 하지만 짐볼을 쓰지 않고 재우려니 혹시라도 잘 못 잘까봐 무서워서 세워 안고 걸으며 둥가둥가를 해주며 재우고 있다. 잠을 워낙 어려워하는 아기이고 엄마 아빠 모두

마음이 약한 편이므로 진도는 천천히 나가려고 한다.

1차 목표 : 서서 세워 안고 재우기

목표 위안 : 서서 세워 안고 좌우로 흔들어 주기

최소 연습시간 : 3분

도움 위안 : 세워 안고 걸으며 둥가둥가

최대 도움시간 : 10분

결과 ⇨ 1일 차에 최소 연습시간인 3분 안에 모두 입면 성공하여 다음 진도로 나가기로 결정함.

2차 목표 : 서서 세워 안되 흔들지 않고 재우기

목표 위안 : 서서 세워 안고 가만히 토닥이며 쉬~소리 들려주기

최소 연습시간 : 3분

도움 위안 : 서서 세워 안고 좌우로 흔들어 주기

최대 도움시간 : 10분

결과 ⇨ 1일 차에 2세트까지 가기는 하였으나 모두 성공. 2일 차에 모두 1세트에서 입면 성공하였다. 하지만 급하게 진도를 나가고 싶지는 않으므로 최소 3일은 이 목표 위안으로 아기의 잠을 살핀 후 진도를 나갈 예정.

예제 2

긴 시간 서서 세워 안고 걸어야 잠드는 아기로 엄마 아빠가 빠르게 수면 습관

을 바로 잡고 싶어 마음을 굳건히 먹었다. 교육이 길어지면 지칠 것 같아 빠르게 위안을 줄여가기로 결정 하였다. 다만 아기가 악쓰고 우는 편이기 때문에 목이 쉴 수 있어서 목표 위안의 시간은 5분 정도로 길게 잡지 않기로 한다.

1차 목표 : 앉아서 세워 안고 재우기

목표 위안 : 앉아서 세워 안고 흔들어 주며 공갈을 사용하여 재우기

최소 연습시간 : 5분

진정 위안 : 세워 안고 걷기, 부족할 시 공갈 사용

최대 도움시간 : 5분

결과 ⇨ 1일 차에 낮잠 3만 2세트 진행, 나머지는 모두 1세트 안에 성공하여 다음 진도로 나가기로 결정. 위안을 큰 폭으로 낮추었는데 생각보다 금방 적응해 주었다. 하지만 예전에 경험했던 등센서의 악몽으로 다음 목표 위안인 침대에 내려놓기는 많이 어려울까봐 걱정이 된다. 이에 목표 위안 시간을 더 짧게 설정하여 난이도를 조절하기로 하였다.

2차 목표 : 침대에 내려놓고 재우기

목표 위안 : 침대에 내려놓고 백색소음 흔들기와 공갈을 사용하여 재우기

최소 연습시간 : 3분

진정 위안 : 앉아서 세워 안고 흔들어주며 공갈을 사용하기

최대 도움시간 : 5분

결과 ⇨ 1일 차에 낮잠 1과 밤잠은 1세트, 나머지 낮잠은 2세트에 성공. 다음

진도는 잠들기 전에 방 밖에 나오기로 진행할 예정이므로 모든 잠에서 1세트 안에 잠들 때까지 적응시키고 진도를 더 나가기로 계획하였다.

아기를 더 잘자게 도와주는 중간깸 연장 방법

아기가 잠 중간에 깼을 때 어떻게 도와주는 것이 좋은지를 알려면 우선 아기가 왜 잠 중간에 깨는지부터 알아야 합니다. 어린 아기의 경우 일반적으로 알려진 것과 다르게 잠 중간에 깨서 우는 이유가 아기가 엄마 아빠의 위안을 직접적으로 요구하기 때문은 아닙니다.

한번 잘 때 푹 잘 자고 싶은 것은 사람의 당연한 본능이고, 이는 아기라도 크게 다르지 않습니다. 잠 문제를 가진 어른들이 잠에 대한 자신의 의지와 별개로 자신의 생체리듬과 거리가 먼 생활을 할수록 잠이 어렵게 되듯, 마찬가지로 아기도 아기의 생체리듬에 맞게 잘 수 있도록 해주지 않으면 잠의 질이 떨어져 잠 중간에 깨기 쉬워집니다. 따라서 스스로 자기 교육을 하지 않은 상태라고 할지라도 아기의 생체 리듬상의 니즈만 일과에 잘 반영해 주면 잠 중간의 깸들이 많이 사라지는 것을 볼 수 있습니다.

한편, 입면 시의 환경도 아기가 잠 중간에 깨는 주요 요인이 됩니다. 잠을 자는 동안은 무방비한 상태에 놓이게 되기에 잠을 잘 자려면 안전의 확보가 가장 중요합니다. 안전한 환경이 아니라는 생각이 들면 본능적으로 생존을 위해 계속해서 잠 중간에 깨며 무의식적으로 주변을 확인하게 되기 때문입니다. 어른의 경우 자신의 잠자리가 안전하여 자는 동안에 큰 위험이 없다는 것을 인지적으로 잘 알고 있지만, 아기들은 그것을 이해하기 어려우므로 입면에서의 반복적인 경험으로 자신의 잠자리 환경이 안전하다는 것을 알아가야 합니다. 또한 입면 시 불안과 긴장을 울음으로 해소하고 진정하는데 익숙해지면 잠 중간에 깼을 때의 비몽사몽 상태에서도 스스로 안정적인 상태로 만드는데 큰 도움이 됩니다.

잠 중간에 깼을 때는 아기가 제대로 사고할 수 있을 정도로 의식이 있는 상태가 아니기 때문에 아기에게 다시 잠드는 방법을 인지적으로 학습시키는 것은 어렵습니다. 따라서 잠 중간 깸에서 얼마나 기다리고 위안을 어떻게 주어야 하는가에 대한 답은 아기가 현재 입면 시 어느 정도의 환경에 익숙해져 있고, 어느 정도로 진정할 수 있는 능력이 있는가에 달려있다고 볼 수 있습니다. 이 말을 다른 의미로 바꾸면 잠 중간에 아기가 깼더라도 울다가도 스스로 잘 수 있기를 기대하려면 먼저 처음 잠들 때 위안 없이 울음으로 진정하는 것을 할 수 있게 해줘야 한다는 것입니다.

이러한 잠 중간 깸의 생리를 고려하면 본격적으로 울음을 기다려 보는 것은 아기의 일과 방향성이 정해지고, 입면 시 스스로 잘 수 있는 것도 어느 정도 확인된 이후인 안정 기간부터인 것이 좋습니다. 관찰 기간과 가이드 기간에는 입면 습관 보다 아기의 본연의 니즈와 일과패턴을 파악하는데 집중하므로 잠 중간에 깨더라도 울음 대기 시간을 가지지 않는 것이 권장됩니다. 최적화 기간에는 조금씩 울음을 기다려 보는 것이 좋은데, 이 기간부터는 입면 시 위안을 줄여가게 되므로 그러한 부분이 잠 중간깸에 반영될 여지도 있고, 일과가 자리잡기 시작하며 잠 중간의 울음이 잠꼬대와 같은 잠 울음일 가능성도 생기기 때문입니다.

만약 입면의 진도를 충분히 나갔고 잠 중간 깸에서 울음을 어느 정도 기다려 보았는데도 다시 잠들기를 어려워하고, 아기는 더 자고 싶어하는 것이 확실하다면 그때는 아기에게 위안을 충분히 주어 깊이 재워 주는 것이 더 낫습니다. 다만 연장에 도움을 주더라도 아기가 완전히 잠들어서 스스로 잠을 유지할 수 있는 상태가 되면 반드시 아기를 침대에 두고 나와 아기가 위안 없이 잠을 이어가는 시간을 최대한 늘려주어야 합니다.

이렇게 잠 연장시 아기를 완전히 재워 주는 경우 스스로 잠을 연장하는 습관에 문제가 생기지 않을까 하고 걱정을 하는 경우가 많은데 중간 깸에서 잠을 도와주는 것은 스스로 잠들 수 있는 기회를 줄일 뿐 습관을 나쁘게 만드는 것은 아닙니다. 앞서 설명한 바와 같이 아기의 스스로 잠드는 습관에는 아기가 명확하게 상황을 인지하다가 잠에 빠져드는 처음 입면 상황에서 위안 없이 울음으로 진정하고 잠드는 경험이 더 중요하기 때문입니다.

그런데 한 가지 꼭 짚어 볼 게 있습니다. 매 잠에서 항상 위안 없이 스스로 진정하고 잠들 수 있다면 모든 중간 깸에서 다시 스스로 입면 할 수 있는 것일까요? 그렇지는 않습니다. 성인도 무언가를 배웠다고 언제나 100점을 맞을 수 있는 것은 아니라는 것을 생각 해 보기 바랍니다. 하지만 항상 100점을 맞을 수는 없더라도 문제를 많이 풀어 볼수록 더 높은 점수를 받게 되는 것은 확실합니다.

마찬가지로 입면 시 스스로 자는 교육을 한다고 중간 깸 시에 항상 연장을 성공하는 것은 아닐지라도, 울음을 통해 진정하고 잠드는 경험을 많이 할 수록 안깨고 쭉 자거나 깨더라도 다시 잠들 가능성은 분명 더 높아집니다. 수면교육에 울음이 무조건 수반되어야 하는 것은 아니지만 아기에게 스스로 진정할 기회를 충분히 줄수록 잠퇴행으로 인한 잠 중간깸을 적게 겪고 넘어가는 것은 절대 우연은 아닙니다.

이러한 원리를 기억하며 아기가 중간에 깼을 때는 아기에게 맞는 난이도로 진정할 기회를 줘 본 후, 어려워 하는 경우에는 아기의 잠을 도와주세요. 그러한 과정을 매일 밟아나가다 보면 아기의 속도에 맞춰 진정능력이 성장하여 자연스럽게 잠이 더욱 안정될 것입니다.

3

마음읽기 수면교육 '스스로 잠들기' 플랜 진행 코스

아기가 많이 울지 않으면서도 스스로 잘 수 있게 하고, 또 잠을 좋아하도록 만드는 가장 쉬운 비법은 바로 '아기가 자고 싶을 때 재우 것'입니다. 마음읽기 수면교육의 '스스로 잠들기' 플랜은 무조건 울음을 기다리는 것이 아니라 아기가 자신에게 필요한 것을 스스로 해결하도록 알려주는 것이므로 아기의 잠욕구를 충분히 파악한 시점에서 진행하는 것이 매우 중요합니다. 따라서 스스로 잠들기 플랜을 독단으로 하기 보다는 아기의 잠일과를 정비해주는 플랜과 병행하는 것이 수면교육의 난이도를 크게 낮춥니다.

이번 장에서는 스스로 잠들기 플랜을 언제 어떻게 적용하는 것이 가장 효율적인가에 대해 알려드리도록 하겠습니다.

관찰 기간의 아기 스스로 잠들기 플랜

관찰 기간은 잠에 대한 아기의 니즈를 관찰하는 시간으로 일과가 원활히 진행되는 것을 우선적인 목표로 합니다. 따라서 이 기간에는 아기를 재우는 것에 대해서는 크게 진도를 나가지 않는 것이 좋습니다. 일과가 확인되기 전에 너무 많은 변화를 시도하면 더 어려워질 수 있기 때문입니다. 아기가 힘들지 않게 깊이 잠들 수 있도록 지금까지 진행하던 방식 그대로 재워 주는 것이 권장됩니다. 아기띠나 짐볼도 아직은 떼려고 할 필요가 없습니다. 이 시점에서는 아기가 좀 더 수월하게 잘 잘 수 있게만 도와주도록 합니다.

관찰기간에는 낮잠이나 밤잠 중간에 아기가 깨게 됐을 때에도 울음을 기다리지 말고 바로 위안을 충분히 줍니다. 그래야만 아기의 잠 일과가 좀 더 빠르게 안정되어 잠에 대한 아기의 니즈를 파악하기 쉽습니다. 만약 기존에 잠 연장시 위안을 많이 주고 있지 않았다면 거꾸로 위안이 많아지는 것에 대해서 걱정이 될 수도 있을 것 같습니다. 하지만 위안을 줄여가는 것은 일과를 먼저 파악한 후에 다시 진행하여도 늦지 않으니 지금은 일과가 원활하게 진행되도록 더 집중하는 것이 필요합니다.

만약 아기가 깼는데 울지 않는다면 낮잠의 경우 5~10분 정도 기다려 보고, 그래도 잠들지 못하는 경우에는 위안을 주어 잘 수 있는지 확인해 본 후 다시 잠들기 어려운게 확실하다면 깨워 나오세요. 만약 아기가 울지 않고 깬 시간이 최소 낮잠 시간 이전이라면 방 안에 들어가 위안을 주며 잘 수 있도록 해줍니다.

밤잠의 경우 목표한 최소 기상시간이 오전 6시이므로 이 목표 기상시간까지 깨는 상황에 대해서는 낮잠과 동일하게 대응해 줍니다. 다만 밤잠은 생체리듬상 자야 하는 시간이고 잠호르몬이 나오는 시간이기도 하므로 울지 않고 깨어 있다면 낮잠보다 조금 더 긴 시간인 15~30분 정도를 기다려 본 후 개입해 줍니다. 또한 밤잠의 경우 도저히 위안으로 재우기 어려울 시에는 수유해도 무방합니다.

가이드 기간의 아기 스스로 잠들기 플랜

가이드 기간까지 진행하였다면 잠에 대한 아기의 니즈가 어느 정도 파악되어 확률이 높은 잠 타이밍에 재우고 있을 것이므로, 잠드는 습관의 개선을 시작해 볼 수 있습니다. 이 기간은 '위안 줄이기'의 첫 시작으로 짐볼이나 아기띠, 포대기 같은 안고 흔드는 것을 보조하는 도구를 사용하지 않고 재우는 것을 목표로 해줍니다. 안고 흔드는 도구만 사용하지 않는다면 다른 위안은 무엇이든 자유롭게 사용해도 좋으며, 공갈 사용도 무방합니다.

똑같은 안고 흔들기 위안이라도 도구를 사용하지 않으면 흔들기의 강도가 줄어드는 효과가 있으므로 안고 흔들기 위안으로 도구 사용을 대체해 보아도 괜찮습니다. 만약 이러한 도구들을 사용하지 않고 재웠던 경우라면 가이드 기간 동안 연습삼아 어렵지 않은 목표 위안 한 개를 설정하여 위안을 조금 낮추는 것을 진행해 봐도 좋습니다.

가이드 일과를 적용하는 기간까지는 아기의 수면 패턴을 안정화하는 것이 중요합니다. 따라서 관찰 기간과 동일하게 주어진 잠 범위 안에서라면 울음을 기다리지 말고 바로 개입하여 충분히 잘 수 있도록 도와줍니다. 울지 않고 깨는 깸에 대한 대응도 관찰 기간과 동일하게 해줍니다.

최적화 기간의 아기 스스로 잠들기 플랜

최적화 기간에 접어들었다면 일과의 방향성을 어느 정도 확인한 상태이므로 목표 위안과 도움 위안을 설정하여 조금씩 습관을 개선해 나가기 시작합니다. 설정해 둔 목표 위안과 도움 위안 세트는 낮잠과 밤잠 모두에 적용하며 아기가 어느 정도로 적응하는지 확인합니다. 하루 잠의 70% 이상을 수면의식을 제외하고 15분 이내에 설정한 목표 위안으로 잠드는 것에 성공했다면 다음 날부터는 다음 단계의 목표를 도전해도 좋습니다. 최적화 기간의 권장 소요시간은 5~10일이나, 만약 최종 목표까지 도달하는 데 시간이 더 필요하다면 최적화 기간을 늘려서 진행할 수 있습니다.

위안 줄이기의 최종 목표는 상황에 맞게 선택합니다. 크게 어렵지 않다면 아기가 진정상태, 혹은 어느정도 잦아드는 울음을 울 때 인사하고 나온 후 스스로 울다가 진정하고 잠드는 것으로 최종 목표를 설정해 주는 것이 가장 이상적 입니다.

아기를 울게 두는 것이 심적으로 어렵다면, 마지노선으로 3개월 이하의 아기까지는 적어도 침대에 눕혀 위안으로 재우는 것, 5개월 이하의 아기까지는 잠들 것 같으면 위안을 멈추고 한 방에서 잠들 때까지 기다렸다 나오는 것, 6개월 이상의 아기부터는 잠들기 직전인 눈이 가물가물한 시점으로 부터 완전히 잠들기 바로 전까지 방 밖으로 나와 울음을 울더라도 1~3분 정도 기다리는 것을 최종 목표로 삼기를 권장합니다.

이 단계부터는 잠 중간깸에서도 울음을 기다려 보면 좋습니다. 이제는 그저 시계를 보며 대기 시간이 얼른 끝나기를 바라기 보다는 그 시간동안 아기의 울음을 관찰하며 아기가 진정할 수 있는지, 혹은 도움이 필요한지를 생각해 보세요. 낮잠 연장의 경우 1~3분, 밤잠의 경우 5분 정도를 기다리며 스스로 잠들 수 있는지 살펴 봅니다. 울음 대기 시간동안 아기의 울음을 들었을 때 진정할 것 같은 울음이라면 다시 진정이 어려운 울음으로 바뀌기 전까지는 좀 더 지켜 봅니다.

이 시기는 아직 아기 본연의 니즈에 잘 맞는 일과를 찾아가는 과정 중에 있으므로 울 때 바로 개입하지 않으면 잠을 연장시켜 주는 것이 너무 어려운 경우라면 아직은 기다림 시간을 가지지 않아도 됩니다. 만약 낮잠과 밤잠 모두 중간에 깼는데 울지 않는 경우에는 앞의 다른 기간들과 동일하게 낮잠은 5~10분, 밤잠은 15~30분 정도 기다려 보고 위안을 주어 잠드는 것을 도와줍니다. 마찬가지로 밤잠에서 도저히 재우기 어렵다면 수유해도 괜찮습니다.

안정 기간의 아기 스스로 잠들기 플랜

안정기까지 왔다면 입면에서는 항상 최종 목표 위안을 유지하도록 노력해야 합니다. 목표 위안만을 사용해야 한다는 뜻은 아닙니다. 지금까지 아기를 가르친 것과 같이 필요하면 도움 위안을 사용해도 됩니다. 다만 목표 위안과 도움 위안을 어느 정도의 시간만큼 어떻게 사용할 것인지를 아기의 현재 능력치에 따라 재설정해야 합니다. 어떻게 위안을 주든 아기가 진정하면 최종 목표 위안으로 전환하는 것을 잊지 않는 것과 도움 위안을 주다가 진정이 어려워 위안을 더 주게 되더라도 최소 위안의 원칙을 지키는 것이 가장 중요합니다.

안정기까지 왔다면 입면 시 울음을 관찰하는 시간은 5분 정도가 적절합니다. 5분간 울음을 들어보고 잠들 수 있을것 같다면 더 기다려주고, 어려울것 같다면 개입해서 도와주세요. 하지만 아기가 입면을 너무 어려워하는 것 같다면 방 밖 기다림 시간을 조절해도 괜찮습니다. 방밖 기다림을 아예 갖지 않거나, 아기가 충분히 잠들 수 있는데도 아기에게 꼭 필요한 것 이상의 과한 도움을 주는 것은 지양하도록 합니다.

안정기간에서 낮잠 연장 시에 권장하는 기다림 시간은 기본 5분, 밤중깸에서의 권장 시간은 기본 10분입니다. 이때 부터는 울음을 단순히 기다리기 보다는 아기에게 맞는 최적의 일과를 찾아주는 것이 중요하기 때문에 낮잠 중간 깸에서 깼는데 울지 않고 있는 시간이 있으면 10~15분 정도 기다려 보되 다시 잠들지 못한다면 아기 스스로 연장이 어려운 잠으로 보고 데리고 나옵니다.

밤잠의 경우 울지 않는 깸이라면 깨어 있는 것 같더라도 개입하지 않습니다. 밤잠에서 울지 않는 깸에 개입하지 않는 이유는 밤잠시간이 생체 리듬상 잠에 최적화된 시간이기 때문입니다. 밤잠시간이라면 깬 것처럼 보여도 실제로는 깬 것이 아니어서 기다리면 다시 잠드는 경우도 많은데, 이런 경우에 섣불리 개입하였다가는 오히려 아기를 더 깨워 버릴 수 있습니다. 혹시 정말로 깬 것이라면 개입하더라도 씨름만 될 뿐 재우기 어렵다는 문제도 있습니다. 깬 것처럼 보이는 아기가 어두운 곳에 혼자 있어 정서적으로 좋지 못한 기억이 될까봐 걱정이 된다면 마음 놓아도 됩니다. 이 시기의 아기는 자신의 욕구를 있는 그대로 드러내는 시기이므로 아기가 만약 깼는데 엄마 아빠가 옆에 없는 것이 불안하였다면 진즉 울음을 터뜨렸을 것이기 때문입니다.

안정기에서도 낮잠이든 밤잠이든 중간에 깨어 기다려 보아도 스스로 잠들지 못해 위안을 주게 되었다면 완전히 재우고 나와도 괜찮습니다. 다만 안정기부터는 다시 재우기가 쉽지 않더라도 위안 목적으로 수유하지 않는 것이 좋습니다. 만약 배고파 보이거나 수유가 꼭 필요하다고 판단되는 경우라면 자주 깨는 시간 앞에 미리 꿈수로 수유를 보충 하는 것을 권장해 드립니다.

유지 기간의 아기 스스로 잠들기 플랜

이 단계까지 왔다면 아기가 어느 정도 연속으로 긴 잠이나 통잠을 보여 준 이후일 것입니다. 아기가 1주일 이상 낮잠과 밤잠 모두 긴 잠을 잤다면 그때부터는 아기가 한 번에 길게 자는 것에 충분히 익숙해졌다고 보아도 됩니다. 따라서 최종 목표 위안도 거기에 맞게 다시 '어렵지만 아기가 노력하면 할 수 있는' 정도로 난이도를 높여 주는 것이 좋습니다.

아직 잠들기 전에 진정한 상태에서 방 밖으로 나오는 최종적인 형태의 스스로 자기 진도까지 가지 못했다면 이를 최종 목표 위안으로 하여 진도를 나갑니다. 이미 이 단계까지 진도를 나간 아기라면 입면 시 기다림 시간을 5~10분 정도로 조금 더 늘리고 도움 위안을 줄 때 최소 위안의 원칙에 따라 줄 수 있는 위안의 크기나 종류에 제한을 두는 것도 좋습니다. 지금 당장 잠을 잘 잔다고 하더라도 더 안정적인 미래의 잠을 위해 아기의 성장과 잠의 안정에 따라 수면교육도 난이도를 천천히 높이며 아기의 입면 능력을 더 키워 줘야 합니다.

만약 아기가 알 수 없는 이유로 갑자기 도저히 하루 일과를 운영하기 어려울 정도로 입면이 어려워졌다면 다시 목표 위안과 도움 위안을 그 시점의 아기에게 맞춰 '어렵지만 노력하면 할 수 있는' 정도로 재설정해도 괜찮습니다. 단, 이렇게 진도를 후퇴했을 경우에는 상황이 호전되어 아기가 다시 수월하게 잠들기 시작했을 때 꼭 다시 원래의 최종 목표 위안으로 돌아가 줘야 합니다. 또한 입면의 진도를 후퇴하기 전에 일과에서 놓치고 있는 점은 없는지 반드시 체크해야 합니다.

수면교육의 유지 기간까지 왔다면 아기가 잠 중간에 깼을 때의 울음 대기 시간도 충분히 가져주는 것이 좋습니다. 낮잠 중간깸에서는 울면 5~10분 정도, 밤잠의 경우 10~30분까지 아기의 상태에 따라 기다림을 가지며 스스로 잠들 수 있는지 지켜봅니다. 울지 않는 깸이라면 낮잠에서는 필요한 잠을 다 잔 것으로 보고 깨워 나오고, 밤잠에서는 안정기간과 마찬가지로 개입하지 않는 것이 좋습니다. 만약 중간깸에서 개입을 하여 위안을 주게 되더라도 최소 위안을 적용하여 위안을 줄여가려는 노력을 해줍니다.

유지 기간의 이 대응 내용은 아기가 스스로 자는 것에 완전히 익숙하고 대체적으로 긴 시간 안정적으로 잠을 자고 있다는 것을 전제로 합니다. 만약 일과로 교정해 줄 수 없는 어떠한 이유로 잠 중간에 깨는 현상이 사라지지 않아 이 대응 내용이 버겁다는 생각이 든다면, 마찬가지로 기다림 시간을 아기에게 맞춰 조정했다가 중간에 깨는 현상이 어느 정도 줄어들고 나면 그때 기다림 시간을 원상 복귀해 줍니다.

수면교육 후 어느 정도 시간이 지나도 엄마 아빠의 개입 없는 입면이나 긴 잠이 어려운 아기라면 어느 정도 안정적인 잠이 지속되고 있는 것을 가정하는 유지기의 대응 내용을 적용하지 않는 것이 좋습니다. 이러한 경우에는 아기 수면 문제의 근원인 아기의 미성숙이 해결될 정도로 아기가 클 때까지 너무 힘들지 않은 일상을 보내는 것이 가장 중요합니다. 입면도, 잠 중간깸에서의 대응도 최소 위안의 원칙만 지키며 당장의 하루가 조금이라도 더 수월하게 지나갈 수 있도록 하는 것을 목표로 삼고 일과 운영에 집중하여 힘써야 합니다. 그러다가 아기가 커 가면서 잠 중간에 깨는 횟수가 줄어들기 시작하면 그때 재우기 진도를 나가는 것을 목표로 해주세요.

독자들과 나누는 육아 경험담

수면교육을 시작하는 모든 부모들의 목표는 아마도 '졸리면 스스로 자는 아이로 만들기' 일 것입니다. 하지만 막상 잠이 가장 어려운 시기의 어린 아기들에 대한 수면교육은 부모가 아기의 울음을 기다리는 것에 집중되어 버리니 정말로 수면교육을 통해 아기들이 잠을 스스로 인지하고 잠들려고 노력하는 게 가능할까? 그저 울다가 지쳐 잠드는 것이 아닐까? 라는 의문이 드실 것도 같습니다.

이러한 고민을 하고 계신 분들께 저의 첫째, 둘리의 경험담을 나누어 드리고 싶습니다. 저는 둘리의 수면교육을 해나가는 과정에서 많은 것을 느꼈습니다. 둘리가 분명 수면교육을 한 경험으로 세상에는 어떠한 규칙이 있고, 힘들더라도 그 규칙을 따라야 자신이 더 편하다는 것을 깨달았기 때문입니다.

말도 못하는 아이가 이 어려운 것을 몸으로 체득하여 깨달았음을 처음 알았던 것은 아이가 18개월쯤 됐을 무렵입니다. 급한 일이 생겨 둘리 할머니가 집으로 와 아이를 봐주고 계셨던 날, 일이 끝나고 집에 들어가니 둘리 할머니는 제가 숨돌릴 틈도 없이 "둘리는 정말 대단한 아이"라고 말씀하시며 흥분을 감추지 못하셨습니다.

이야기를 들어보니 거실에서 둘리와 놀아주시다가 깜빡 잠이 들게 되셨던 모양입니다. 시간이 어느 정도 흐른 후 퍼뜩 눈이 떠져 보니 둘리가 보이지 않았고 너무 놀라 아이 이름을 부르며 온 집안을 헤매셨는데 세상에 둘리가 자기 침대에서 이불을 덮고 자고 있더랍니다.
당시 둘리는 매트리스 토퍼를 베이비룸으로 두른 형태의 침대를 사용하고 있었으므로 수면의식 때는 항상 손잡고 방에 들어가 스스로 베이비룸 문을 열도록 하고 있었습니다. 둘리는 할머니와 놀다가 졸음이 오기 시작했는데 아무도 침대에 데려가 주지 않자 직접 자신이 침대로 들어가 잠을 자게 된 것이었죠.
이 일은 저에게도 상당히 놀라운 일이었습니다. 항상 둘리가 졸려 하는 것을 제가 먼저 파악하여 베이비사인으로 자러 가자고 이야기를 한 후에 함께 침대로 갔기에 그때까지는 둘리가 '저의 사인'에 반응하고 저의 리드에 따라서 잠을 자러 가는 것이라고 생각해왔던 것입니다. 하지만 둘리는 이미 졸릴 때는 어떻게 해야 자신이 편해진다는 것을 이미 명확하게 인지하고 있었습니다.
이런 둘리의 사례처럼 아기들은 분명 표현을 못할 뿐 배워가고 있습니다. 당장 눈에 보이는 변화 없이 그저 울다가 잠드는 것 같더라도 아기가 이해하고 배울 수 있는 존재라고 생각하고 꾸준히 알려 주세요. 그런 시간들이 아기에게 하나하나 쌓이게 되면 어느 순간 잠이 무엇인지 알고 스스로 해결하기 위해 노력하는 아이로 성장해 나갈 수 있게 될 것입니다.

Part 6

마음읽기 수면교육의 생활화를 위한 팁

1

수면교육을 유지하며 맞닥뜨릴 수 있는 어려움과 대응 방법

수면교육은 다이어트와 같아서 성공한 이후에도 꾸준히 유지하기 위한 노력이 필요합니다. 처음 수면교육 시에는 안정적으로 잘 잤던 아기도 성장해 가며 잠을 어려워하는 시기가 찾아올 수 있기 때문입니다. 또한 여러 가지 가정의 상황상 한동안 수면교육을 그대로 유지하기 어려운 상황들이 생기기도 합니다. 이럴 때 대처하는 방법을 모른다면 우왕좌왕하다가 모든 것이 다시 어그러져 버릴 수도 있습니다. 이번 장에서는 여러분이 애써 만든 공든 탑이 쉽게 무너지지 않도록 수면교육 성공 이후에 아기 잠을 무사히 유지해 나가기 위해 꼭 알아야 하는 필수 정보들을 알려드리도록 하겠습니다.

낮잠 변환기란 무엇이고 어떻게 해줘야 할까?

아기 수면교육과 아기의 개월 수별 일과를 공부하다 보면 꼭 마주치는 단어가 있습니다. 그것은 바로 '낮잠 변환기'입니다. 낮잠 변환기는 낮잠의 개수가 줄어드는 변화의 시기를 의미합니다. 예를 들자면 하루에 5번 자던 아기가 4번을 잘 수 있게 되거나, 3번을 자던 아기가 2번을 잘 수 있게 되는 시기를 말합니다. 낮잠을 3번 넣어서 만들어 주던 일과를 2번으로 해야 한다니, 언제 어떻게 해줘야 하는가에 대한 걱정이 몰려오겠지만 원리만 이해하면 그렇게 어렵지 않습니다.

앞에서 설명 드린대로 아기의 니즈를 따라 일과를 만들어 주면서 깨닫게 된 것이 있을 것입니다. 그것은 바로 '활동시간'과 '최대 낮잠시간'은 아기가 정한다는 것입니다. 아기 스스로 잘 수 있게 해주려면 아기가 스스로 졸려하는 시간을 찾아야 하므로 이 활동시간은 부모 마음대로 결정할 수 없습니다. 아기가 스스로 자고 싶어 할 만큼 졸려하는 활동시간 범위 내에서 소극적인 선택을 할 수 있을 뿐입니다. 낮잠시간도 마찬가지입니다. 기본 활동시간이 확보되었다는 전제 아래 길게 자는 낮잠을 일찍 깨워 나올 수는 있어도, 더 이상 잘 수 있을 만큼의 잠욕구가 남지 않아 짧게 자고 깨는 낮잠을 길게 재울 수는 없습니다.

또한 아기의 일과를 운영할 때 밤잠시간은 10~12시간으로 일정하게 유지하는 것이 좋은데, 이는 특별한 이유가 없는 한 크게 변동 없이 매일 적용해야 합니다. 낮잠을 1번, 1~2시간 정도 자는 만 1~2세 아기들에 대한 미국 수면재단의 낮잠 포함 권장 수면 시간이 11~14시간 정도인 것을 고려하면, 10~12시간은 앞으로 아기의 수면교육에 대해 고민하지 않아도 될 정도로 아기가 클 때까지 유지해 줘야 할 밤잠시간이 되는 것입니다.

그런데 하루는 24시간으로 정해져 있으므로 밤잠시간인 10~12시간을 제외하면 기상부터 밤잠까지는 12~14시간이 남습니다. 이 시간 동안 아기가 원하는 만큼의 활동과 잠이 반복되는 것이 잠 일과이므로 활동시간이 늘어나 버리면 마지막 낮잠은 들어갈 자리가 없어지는 상황이 발생합니다. 이때가 바로 낮잠이 탈락되는 시기입니다.

여기서 활동시간과 최대 낮잠시간은 아기가 정하므로 사실상 낮잠이 탈락되는 시기가 된다고 하더라도 부모가 미리 계산하여 일과를 정해 두고 아기가 따르도록 해야 하는 것은 아닙니다. 마음읽기 수면교육은 일과를 미리 정해 두고 아기를 맞추지 않고 아기의 니즈를 일과에 반영하는 방식이기 때문에 자연스럽게 늘어난 아기의 기준 활동시간과 아기가 잘 수 있는 낮잠을 반영하며 일과를 운영하다 보면 낮잠을 한 개 덜 재웠는데도 밤잠시간이 되게 됩니다.

그러면 낮잠 변환기를 왜 어렵다고 하는 것일까요? 그 이유는 바로 낮잠이 변환되는 그 시점의 애매함 때문입니다. 아기의 니즈 그대로 활동시간과 낮잠시간을 반영해 주는 경우, 낮잠 한 개를 없애기에는 그 앞의 활동시간이 끝나는 시간이 기상으로부터 12시간에 못 미치는 이른 시간이 되어 밤잠으로 재우는 것이 극히 어려워지고, 그 시점에서 낮잠 한개를 더 재우자니 아기의 기본 활동시간이 있으므로 밤잠이 기상으로부터 14시간을 훌쩍 벗어나서 너무 늦어지는 상황이 발생합니다.

한 아기의 일과를 예로 살펴보겠습니다.

예제 1

활동 1　6:00~8:20 (2시간 20분)

낮잠 1　8:20~9:20 (1시간)

활동 2　9:20~12:03 (2시간 43분)

낮잠 2　12:03~1:28 (1시간 25분)

활동 3　1:28~4:20 (2시간 52분)

낮잠 3　4:20~4:50 (30분)

활동 4　4:50~8:05 (3시간 15분)

⇨ 아기의 니즈를 따랐더니 이러한 일과가 나왔다면 활동 3의 끝은 기상에서 8시간 20분째이므로 밤잠이 되기에는 한참 부족한 시간입니다. 4시 20분에 재운 낮잠 3은 당연히 밤잠이 아닌 낮잠이 되어 더 재우려고 해도 짧게 자고 일어나 말똥한 모습을 보여 줍니다. 반면, 활동 4가 끝나는 시간은 기상에서부터 14시간 5분 후가 되어 밤잠으로 재우는 것이 가능하므로 이 일과는 밤잠이 늦은 낮잠 3회의 일과입니다.

이 일과에서 밤잠이 기상으로부터 14시간을 조금 넘어 다음 날도 비슷한 일과가 지속된다면 밤잠 총 시간의 평균이 10시간이 되지 않지만 아기가 스스로 잠을 원할 정도의 활동시간은 아기가 정하므로 이날의 마지막 활동 진행 시점에서는 이미 일찍 재우는 것이 불가능합니다.

예제 2

활동 1　6:00~8:30 (2시간 30분)

낮잠 1　8:30~10:00 (1시간 30분)

활동 2　10:00~1:00 (3시간)

낮잠 2　1:00~3:00 (2시간)

활동 3　3:00~6:00 (3시간)

⇨ 같은 아기가 다음 날은 활동 1의 컨디션이 좋아 평소보다 길게 깨어 있었고, 그 때문에 아마도 좀 더 피로했던지 낮잠 1도 길게 자게 되었습니다. 그후 비슷한 상황이 반복되어 활동 3이 끝난 시점에서 이미 기상으로 부터 12시간이 되었으므로 밤잠으로 재울 수 있었습니다. 하지만 이 일과는 밤잠 최소기준을 겨우 맞췄으므로 낮잠이 조금만 짧아져도 밤잠으로 재울 수 없어 밤잠이 기상에서 14시간을 훌쩍 넘는 낮잠 3회가 될 수 있는 불안한 일과입니다.

이러한 상황에서 아기의 일과를 조금 더 원활히 운영하려면 둘 중 한 가지를 선택해야 합니다. 활동시간과 잠을 최대한 늘려주어 원래의 일과에서 활동과 잠이 한 개씩 줄어들더라도 밤잠 시작시간이 너무 이르지 않게 하거나, 아예 낮잠을 짧게 재워 낮잠이 탈락되지 않더라도 밤잠이 너무 늦게 하지 않는 것입니다.

낮잠 변환기에는 이렇게 일과를 운영하는 과정에서 여러 어려움이 발생합니다. 낮잠 한 개와 활동 한 개가 탈락되어 밤잠이 너무 빨라지면 그만큼 일찍 기상하거나 새벽에 긴 깸이 발생하기 쉽습니다. 밤잠을 늦추고자 활동시간을 최대로 늘린 경우라면 아기가 피로하여 활동시간 마지막에 피로감을 많이 호소하게 되거나 입면 시 큰 울음, 피로감으로 인한 밤중깸이 생길 수 있습니다.

낮잠을 탈락시키지 않고 낮잠시간을 줄이는 경우에는 다음 활동에 기준 활동시간만큼 깨어 있을 수는 있다고 하더라도 활동시간 내내 컨디션이 나쁠 수 있습니다. 또한 최소 낮잠시간 만큼만 재우더라도 이미 기본 활동시간이 짧지 않으므로 밤잠 기준이 기상에서 14시간을 넘어가게 되어 일시적으로 밤잠시간이 평균 10시간에 못 미치게 될 수도 있습니다. 이 경우에도 아기 컨디션 관리가 어려운 것은 마찬가지입니다.

이렇게 낮잠 변환기는 그 시기 잠의 생리적 특성상 일과 운영이 어려울 수밖에 없지만 활동시간이 이 애매한 구간을 넘어설 정도로 늘어나면 자연적으로 해결될 문제이므로 크게 걱정할 것은 없습니다. 할 수 있는 선에서 최대한 컨디션을 관리해 줄 수 있는 최선의 일과를 만들어 주며 낮잠 변환이 안정적으로 자리잡도록 기다리는 것이 가장 좋습니다.

잠퇴행이란 무엇이고 어떻게 해줘야 할까?

수면교육을 다룰 때 빼놓을 수 없는 중요한 용어는 바로 '잠퇴행'입니다. 잠퇴행은 아기의 수면 패턴이 일시적으로 나빠지거나 변화하는 현상을 의미합니다. 잠퇴행을 겪게 되면 이전에는 순조롭게 잘 자던 아기가 알 수 없는 이유로 갑자기 입면에 어려움을 겪거나 낮잠시간이 줄어들고, 밤에 더 자주 깨는 등 역행하는 모습을 보이며 예전보다 잠의 질이 떨어집니다.

잠퇴행의 원인은 아기에게 맞지 않는 잠 일과나 스스로 자지 못하는 습관에 있지 않으므로 부모가 직접 잠퇴행을 없애 줄 방법은 아쉽게도 없습니다. 이러한 현상은 아기의 정상적인 발달로 인한 신체적, 정신적 변화 때문에 발생하기 때문입니다. 수면교육을 통해 겨우 잠을 잘 자게 된 아기가 갑자기 처음으로 돌아간 듯 입면에 어려움을 겪거나 자주 깨니 걱정하게 되는 것은 당연합니다. 하지만 발달로 인한 변화는 아기에게 자연스러운 성장의 과정이므로 잠의 역행 역시 아기의 자연스러운 수면의 일부로 인정하고 이해해주는 자세가 필요합니다.

부모가 아기의 잠퇴행을 없앨 수는 없지만 적어도 아기가 왜 잠이 어려운지 이해하면 부모의 심적 어려움을 줄이는 데 도움이 됩니다. 잠퇴행으로 나타날 수 있는 아기의 발달은 두 가지로 나누어 볼 수 있습니다. 첫 번째는 행동 발달이나 이앓이같이 부모가 눈으로 보고 인지할 수 있는 신체 발달이고, 두 번째는 부모가 직접 보고 확인할 수 없는 오감과 인지, 정서 등의 발달입니다. 둘 중 어느 쪽의 발달이더라도 아기에게는 아기 나름대로 잠이 어려워질 만한 이유가 있습니다.

먼저 행동 발달로 인한 잠퇴행 중 엄마 아빠가 가장 처음으로 겪게 될 뒤집기 잠퇴행을 살펴보며 아기의 사정을 이해해 보도록 하겠습니다. 뒤집기를 하기 전까지 아기는 수동적인 일상을 보냅니다. 엄마가 무엇을 쥐어 주거나 안아 주지 않으면 아기가 엄마가 눕혀 놓은 곳 그대로의 위치에서 보이는 것과 만져

지는 것 외에 새로운 자극을 스스로 만들 수 있는 방법은 없습니다. 그런 아기가 처음으로 스스로 몸을 움직여 자신의 자세를 바꿔서 자신의 시야를 바꾸게 될 수 있는 능력이 바로 뒤집기입니다. 처음 해보는 이 동작은 아기에게는 신선한 충격을 줍니다. 인생 최초로 스스로의 힘으로 자신의 신체를 통제하여 자신이 받을 수 있는 자극을 변화시킬 수 있게 되는 일이니 아기에게는 정말로 신선하고 신기한 이벤트일 수밖에 없습니다.

하지만 아기가 처음부터 이것을 잘할 수 있는 것은 아닙니다. 처음에는 뒤집기를 성공하더라도 그것은 그저 뒤집기를 할 수 있을 만큼 발달한 대근육과 신경발달이 이루어졌다는 것을 의미할 뿐, 아기가 그 행위를 인지하고 통제하지는 못하고 어쩌다 보니 그 능력이 발동되어 뒤집을 수 있게 되는 것에 가깝습니다. 그러다 보니 자신이 원치 않는데도 자다가도 몸이 뒤집어져 어쩔 줄 모르게 되기도 합니다.

뒤집기에 익숙해지고 나서는 또 다른 이유로 잠퇴행이 생길 수 있습니다. 이때부터는 아기가 자율적으로 움직임을 통제할 수 있다는 것을 스스로 깨닫게 되기 때문입니다. 내가 내 마음대로 이런 동작을 할 수 있다니! 아기의 마음은 긴장과 흥분으로 가득해집니다. 하고 또 하고, 되집어 주어도 어느새 또 뒤집어 버리는 뒤집기 지옥이 시작되는 것입니다.

이미 자기 신체의 움직임의 모든 것을 통제할 수 있게 된 지 오래인 성인의 입장에서는 이런 긴장과 흥분이 잘 이해되지 않을 수 있습니다. 하지만 만약 하루아침에 공중을 날 수 있는 능력이 생겼다면 어떨지 상상해 보면 이해가 갈 것입니다. 내 마음대로, 내가 통제하는 대로 날아다닐 수 있게 된다면, 그날 잠을 잘 잘 수 있을까요? 아마도 새로운 그 능력에 흥분이 되어 잘 시간에도 잠이 잘 오지 않게 될 것입니다. 혹은 자다가도 깨어 그 꿈 같은 능력을 확인해 보고 싶어 괜히 한번 날아보기도 할 것입니다. 새로운 발달로 인한 긴장과 흥분, 설렘은 각성을 유발시켜 잠을 자기 어렵게 만듭니다. 행동 발달을 본격적으로 하게 된 아기들도 같은 마음인 것입니다.

하지만 뇌는 언제까지나 같은 것을 새롭고 흥분되는 자극으로 받아들이지 않습니다. 어느 정도 같은 자극이 반복되면 그것을 익숙한 자극으로 해석하게 됩니다. 그때가 되면 더 이상 잠을 방해하는 각성과 흥분이 일어나지 않게 되기에 잠퇴행은 끝이 납니다. 새로웠던 자극이 익숙해지고 나면 처음 시작 시 하루아침에 갑자기 잠을 어려워하였 듯, 끝이 날 때에도 갑작스럽게 다시 잠을 잘 자는 양상을 보여 줍니다.

눈에 보이지 않는 오감이나 인지, 정서 발달은 어떨까요? 기본적으로 잠퇴행이 발생하는 원리는 눈에 보이는 발달과 크게 다르지 않습니다. 하지만 이 경우는 눈에 보이지 않기 때문에 부모가 좀 더 답답함을 느낄 수 있습니다. 정확한 이유가 보이지 않는데 잠은 갑자기 어려워지기 때문입니다.

오감을 예로 들자면 아기의 시각은 처음부터 어른과 같지 않습니다. 처음 태어나면 사물이 어렴풋이 보이는 정도로밖에 시력이 발달하지 않고, 색 구분도 되지 않습니다. 출생 이후 3개월까지 시력이 빠르게 발달하여 색이 구분되기 시작하고 그 이후 만 4~6세가 될 때까지 시력은 꾸준히 발달해 갑니다.[5]

그러면 한번 상상해 봅시다. 엊그제까지 흑백으로 보이던 세상이 갑자기 총천연색으로 보이기 시작하는 그 시점의 아기를요. 엄마의 눈코입만 집중되는 점으로 보이다가 엄마의 얼굴 전체가 보이기 시작한 그 어떤 날의 아기를요. 엄마 아빠에게는 매일 똑같은 일상이지만 아기에게는 그렇지 않을 것입니다. 익숙하지 않은 새로운 자극들이 오감을 통해 들어오기 시작하면 아기들은 그 자극에 흥미로워하고 집중하며 각성이 오르기도 하고, 반대로 갑작스럽게 자극이 많아진 것에 대해 힘들어하거나 빠르게 피로를 느끼기도 합니다.

새로운 자극에 따른 아기의 피로감의 변화를 좀 더 이해하기 위해서 새해 첫 학기가 되어 한 학년이 올라가 새로운 교실로 들어갔던 첫날을 떠올려 보기 바랍니다. 익숙한 학교, 익숙한 교실이지만 내가 알던 그 교실은 아닙니다. 학생이나 선생님이 있고 책상과 의자가 있는 반 구조는 모두 비슷하지만 또 다른 느낌이 듭니다. 아는 친구, 친한 친구도 있고 그렇지 않은 친구들도 있습니다. 교실에 들어가면 그런 새로운 자극들에 평소보다 훨씬 더 집중하게 되지만, 그 순간에는 긴장하여 잘 느끼지 못합니다. 그러다 보니 나도 모르게 더 위축되거나 오히려 더 흥분된 모습들을 보이기도 합니다. 어찌어찌 비슷하면서도 새로운 하루를 보내고 집에 오면 그제서야 몰려오는 피로감이 평소와 다름을 느끼게 됩니다. 이러한 새로운 자극에 의한 피로감은 그 새로운 자극이 다시 익숙한 자극으로 자리잡을 때까지 지속됩니다.

이러한 경험들을 인지능력이 부족한 아기들이 겪으면 어떻게 될까요? 아기들은 무슨 일이 벌어지고 있는지 인지하지 못한 상태에서 이러한 피로감과 긴장을 겪게 됩니다. 그러므로 평소보다 피로해하거나 오히려 굉장히 고양되고 각성되어 보이거나 몹시 짜증스러워하는 모습들이 보여질 수 있습니다. 잠욕구는 피로감 그리고 신체적, 정신적인 안정감과 연관이 크므로 이러한 아기의 이러한 변화는 잠에도 당연히 영향을 줄 수밖에 없습니다.

하지만 걱정할 것은 없습니다. 이 역시도 매일의 일상이 되어 새로운 자극이 익숙한 자극으로 바뀌면 그때부터는 잠에 크게 영향을 끼치지 않습니다. 아기는 이렇게 '새로운 발달로 인한 불안정⇨익숙해지면서 찾아오는 안정'을 반복하며 계속해서 커 나가기에 잠도 따라서 '불안정기⇨안정기'를 반복합니다.

이유가 어찌 되었든 수면교육으로 잠을 잘 자게 되어 크게 기뻐했는데, 얼마 지나지 않아 다시 잠 중간에 깨거나 잠들 때 어려워하고 울며 잠드는 일이 생긴다면 좌절스러울 수 있습니다. 수면교육 해봐야 소용없다고 생각할 수도 있고요. 하지만 우리가 수면교육을 해가면서 아기를 잘 재우려는 이유는 아기가 잘 크게 하려는 것임을 기억해야 합니다.

수면교육으로 잠을 회복하게 되면 얼마 되지 않아 잠퇴행이 발생하는 일이 적지 않은 것은 오히려 부족했던 잠이 충분히 충족되며 뇌가 탄력을 받아 다시 발달로 넘어가는 긍정적인 현상으로 볼 수 있습니다. 똑같이 잠을 잘 못 자는 것처럼 보이더라도 아기의 생체 리듬에 맞지 않는 잠으로 일상에서 수면의 질 자체가 떨어진 것과 잠이 좀 어려워지더라도 수면이 충분히 제 역할을 하고 있는 것은 다른 것입니다.

이것을 자연스러운 현상으로 받아들이지 못하고 해결해 줘야 할 수면 문제로 보게 되면 오히려 시간이 갈수록 잠이 더 어려워지게 될 수 있으니 주의해야 합니다. "잠퇴행인 것 같은데 잠퇴행이 끝나지를 않아요."라고 하는 사람들의 이야기를 들어 보면 잠퇴행이 다른 문제로 번지게 된 케이스가 대부분입니다. 잠퇴행을 어떻게든 없애보고자 아기에게 잘 맞았던 일과를 조정했거나, 어떻게든 울리지 않기 위해 위안을 많이 주다가 아기에게 필요한 위안 이상의 과위안을 주게 되다 보니 새로운 잠 문제가 나타나게 된 것입니다. 이렇게 되면 시작은 잠퇴행이 맞지만 결국 그것이 아기 수면 패턴과 수면 습관의 문제로 번지게 되어 문제가 끝나지 않게 됩니다.

그러므로 잠퇴행이 와서 스트레스를 받고 힘들다면 나의 관점이 아닌 아기의 관점으로 다시 한번 관점을 바꾸어 생각해 볼 필요가 있습니다. 아기는 크고 있는 것입니다. 아기가 그러한 발달의 어려움을 잘 극복해내고 넘어가기를 응원하며 아기를 믿고 기다리다 보면 분명 아기는 다시 한번 부모의 믿음에 부응하는 결과를 보여줄 것입니다.

잠이 갑자기 어려워졌을 때 적용할 수 있는 체크리스트

아기는 잘 자다가도 갑자기 잠을 어려워할 수 있습니다. 아기가 아무 이유없이 잠드는 것을 어려워하거나, 낮잠이 급격히 짧아지거나, 잠 중간에 깨는 일이 잦아졌다면 이것이 잠퇴행인지 아니면 무엇을 놓치고 있는 것인지 알 수 없어 혼란스러울 수 있습니다. 다음은 그런 경우에 아기 잠을 점검해볼 수 있는 체크리스트 입니다. 이 항목들을 하나하나 체크하며 새롭게 나타난 문제의 원인을 확인해 보시기 바랍니다.

1. 활동시간은 충분한가?

아기가 하루 일과 중 가지고 있는 전체적인 활동시간이 아기의 오감 자극에 대한 니즈와 잠피로를 적절히 쌓을 수 있을만큼 충분해야 합니다. 또한 한번 안정된 일과가 만들어졌다고 하더라도 아기가 커 가면서 기본 활동시간이 변화하므로 일과상의 활동시간도 그 니즈에 맞춰 변해야 합니다.

활동시간을 최대 5~10분(3개월 이하), 10~15분(낮잠 3회), 15~30분(낮잠 2회), 30분~1시간 이상(낮잠 1회) 단위로 늘리거나 줄이면서 기본 활동시간에 변화가 있는지 확인해 봅니다. 긍정적인 변화가 있다면 그때는 아기에게 맞게 좀 더 세세하게 시간을 조절합니다.

2. 기상시간이 안 맞지는 않은가?

많은 아기들이 오전 6~7시에 기상하지만, 어떤 아기들은 생체 리듬 자체가 좀 더 늦게 시작합니다. 기상시간을 6시~8시 사이에서 조정해 보면서 아기가 가장 편안해하는 일과의 시작 시간을 찾아 봅니다. 또한 아기가 전날 밤잠이 늦어졌거나 밤중에 길게 깨어 있었다고 늦잠을 자게 한 것은 아닌지 확인합니다. 일과의 시작은 기상이기에 어떠한 수면의 어려움이 생기더라도 기상을 생체 리듬에서 벗어나게 해서는 안 됩니다.

3. 밤잠시간은 적절한가?

밤잠 입면 기준을 기상에서부터 12~14시간 안에서 조정하며 변화가 있는지 확인해 봅니다. 또한 기상과 함께 밤잠 입면 시간을 조정하면서 밤잠 수면의식 시작 시간이 몇시 경일 때 아기가 더 잘 자는지 확인합니다. 대부분의 아기들은 일찍 기상하여 일찍 잠드는 종달새 타입이지만, 간혹 일부의 아기들은 늦게 기상하여 늦게 잠드는 것이 생체 리듬에 좀 더 잘 맞기도 합니다. 이때 밤잠을 늦추는 경우 목표 기상 시간도 함께 늦춰서 생체 리듬만 미룰 뿐 전체 잠시간은 평균 10시간이 넘도록 해줘야 합니다.

4. 낮잠 총량은 적절한가?

낮에 잠욕구가 많아서 낮잠을 길게 자고 있는 아기의 경우 낮잠을 좀 더 일찍 깨워 나와 낮잠 총량을 줄여 주었을 때 문제가 해결되는지 확인합니다. 아기가 24시간 안에 잘 수 있는 잠의 총량은 어느 정도 정해져 있기 때문에 낮잠을 너무 많이 자면 밤잠에서 자주 깨기도 합니다. 이 경우 전체 낮잠을 줄이더라도 각 활동시간의 길이는 낮잠을 줄이기 전과 비슷해야 합니다.

5. 밤잠 총량은 적절한가?

밤잠 총량이 너무 많거나 부족한 것은 아닌지 확인합니다. 기상에서 14시간이 넘어가지 않도록 밤잠을 재우게 되면 밤잠시간이 평균 10시간은 넘게 되지만, 어떤 아기들은 평균 10시간으로는 하루의 피로를 다 풀기에 시간이 부족할 수 있습니다. 밤잠에서 충분히 피로를 풀지 못하면 다음 날 낮에 길게 깨어 있기 어렵거나 낮잠을 과하게 자게 되어 다시 밤잠을 잘 자지 못하게 되는 악순환이 발생할 수 있습니다. 반대로 생리적으로 밤잠량이 적은 아기는 밤잠을 일찍 재우는 경우에 오히려 잦은 밤중깸이 발생할 수 있습니다. 다양한 시도로 아기에게 적절한 밤잠 총량을 확인해 두어야 합니다.

6. 아기가 스스로 잠들고 있는가?

엄마 아빠가 방 밖으로 나간 후에 아기가 울다가도 스스로 진정하고 잠드는 최종 단계까지 입면의 진도를 나가지 않았다면, 수면 문제에 습관이 미치는 영향을 완전히 배제할 수는 없습니다. 스스로 자기가 잠 중간깸에 대한 직접적인 해결책은 아니더라도 아기가 울다가 스스로 진정하여 잠들어 본 경험이 많은 것이 잠 중간에 깨는 것을 줄이는 데 도움이 되기 때문입니다. 아직 입면의 진도가 최종 단계까지 나가지 않은 경우라면 차근차근 진도를 끝까지 나가 아기가 울음으로 진정하는 것을 성공하도록 해보아야 합니다.

7. 잠 중간 깸에서 충분히 기다리고 있는가?

아기가 깬지 10분 정도면 스스로 진정하고 잠들 수 있는데 엄마 아빠가 5분만에 개입을 해버린다면 아기는 스스로 진정할 능력이 있었음에도 스스로 진정하지 못한 것으로 보이게 됩니다. 게다가 엄마 아빠의 도움으로만 다시 입면하게 되면 아기가 스스로 진정하고 잠드는 경험을 할 수 없어 더더욱 잠에 대한 문제 해결능력이 키워지기 어렵습니다. 따라서 잠에 대한 아기의 능력을 충분히 키워주기 위해서는 그만큼 중간 깸에서의 연습시간도 늘려줄 필요가 있습니다.

8. 활동 중에 아기에게 자극을 줄 만한 것은 없었는가?

외출, 방문, 새로운 장난감이나 낯선 외부활동과 환경 변화 등 아기에게 평소와 다르게 많은 자극을 줄 만한 일은 없었는지 체크합니다. 만약 이러한 일들이 있었다면 아기의 긴장이 잘 풀리지 않아 잠드는 것이 어려워질 수 있습니다. 이런 경우라면 수면의식에서 위안시간을 좀 더 길게 가지면서 아기가 입면 전에 충분히 이완될 수 있도록 도와주는 것이 좋습니다.

9. 아기가 새로운 발달 단계를 거치고 있는가?

뒤집기, 되집기, 잡고 서기 등 새로운 것을 배우려는 조짐이 보이는지 살펴봅니다. 눈에 보이는 행동 발달 외에도 인지, 정서발달 변화도 있을 수 있으므로 행동이나 관심사에 변화가 있는지도 유심히 관찰해 볼 필요가 있습니다. 만약 이러한 변화들이 수면 문제와 겹쳐 있다면 그것은 잠 자체의 문제라기보다는 아기의 발달로 인한 변화의 시기인 것이므로 걱정하기보다는 아기의 성장을 응원하며 기다려 주는 것이 필요합니다.

10. 아기가 아픈 곳은 없는가?

이앓이, 감기, 역류성 식도염 등의 통증으로 인한 불편감은 당연스럽게도 잠을 방해할 수밖에 없습니다. 따라서 아기의 컨디션이 크게 떨어지는 것이나 이유없이 갑자기 크게 짜증을 내거나 우는 행동과 잠의 어려움이 겹쳤다면 아기가 어디가 불편하거나 아픈 곳은 없는지 확인해 봐야 합니다. 아기가 어딘가 불편한 경우라면 결국 이러한 문제가 해결이 되어야 수면 문제도 지나가겠지만, 적어도 원인을 알면 엄마 아빠가 조금이라도 그 불편감을 줄여줄 여지가 있을 수 있습니다.

11. 급성장기는 아닌가?

잠을 잘 자는 아기들은 대부분 급성장기가 오더라도 굳이 밤에 먹지 않고 잘 자지만, 일부의 아기들은 밤에 꿈나라 수유를 한 번 더 해주는 것이 밤중깸을 줄이는 데 도움이 됩니다. 아기가 눈에 보일 정도로 빠르게 성장하면서 낮에 평소보다 더 많이 먹으려고 하는 것과 밤에 깨기 시작한 시기가 맞물린다면 꿈수를 해보는 게 좋습니다. 꿈수할 때 배고픈 듯 허겁지겁 먹고 꿈수를 하고 나서 밤잠 중간에 깨는 것이 줄어든다면 그러한 급성장기가 지나가기 전까지는 꿈수를 1회 추가해 줍니다.

12. 환경에 문제는 없는가?

온도, 습도, 빛, 침대 등 잠자리 환경에 영향을 줄 수 있는 것들을 확인해 봅니다. 특히 방 분리가 되어 있는 경우 이러한 환경적 요인은 의외로 놓치기 쉬운 부분이므로 도저히 원인을 찾을 수 없다면 혹시 환경에 방해 요인이 있는 것은 아닌지 체크해 볼 필요가 있습니다. 아기가 잠을 자는 시간에 직접 방안으로 들어가 아기가 편안하게 잘 수 있는 환경이 맞는지 확인해 봅시다.

13. 깨어 있는 시간 동안 햇빛은 충분히 받고 있는가?

빛은 수면에 아주 중요한 요소입니다. 빛에 충분히 노출되어야 밤잠 호르몬을 만드는 데 사용하는 원료가 생성되기 때문입니다. 낮에 충분히 노출되지 않으면 밤잠도 잘 자기 어려우니 생활환경에서 빛 노출을 체크해 보고, 햇빛이 부족하다면 해가 좋을 때마다 외부 산책을 자주 나가야 합니다.

14. 이유식/수유량은 충분한가?

수면교육을 할 때에는 수면 이외의 다른 부분에 대해서는 아무 문제가 없다는 것이 전제되어야 합니다. 잠은 많은 것에 영향을 받으므로 최대한 아기가 불편하거나 불안해할 만한 요소가 없는 것이 중요합니다. 따라서 아기의 식사량이 많이 줄어든 것과 잠을 어려워하는 문제가 비슷한 시기에 발생했다면 수유나 이유식 등의 식사를 충분히 하고 있는지 체크해 볼 필요가 있습니다.

15. 새로운 음식이 아기의 소화를 방해하는 것은 아닌가?

새로운 이유식 재료(모유 수유의 경우 엄마가 새롭게 먹은 음식)와 아기의 수면 문제가 맞물리는지 확인해 봅니다. 만약 맞는 것 같다면 기존에 아기가 문제없이 먹었던 음식을 주면서 수면 문제가 사라지는지 살펴봅니다.

16. 양육자가 편안하고 안심할 수 있는 모습을 보여 주고 있는가?

수면에 대한 엄마 아빠의 태도도 아기의 잠에 큰 영향을 미칩니다. 은연중에 아기의 깸에 대해 불안한 표정과 몸짓을 드러낸 것은 아닌지 돌이켜 봅니다. 만약 맞는 것 같다면 적어도 아기에게 갈 때는 아기가 안심할 수 있도록 편안하고 부드러운 태도를 보여 주는 것이 중요합니다. 엄마 아빠의 태도는 아기가 크면서 인지능력이 발달할수록 아기 잠에 주는 영향이 점점 커지므로 미리 주의하면서 연습해 두는 게 좋습니다.

문제의 원인 파악을 위한 짧은 플랜 진행하기

아기 잠의 문제 원인을 판단할 때는 주관적인 판단은 최대한 배제하고 객관적인 관찰을 해야 합니다. 처음 수면교육을 할 때처럼 모든 것을 리셋하여 다시 시작하는 것도 방법이지만, 이미 오랜 기간 수면교육을 유지해 오고 있고, 잠의 일부만 문제가 생긴 것이라면 전체 과정을 다시 밟을 필요는 없습니다. 다음 내용을 참고하여 더 빠른 시간 안에 간단하게 문제의 원인을 파악해 보세요.

패턴 관찰

갑자기 발생한 수면 문제를 빠르게 해결하고 싶겠지만 바로 무언가를 하려고 들면 오히려 더 어려워질 수 있습니다. 답답하더라도 적어도 3일에서 7일 정도 문제에 대하여 관찰해 보는 것은 필수입니다. 최소 3일 이상 문제가 같은 패턴으로 반복되어야 무엇이 원인인지 제대로 진단이 가능하기 때문입니다. 이 기간에는 일과표, 일과 텀, 아기 관찰 기록지 모두를 기록하고, 특히 아기 반응에 대하여 최대한 많은 것을 자세히 기록합니다. 충분한 정보를 가지고 있을 수록 의심이 되는 원인의 범위를 축소할 수 있습니다.

일과의 고정

문제를 파악하는 기간에는 가이드 기간과 마찬가지로 각 활동시간과 잠시간의 텀을 어느 정도 고정하여 진행하는 것이 좋습니다. 아기의 사인을 읽으며 자유롭게 일과를 진행하게 된 이후라면 일과 때문에 생긴 문제인지, 다른 이유인지 알기 어렵기 때문입니다. 일과에 원인이 있는 것으로 보인다면 더더욱 일과를 고정하여 원인을 파악하는 것이 중요합니다. 현재의 아기를 기준으로 파악한 아기 본연의 니즈에 맞는 각 활동시간과 잠시간 텀으로 일과를 설계한 후 원인으로 의심되는 한 가지만 변화를 주면서 문제가 사라지는지 파악해 봅니다. 만약 일과에 원인이 있는것 같지 않더라도 문제를 파악하는 동안은 일과를 고정하여 운영하며 일과 운영에 따른 변수가 없도록 해주는 기간이 필요합니다.

충분한 적용 기간

의심되는 원인을 찾았다면 그것을 교정한 후에 최소 3일~1주일은 지속해 봐야 합니다. 하루 해보고 중단하면 원인을 제대로 짚었다고 하더라도 변화가 나타나지 않을 수 있습니다. 또한 아기도 새로운 변화에 적응하는 데에는 시간이 걸릴 수 있습니다. 특히 일과의 문제인 경우에는 새로운 변화가 충분히 생체리듬에 반영되기까지는 최소 3일 이상이 필요합니다. 문제의 원인을 파악하여 교정한 이후 이 적용 기간 안에 문제가 점차적으로 해결되는지 확인해 봅니다.

이 과정을 통해 원인이 충분히 파악되고 문제가 교정되었다면 그때부터는 다시 편안하게 아기 사인에 따른 일과를 운영해도 괜찮습니다. 파악한 문제의 원인을 염두에 두면서 아기의 수면을 유지해 나가세요.

만약 이 방식으로 체크리스트의 내용을 모두 확인해 봤는데도 특별한 원인을 찾을 수 없다면 그것은 아기의 성장 발달상의 문제일 확률이 아주 높습니다. 이 경우라면 현재 겪고 있는 잠의 어려움을 교정해야 하는 수면 문제로 보기는 어려우므로 아기에게 최대한 정서적인 안정감을 주려고 노력하면서 아기를 기다려 주는 시간이 필요합니다.

그래도 아기가 잘 자지 못한다면

이 책의 내용을 충분히 이해하고 실천했는데도 여전히 아기의 잠과 씨름하고 있다면 이 말을 꼭 기억하길 바랍니다. **'충분히 노력했는데도 아기의 잠이 어려운 것은 절대로 무엇을 잘 못해서가 아닙니다!'** 수면교육만으로 아기의 잠을 완벽하게 만들어 줄 수 있다면 참 좋겠지만 아쉽게도 그것은 현실적으로 어렵습니다. 일부의 아기들에게는 충분히 스스로 자게 해주고 일과를 아무리 잘 운영해 주어도 엄마 아빠를 힘들게 할 정도의 수면 문제가 남기도 합니다.

아기 잠의 어려움과 관련된 요인들은 지금까지 책에 기재한 아기의 미성숙과 발달로 인한 변화 외에도 많습니다. 아기의 건강 문제, 병리적인 요인, 기질적인 예민함, 부모와의 관계나 바꾸기 어려운 환경에서 오는 스트레스와 같은 심리적 어려움들도 모두 아기의 잠에 영향을 미칠 수 있는 요인입니다.

잠과 연관된 이렇게 많은 요인들 중에 부모로서 우리가 아기에게 해줄 수 있는 것은 아기의 니즈를 잘 반영한 일과를 만들어 주는 것과 아기에게 스스로 진정하고 입면하는 방법을 알려 줌으로써 잠에서 깨더라도 스스로 잘 수 있도록 하는 것, 그리고 잠에 적절한 환경을 만들어 주는 것 세 가지입니다. 그 외의 요인들은 감기처럼 어느 정도 부모가 도와주다 보면 해결되는 일시적인 요인도 있지만 그렇지 않은 경우가 대부분입니다.

역류성 식도염처럼 아기에게 불편감을 주어 잠을 방해할 수 있는 요인, ADHD와 같은 신경학적인 요인, 비염이나 아데노이드 비대와 같은 만성적 건강 요인의 경우 이로 인해 잠이 어려워진다고 하더라도 사실상 부모가 할 수 있는 것은 많지 않습니다.

예를 들어 역류성 식도염이나 아데노이드 비대 같은 경우 치료가 불가능한 것은 아니지만 어린 아기들에게는 이러한 문제가 있는지 정확하게 검사하는 것이 어렵습니다. 검사하여 진단을 받는다고 하더라도 치료가 가능하기까지는 아기가 어느 정도 커야 하기 때문에 이것을 검사하여 진단받는 것이 크게 의미가 없기도 합니다. 아기 잠의 어려움을 가장 많이 고민하는 시기가 대부분 돌 이전이라는 것을 감안하면 원인을 정확하게 알게 된다고 하더라도 그저 알아주는 것으로 그치게 될 수밖에 없습니다.

다행스러운 것은 신체적인 미성숙이 원인이든, 신경학적인 원인이든, 아기가 어릴 때는 잠을 크게 방해하는 명확한 요소가 되었더라도 아기가 발달하며 좋아질 여지가 충분히 있다는 것입니다. 실제로 컨설팅을 통해 수면교육에 최선을 다했음에도 부모가 편히 쉬기 어려울 정도의 수면 문제가 남았던 케이스들 중 상당수가 배운 대로 잘 유지하며 기다리거나 시간이 조금 지난 후에 다시 교육을 하는 것만으로도 수면 문제가 자연스럽게 사라지는 것을 볼 수 있었습니다. 따라서 당장 수면 문제가 해결되지 않는다고 하더라도 포기하고 좌절할 필요는 없습니다. 아기를 위해 해줄 수 있는 것들은 여전히 많습니다.

그중 첫 번째로 권하고 싶은 것은 이 책에 설명한 대로 아기가 잘 잘 수 있는 환경을 만들어 주는 것, 아기의 니즈를 읽고 일과에 반영해 주는 것, 그리고 아기에게 위안을 주더라도 아기에게 꼭 필요한 최소 위안만을 사용하는 것을 꾸준히 하는 것입니다.

이것이 수면교육에 대해서 상상했던 것만큼 만족할 만한 결과를 가져오지는 못하더라도, 아기가 가진 근원적인 수면 문제에 잠 일과 패턴이나 습관의 문제가 겹쳐 어려움을 악화시키는 것을 막아 줄 수는 있습니다. 또한 이렇게 미리 기본을 튼튼하게 해놓으면 기저에 있던 수면 문제의 원인이 자연적으로 해결되는 시점이 되었을 때, 별도로 무언가를 하지 않아도 바로 잠의 질이 좋아지면서 빠르게 노력의 결실을 볼 수도 있습니다.

두 번째로는 수면교육의 목표를 '아기의 피로감을 관리하고 주어진 환경에서 최선의 잠을 잘 수 있도록 해주는 것'으로 바꾸는 것입니다. 만약 아기가 활동시간과 관계없이 입면을 늘 어려워하며 크게 울어 잠시간이 다가올 때마다 크게 스트레스가 된다면 재우기 플랜의 난이도를 아기가 어렵지 않게 해낼 수 있는 선으로 낮춰야 합니다. 재우는데 시간이 많이 걸릴수록 아기가 잘 수 있는 시간은 줄어들기에 재우기 난이도를 낮춰 좀 더 빠르게 입면할 수 있도록 하는 것이 아기의 컨디션 관리에 더 유리하기 때문입니다.

잠을 연장해 주는 것이 너무 어렵고, 울음을 기다릴 때마다 대부분 실패로 끝나는 경우라면 부모 침대에 완전히 붙일 수 있는 형태의 아기 침대를 사용하면서 아기가 깨려고 할 때 바로 위안을 주는 방법도 좋습니다. 이 역시 아기를 다시 재우기 위해 긴 시간 씨름하는 것을 줄여주어 아기가 잘 자는 시간을 좀 더 늘리는 데 도움이 됩니다.

아기와 씨름하는 것만도 지치고 힘들어 아기의 잠을 기록하기가 어렵다면 이 시기에는 '아기 관찰기록'은 남기지 않아도 괜찮으니 그것을 기록하는 시간에 조금이라도 더 쉬는 게 좋습니다.

세 번째로 만약 아기가 가진 기저 문제가 무엇인지 알고 있고, 그것과 관련해 도울 수 있는 것들이 있다면 충분히 도와주는 것입니다. 예를 들어 역류성 식도염이 있는 아기라면 수유와 잠 사이에 최대한 시간 텀을 두고 수유 후에는 조금 긴 시간 아기를 세워 두면 도움이 됩니다. 또한 소아과 의사의 조언을 받아 분유의 점도를 높여 주는 방법도 사용할 수 있습니다. 비염이라면 습도를 충분히 높여 주고 약 처방을 받아 아기의 불편함을 완화시켜 줄 수도 있습니다. 아기가 가진 어려움에 대해 의심가는 요인이 있다면 적극적으로 전문가의 조언을 받아 원인과 아기를 도울 수 있는 방법들을 정확하게 파악해 두세요.

마지막으로 자신이 받을 수 있는 도움을 최대한 받는 것입니다. 아기 이상으로 자기 자신도 소중함을 잊지 않는 것이 중요합니다. 배우자, 소아과 의사, 양가 부모, 형제자매, 친척 등 주변에 도움을 받을 사람이 있다면 자신의 어려움을 알리고 최대한 도움을 요청하는 게 필요합니다. 아기의 수면 문제는 마라톤입니다. 정신력과 체력을 아끼며 긴 시간의 호흡과 페이스를 잘 조절해야 결승선까지 무사히 도착할 수 있습니다.

이렇듯 아기가 처한 상황을 있는 그대로 받아들이고 '부모인 내가 무엇을 도와줄 수 있을까'의 관점으로 보면 할 수 있는 것들은 무척이나 많습니다. **이러한 도움과 노력이 당장 완벽한 잠을 가져오지 못하더라도 아기와 함께 하는 길이기 때문에 분명 자신과 아기 모두에게 의미가 있습니다. 그러므로 다른 아기와 비교하기보다는 나의 아기를 봐야 합니다.** 아기를 안고 아기와 눈 마주치며

‘네가 어떤 존재이든 너를 사랑하고 너를 존중한다’고 이야기 해보세요. 그리고 아기가 잘 못하는 것에 집중하기보다는 하루하루 어떤 점에서 더 나아지고 있고 성장하고 있는지에 집중해 보시는 것을 권장 드립니다. 긴 잠과 통잠의 관점에서 벗어나 아기를 본다면 아기와 즐겁게 해나갈 수 있는 많은 것들이 보일 것입니다.

아기의 어려운 잠에 대하여 어떠한 태도를 취해야 할지 여전히 모르겠다면, 반 평균이 80점인 시험에서 우리 아이만 70점을 맞은 상황을 떠올려 보셨으면 합니다. 70점이라는 점수만 보면 속상하고 실망스러울 수 있지만, 만약 아이가 수학을 정말 어려워하여 평소 60점을 맞다가 열심히 노력하여 그 시험에서 70점을 맞은 것이라면 그 70점은 다른 아이들의 80점보다 더 가치가 있습니다. 아이의 노력과 성장에 집중하여 함께 걸어가다 보면 언젠가는 80점, 100점을 맞을 날도 올 수 있기 때문입니다.

만약 부모가 아이에게 “다른 애들은 다 80점은 받아오던데 너는 왜 70점밖에 못 받아오니...”라고 이야기한다면 아이의 마음이 무척 슬플 것입니다. 애써 노력한 결과로 성적이 올라 기쁜 얼굴로 70점짜리 성적표를 가지고 온 아이에게 부모로서 어떻게 이야기해 주고 싶은지 생각해 본다면, 수면교육이 다 끝나고도 아직 잠을 어려워 하는 내 아기를 어떤 마음으로 대해야 하는지 좀더 감이 올 것이라고 생각합니다.

지금 당장은 많이 어렵고 힘들겠지만 하루하루 아기와 함께 길을 찾아 나아가는 데 집중하다 보면 분명 어느 순간부터 수면 문제는 아이와의 일상에서 그리 중요하지 않은 문제가 되어 지나갑니다. 그리고 이렇게 아기와 함께 노력했던 순간들이 추억으로 남아 "네가 어렸을 때 그랬었지!" 하고 웃으며 이야기할 날이 올 것입니다.

2

아기에 대한 이해를 돕는 시기별 수면교육 특징

아기는 커가면서 많은 발달을 이룹니다. 입면과 수면의 양상은 신체적, 정신적 요인과 모두 연관되어 있으므로 아기의 발달적 특성에 따라 아기 수면의 모습도 조금씩 달라질 수 있습니다. 이 책에서 제시한 수면교육의 방식은 부모가 직접 아기를 관찰하여 아기에게 적합한 교육 플랜을 만드는 데 초점을 맞추고 있으므로 어떤 시기의 아기에게도 적용될 수 있습니다. 하지만 이러한 아기 발달에 따른 수면의 특징을 이해한다면 아기에게 맞는 플랜을 짜는데 더욱 도움이 될 것입니다.

여기서 설명한 아기의 시기별 특징은 편의상 개월 수로 정리하였으나 개월 수보다는 아기의 발달에 따른 특징과 좀더 밀접한 관련이 있습니다. 적혀 있는 아기의 개월 수를 참고는 하되 아기가 현재 어떤 발달 단계에 있는지를 파악하여 아기의 상태를 이해하는 데 활용하셨으면 좋겠습니다.

자궁 밖의 태아(출생~100일)

100일 이전의 아기는 활동시간이 짧고 잠욕구는 높은 시기입니다. 따라서 이 시기에 수면교육이 성공적으로 이루어지는 경우 육아가 아주 쉬워진다는 큰 장점이 있습니다. 수유 후 아기의 배냇미소를 보며 눈 맞춰주고 얼러주면 어느새 잠시간이 돌아오게 되고, 한번 재우면 낮잠도 쉽게 2시간 넘게 자 주기 때문입니다. 아기가 잠기질이 좋은 편이라면 50일만 되어도 낮잠 밤잠 한 번도 깨지 않고 잘 수 있고, 밤수도 한 번 있거나 아예 없이 통잠을 자기도 합니다. 이런 경우에는 엄마 아빠가 아기를 키우면서도 낮에 드라마 한 시즌을 정주행할 수 있을 정도로 여유가 생겨 아기가 있으면서도 부부를 중심으로 삶을 이어나가며, 서서히 아기와 함께하는 가족의 형태에 적응하는 것이 가능합니다.

다만 이때는 '자궁 밖의 태아'라고 불릴 만큼 신체가 미성숙한 상태입니다. 아직 수면 사이클과 일주기 리듬이 제대로 형성되지 않았고, 신체적으로 미성숙하며 급격한 발달이 진행 중이므로, 많은 아기들은 아무리 수면교육을 잘 해준다고 하더라도 잠 중간에 깨어나 다시 잠들 때 도움이 필요할 수 있습니다. 또한 컨디션 변동의 폭이 넓어 활동시간의 예측이 어려운 케이스가 다른 개월수에 비해 많으므로 정식 교육은 아기가 좀 더 클 때 하는 것으로 생각하면서 기대치를 낮추고 천천히 교육하는 것이 중요합니다.

일반적으로 어린 아기들에게는 수면교육을 권장하지 않는다고 알려져 있지만, 마음읽기 수면교육은 100% 아기의 니즈에 맞추어 진행되며, 아기의 생체리듬에 맞춘 일과를 찾아주는 것을 중점으로 하기 때문에 어린 아기라고 하더라도 오히려 아기에게 도움이 될 수 있습니다. 또한 수면교육은 오래 유지할수록 수면이 더 안정적으로 유지되는 경향이 있으므로 시작이 빨라서 나쁠 것은 없습니다.

100일 이전의 생애 극 초기에 수면교육을 하는 경우, 아기 본연의 니즈를 정확하게 파악하고 그것을 일과에 반영해 주는 것이 가장 중요합니다. 아기에게 잘 맞는 일과를 만들어 주는 것은 울리지 않아도 가능하므로 태어난 지 얼마 안 된 아기에게도 적용이 가능하기 때문입니다. 이 시기에는 아직 입면 시의 습관이 수면에 크게 영향을 주지 않으므로, 아기에게 잘 맞는 일과를 만들어 주는 것만으로도 재우기가 수월해지고, 한 번에 잘 수 있는 낮잠과 밤잠의 길이도 늘어날 수 있습니다.

이 시기의 아기에게 일과를 만들어 줄 때에는 아기가 자려는 욕구가 아주 높은 시기이므로 활동시간에 충분한 자극을 받을 수 있도록 제대로 깨워 두는 것에 집중하는 것이 포인트입니다. 또한 잠에서 깼을 때 바로 수유를 하면 실제로 졸린 시간이 아닌데도 수유 때문에 조는 것을 예방할 수 있어 좀 더 수월하게 깨어 있는 시간을 확보할 수 있습니다.

만약 대부분의 잠에서 잠드는 것을 크게 어려워 하지 않는다면 '완전히 잠들기 전에 방 밖으로 나오기' 플랜을 진행해 보아도 되지만, 50일 이전 아기라면 최종 목표를 '침대에 누운 채로 잠들게 하기'나 '완전히 잠든 것을 확인하고 방 밖으로 나오기' 정도로 하는 것이 좋습니다. 아직은 엄마 아빠의 도움 없이 진정하고 자는 방법을 알게 해준다고 해도 생리적인 원인으로 잠 중간에 깨지 않고 자는 것이 어렵기도 하고, 갓 태어난 아기가 엄마 아빠를 처음 만나 세상을 알아가게 되는, 정서적으로 중요한 시기이기도 하기 때문입니다.

아기가 어리더라도 일과가 안정되어 입면도 오래 걸리지 않고, 밤잠 중간에 깨는 일도 1~3회 정도로 적어졌다면, 이때부터는 점차 울음 대기 시간을 적용해 볼 수 있습니다. 울음을 기다리더라도 최대한 부드럽게 교육이 진행되도록 위안은 충분히 주고 울음 기다림 시간은 3분 이하로, 아기의 울음에 따라 시간을 조절하면서 쉬운 난이도로 플랜을 진행하세요

수면 주기와 일주기 리듬의 발달(100일~4개월)

100일에서 4개월 시기의 아기는 자궁 밖의 태아에서는 벗어났지만 여전히 미성숙한 부분이 많고 급격한 발달이 지속되고 있는 시기입니다. 여기에 수면 사이클과 일주기 리듬이 발달하는 변화까지 겹쳐 많은 아기들이 뚜렷한 잠퇴행을 겪습니다.

이 시기의 가장 큰 특징이라면 잠의 직접적인 발달입니다. 이 시기 이전의 아기들은 수면 주기와 일주기 리듬이 발달하지 않았기 때문에 오전과 오후 각성 정도의 차이가 크게 없고 얕은 잠과 깊은 잠의 단계도 뚜렷하지 않습니다. 그러다가 이 개월 수에 들어오면 아기 잠에 직접적인 변화가 명확하게 나타납니다.

아기 잠의 1사이클은 보통 30~50분 정도 되므로 아기들이 쭉 자다가 1사이클이 끝나는 지점인 잠든 시간 기준 30~50분 사이의 일정 시간에 깨어나는 현

상을 보여 줍니다. 제가 '알람깸'이라고 부르는 이 현상은 마치 알람을 맞춘 듯 아기가 매 잠마다 비슷한 시간이 지난 후 깨어나는 모습을 보여 주며 아기에게 수면 주기가 생기기 시작했음을 알려 줍니다.

알람깸이 발생하더라도 아기 본연의 니즈를 잘 읽고 기본 활동시간을 맞춰 주었다면 약간의 도움만으로 다시 잠들어 그 이후에는 긴 시간을 자는 데 무리가 없으므로 크게 어려운 잠퇴행은 아닙니다. 하지만 이 시기에는 간혹 이때 어떻게 위안을 주더라도 다시 잠드는 데 20~30분씩 소요되는 경우가 종종 발생합니다. 그런 경우에는 알람깸에서는 최소 위안을 적용하지 않고 최대한 빠르게 재울 수 있는 위안을 주는 게 더 나을 수 있습니다. 이 깸은 시기의 문제여서 시간이 지나며 아기가 수면 주기에 익숙해지면 자연적으로 사라지므로 위안을 많이 주는 것에 대한 부작용은 걱정하지 않아도 됩니다.

또한 일주기 리듬이 발달하며 기상시간이 뚜렷하게 드러나 새벽 3~4시 무렵부터 자는 것도, 깬 것도 아닌 듯한 모습으로 부산스럽게 자다가 오전에 일정 시간(보통 6~7시 사이)이 되면 꼭 한 번 깨는 모습을 보여주기도 합니다. 3시, 혹은 4시 무렵부터 아기가 계속 움직이거나 소리를 내면서 자기 시작하여 부모들이 깬 것으로 판단하고 개입을 하는 경우를 자주 보는데, 이 시간부터 얕은 잠으로 변화하기 시작하며 뇌와 신체가 기상을 준비하는 것이므로 그냥 두는 것이 가장 좋습니다. 또한 6시가 넘어가는 특정 시간에 잘 깨는 모습을 보여 준다면 그것은 아기의 신체가 기상시간을 알리는 신호를 보낸 것이므로 이 시간을 기상시간으로 보고 아기를 깨워 나오는 것이 아기의 생체리듬에 맞는 일과를 만들어 주는데 도움이 됩니다.

일주기 리듬은 이렇게 기상시간을 만들어 주는 것뿐만 아니라 낮에 신체의 각성 주기도 활성화시켜 점차적으로 오후 활동시간이 길어지고 늦은 오후 낮잠은 짧아지는 현상이 나타납니다. 이로 인해 밤잠 직전, 하루의 마지막 활동시간에는 아기의 컨디션이 극악이라고 표현할 만큼 좋지 않은 모습을 보이기도 합니다. 마지막 낮잠을 안아서라도 좀 더 재우거나 목욕으로 피로감을 관리해 주는 경우 조금 나아질 수는 있으나 이 문제 역시 근본적인 해결책은 아기의 성장입니다.

행동 발달이 빠른 아기들은 이 시기에 뒤집기를 하기도 하므로 뒤집기 방지 육아템을 미리 구매해 두면 좋습니다. 이 시기에는 잘 때 뒤집기 방지를 잘 해 주는 것만으로도 행동발달로 인한 잠퇴행은 크게 보이지 않고 잘 지나가는 경우가 많기 때문입니다.

3~4개월은 여러 모로 쉽지 않은 시기입니다. 일주기 리듬의 발달로 각성이 높아져 활동시간이 길어지는 것에 비해 아기는 아직 늘어나는 피로감을 감당하기 어려운 상태이기도 하고, 여전히 급격한 신체적 정신적 발달로 인한 변화들은 아기에게 더 많은 자극을 가져다 주기도 합니다. 이로 인해 아기가 내내 짜증스러워하거나 피로해하기 쉽습니다. 따라서 이 시기에는 아기에게 최대한 안정감을 주는 데 주력해야 합니다. 아기의 어려움을 이해하고 많이 안아주고 스킨십을 하는 시간을 늘려 주는 것이 좋습니다. 부모가 직접적으로 이러한 아기의 어려움을 없애 줄 수는 없지만 엄마 아빠의 품으로 심적인 안정과 따뜻한 격려를 전해 줄 수 있습니다.

뒤집기, 되집기, 기어다니기, 이앓이(5~7개월)

아기가 5개월을 넘어가면 미성숙과 급격한 발달로 인한 불안정함이 어느 정도 완화됩니다. 또한 아기가 피로감을 다루어 내는 능력도 좋아지기 때문에 기본 활동시간 동안 깨워 두기 쉬우므로 수면교육을 하기에 알맞습니다. 따라서 이때 수면교육을 시작한 경우라면 목표 위안을 설정할 때 위안의 단계를 크게 줄여 가며 교육을 빠르게 진행해 봐도 좋습니다.

이 시기에 맞닥뜨릴 수 있는 주요한 어려움은 신체적 발달과 관련된 것입니다. 뒤집기, 되집기, 기어다니기, 이앓이 등의 신체적 발달이 많이 이루어지는 시기라서 이로 인한 잠퇴행이 나타날 수 있습니다. 하지만 이러한 신체적 발달에 의한 잠퇴행은 아기가 새로운 발달에 적응하면 금방 사라지는 편이므로 크게 걱정할 필요는 없습니다.

아기가 뒤집기를 하게 되면 뒤집기 방지 육아템 등으로 잘 때 뒤집기를 최대한 막아 줘야 합니다. 하지만 되집기를 할 수 있게 된 이후라면 더 이상 뒤집기 방지를 해줄 필요는 없으니 아기가 침대에서 굴러다니며 스스로 편안한 자세를 찾아 잠들 수 있도록 적응시켜 주시는 것이 좋습니다. 또한 아직 되집기를 못하더라도 뒤집기 방지 육아템이 효과가 없는 경우라면 뒤집기 방지 육아템을 치워도 됩니다.

이 시기에는 영아돌연사 방지 가이드(PART 8. 2022 영유아 돌연사 방지 가이드 참고)에 따라 침대 안 공간을 안전하게 만들어 주고 아기가 잠들면 필수적으로 모니터링을 해주는 것이 중요합니다. 그리고 만약 아기가 뒤집어져서 잠들어 있는 것을 발견했다면 조심스럽게 아기를 되집어 주어야 합니다. 혹시라도 되집다가 아기가 깬다면 바로 충분히 위안을 주어 다시 잠들 수 있게 해줍니다.

일과에 있어서 이 시기는 활동시간이 갑자기 대폭 늘어나며 낮잠 3회에서 낮잠 2회로 낮잠 한 개가 탈락되는 변화가 일어나기도 합니다. 따라서 아기 활동시간의 변화를 잘 관찰하면서 늘어나는 활동시간을 일과에 반영해 줄 필요가 있습니다. 낮잠 변환 시기는 아기에 따라 다르지만, 보통 아기가 어렵지 않게 한 번에 깨어 있을 수 있는 최대 시간이 3시간이 넘어가기 시작하거나 평소와 비슷한 활동시간에 피로해 하면서도 마지막 낮잠을 자기 어려워한다면 낮잠 2회 변환을 예상해 두는 것이 좋습니다.

분리불안, 앉기, 잡고 서기(8개월~9개월)

8~9개월은 수면교육, 특히 입면이 조금 어려워질 수 있는 시기입니다. 분리불안을 뚜렷이 보이기 시작하는 아기들이 많고, 여기에 아기가 적응하기 어려운 잡고 서기 행동발달 잠퇴행이 겹치기 때문입니다. 게다가 아기들이 피로를 견디는 능력이 좋아지며 발달로 인한 각성과 흥분이 높아지는 경우 활동시간이 고무줄처럼 예측이 안 되는 경우도 발생합니다.

8~9개월의 모든 아기들이 이런 모습들을 보여 주는 것은 아니지만 다른 개월 수에 비해서는 높은 확률로 많은 아기들이 잠퇴행을 크게 겪고 넘어가는 시기이므로 아기를 좀 더 집중해서 관찰할 필요가 있습니다. 만약 아기가 깨어

있는 시간 동안 엄마 아빠가 없으면 불안해서 찾고, 부모가 옆에 있어야지만 안심하는 모습이 보인다면 분리불안으로 인한 잠퇴행에 대해 마음의 준비를 해두어야 합니다.

일찍부터 수면교육을 해 아기가 잠들기 전 부모가 방 밖으로 나오는 것에 익숙하게 해주었다면 분리불안이 오더라도 입면에는 영향이 없는 경우도 많지만, 사람과의 상호작용에 대한 욕구가 높은 아기이거나 기질적으로 불안도가 높은 아기의 경우라면 교육을 오래 했더라도 급작스럽게 입면을 어려워하기도 합니다. 만약 어렵지 않게 스스로 잘 자던 아기가 갑자기 부모가 나가는 것에 격하게 반응하고 잠을 이겨내면서까지 부모가 옆에 있는지를 확인하려고 한다면 분리불안으로 볼 수 있습니다.

이러한 모습이 입면 시에 보인다면 이때에는 아기의 불안을 낮춰주는 것을 스스로 자기보다 우선시하는 것이 좋습니다. 깨어 있는 시간에 아기를 두고 잠시 집안의 다른 공간으로 이동해야 할 때에는 편안하고 안정적인 목소리를 계속 들려주며 엄마 아빠가 눈에 보이지 않는다고 하더라도 영속적으로 존재한다는 것을 알려줍니다. 또한 아기가 불안해할 때에는 안심시키는 말과 함께 스킨십을 많이 해주며 불안을 최대한 낮춰 줍니다.

잠을 재울 때에도 같은 방에 있되 아기와 조금 떨어진 곳에서 엄마 아빠의 모습을 보여 주고 목소리를 들려주며 잠들 때까지 기다리는 식으로 진도를 조금 후퇴하는 것도 필요합니다. 단, 목표 위안의 진도를 후퇴하는 것일 뿐 아기가 크게 울고 불안해하는 모습을 보이더라도 정해놓은 목표 위안과 목표 시간은 반드시 지켜야 합니다. 그렇지 않으면 분리불안을 계기로 스스로 자기 습관이 완전히 어그러지기 쉽습니다.

아기가 크게 울고 불안해하는 모습에 반응하여 위안을 주게 되면 아기는 그 방식을 이용해 엄마 아빠를 옆에 오게 만드는 것으로 자신의 불안을 통제하려고 하게 됩니다. 즉, 부모의 반응을 이끌어내기 위하여 일부러 더 크게 울거나 저항하는 것을 배우게 된다는 것입니다. 아기의 불안이 실존하는 위험에 대한 것이 아니므로 아기 스스로 불안을 통제해 내도록 단단하면서도 부드러운 태도로 이끌어 주는 것이 필요합니다.

처음에는 부모의 이러한 태도에 아기가 어쩔 줄 몰라 울며 불안을 가라앉히기 어려워할 수 있습니다. 하지만 일관되게 엄마 아빠가 눈에 보이지 않더라도 존재하며, 자고 일어나면 늘 함께 할 수 있다는 것을 꾸준히 알려 주면 어느 순간부터 아기가 그것을 받아들이며 안심하고 금방 잠들게 됩니다. 그러면 그때가 다시 후퇴했던 스스로 잠들기를 목표위안으로 재설정하여 진도를 원상태로 복구해야할 때입니다.

나갔던 진도를 다시 후퇴했다가 원상 복귀하는 것에 대해서 아기가 훨씬 힘들어할까봐 걱정된다면 이미 아기가 스스로 자는 것을 잘 해냈던 아기라는 것을 기억하면 좋겠습니다. 일관성도 물론 중요하지만 그것보다 중요한 것은 아기를 존중하고 이해하는 것입니다. 아기는 스스로 자기 싫은 것이 아니라 불안한 것뿐이므로 불안을 충분히 가라앉혀 주면 다시 스스로 자는 것을 어려워하지 않습니다.

이 시기에 보일 수 있는 또다른 발달인 잡고 서기 발달의 경우 다른 행동발달보다 어려운 점이 있습니다. 그것은 아기가 처음 잡고 서기를 배우면 잡고

서는 것은 쉽지만 다시 앉는 것은 잘 하지 못한다는 점입니다. 근육에 힘이 부족하면 계단을 오르는 것보다 내려가는 것이 더 힘들듯이, 아기들도 잡고 서기는 쉽게 해도 다시 앉을 때에는 근육의 힘이 부족하여 몸무게를 제대로 지탱하지 못해 엉덩이가 '쿵' 하고 떨어지는 경우가 많습니다. 그리고 이러한 큰 충격은 아기를 두렵게 만들기도 하고, 잠을 달아나게 만들기도 합니다.

이럴 때에는 잡고선 아기를 들어 눕히기보다는 아기에게 다시 눕는 법을 꾸준히 알려 주는 것이 도움이 됩니다. 잡고 선 채로 있다가 바로 눕는 것은 아기가 하기 어려우므로 아기가 눕는 방식 그대로 아기를 먼저 앉게 한 후에 옆으로 구르듯, 아기가 스스로 눕는 것을 돕는다는 느낌으로 아기를 눕혀 줍니다. 아기를 앉힐 때에는 아기의 무릎 뒤를 눌러 주면서 상체에 아래 방향으로 힘을 살짝 주는 것이 쉽습니다. 재울 때나 아기가 잠에서 깼을 때, 아기가 잡고 서서 울며 쉬이 잠들지 못한다면 이 방식으로 아기를 도와주며 누워서 자면 된다고 알려 줍니다. 아기가 처음엔 어려워 하더라도 꾸준히 해주다 보면 아기도 잡고 선 후 어떻게 다시 누워 자야 하는지 배울 수 있습니다.

또한 이 시기쯤 발달로 인해 일시적으로 활동시간이 크게 늘어나게 되는 경우가 있습니다. 그렇게 되면 아기가 피로해하면서도 막상 재우려고 하면 잘 생각이 없어 보이기도 합니다. 기본 활동시간 자체가 늘어난 것이 아니라 잠퇴행으로 인한 일시적인 현상이기에 실제 피로감은 높은 상태이므로 이런 시기에는 입면할 때 크게 울 수 있고 밤중깸이 생기기 쉽습니다. 아기가 이런 모습을 보인다면 활동시간 후반에 아기를 많이 안아 주고 수면의식에서 위안 시간을 길게 가지며 너무 피로해하기 전에 몸이 이완되어 잠이 오도록 해주면 도움이 됩니다.

하지만 만약에 이렇게 이완을 도와주어도 스스로 자는 것을 어려워한다면 아기가 스스로 자고싶어 할 만큼 졸려하는 활동시간을 찾아 그대로 일과에 반영해주는 것이 좋습니다. 이렇게 하였을 때 낮잠 1회가 된다고 하더라도 당분간은 아기의 니즈를 그대로 따라 주시는 것이 필요합니다. 보통 이 시기의 이러한 일과 변화는 일시적이며, 시간이 지나면 다시 갑자기 일찍 졸려하기 시작하며 낮잠 2회로 돌아옵니다.

이러한 잠퇴행들은 모든 아기가 겪는 것은 아니므로 만약 내 아기가 이러한 문제를 겪지 않는다면 하던 대로 일관성 있게 수면교육을 유지해도 됩니다. 잠퇴행이 발생한 아기라고 하더라도 보통 10개월이 넘기 전에 지나가게 되므로 수면교육의 원칙을 무너뜨리지 않는 선에서 할 수 있는 것들을 해주며 이 시기를 넘겨 주시기 바랍니다.

잡고 섰다가 앉기,
부모에게 직접적으로 위안 요구하기(10개월~12개월)

아기의 분리불안도 어느 정도 지나가고, 아기가 잡고 섰다가 앉거나 눕는 것까지 익숙해졌다면 아기 잠에 있어서 웬만한 산은 다 넘어간 셈이니 한숨 돌려도 좋습니다. 이 시기는 처음 수면교육을 하는 경우라도 대체적으로 큰 어려움은 없는 시기입니다. 이때까지 수면교육을 잘 해주고 있었다면 일관성을 유지하되 아기의 발달에 맞게 수면교육의 방향을 조절하는 데 주의를 기울이는 정도로 충분합니다.

이맘때의 아기는 분리불안을 넘어서며 부모가 자신과 분리된, 자신에게 중요한 존재임을 인식하게 되었기 때문에 부모에게 안아달라고 직접적으로 요구하기 시작할 수 있습니다. 이때 아기의 요구에 맞추어 번쩍 들어 안아 주게 되면 지속적으로 안아 줘야 아기가 안심하게 될 수 있으므로 주의가 필요합니다. 안겨서 진정하는 것이 쉽다고 하더라도 안겨 진정하는 것에 익숙해져 내려놓는 것에 저항을 크게 보일 수 있기 때문입니다.

그러므로 이때부터는 아기 엉덩이가 바닥에서 떨어질 만큼 완전히 들어 안는 위안은 최대한 자제하는 게 좋습니다. 안아 주더라도 아기의 무게 중심이 침대에 있는 상태에서 상체만 안아 주는 포옹 위안을 주고 가능하면 수면의식에서의 위안도 침대에 내려놓은 채로 포옹하듯 안아 주며 진행해 주세요. 들어 안기 위안은 진정이 도저히 안 되는 상황에서만 잠깐 사용하고 진정하면 곧바로 내려놓아야 합니다.

만약 이 시기에 처음 수면교육을 진행하는 경우이고 위안을 줄여 가는 과정을 아기가 어려워하고 있다면 이 내용은 나중에 적용해도 괜찮습니다. 처음 교육을 진행할 때에는 우선 아기를 충분히 안심시켜 주는 것이 중요합니다. 아기가 어느 정도 스스로 자기에 익숙해진 이후부터 들어 안기 위안을 제한해 주세요.

일과에 있어서는 기존과 비교하여 큰 변화가 없을 확률이 높습니다. 많은 아기들이 12개월을 넘어서까지 낮잠 2회를 유지하기 때문입니다. 하지만 간혹 11~12개월 정도에 낮잠 1회가 되는 아기가 있으므로 혹시라도 갑자기 입면 시에 덜 졸려 보이거나 낮잠이 급격히 짧아진다면 기본 활동시간이 더 늘어난 것은 아닌지 체크해 봐야 합니다.

걷기, 언어 발달(12개월~18개월)

이 시기가 되면 대부분의 아기들이 걷기 시작합니다. 걷는다는 것은 아기에게 다른 어떠한 행동발달보다 더 큰 의미를 가집니다. 왜냐하면 아기 스스로의 의지로 닿을 수 있는 곳에 한계가 없어지기 때문입니다. 기어다닐 때에는 집 안, 한정된 공간에서 비슷한 시각으로만 세상을 탐색할 수 있었지만 걷기 시작하면 상황이 완전히 달라집니다. 아기는 이제 자신의 힘으로 자신이 원하는대로 시야와 공간을 모두 통제할 수 있게 됩니다. 그리고 이 사실은 아기를 크게 흥분하게 만듭니다. 이 때문에 걷기 시작하고 나서부터는 아기의 졸음 사인이 잘 안 보이는 경우가 많습니다.

특히 외출이라도 하는 날에는 평소 졸려하는 시간을 훌쩍 넘도록 졸려하는 모습이 전혀 보이지 않다가 막상 재우면 한참 저항 후에 갑자기 잠이 들기도 합니다. 이러한 이유로 걷기 시작하면 낮잠 1회의 일과가 정착되는 경우도 많이 보입니다. 낮잠 2회가 가능하더라도 낮잠 2회인 상태에서 활동시간이 대폭 늘어나면 밤잠이 많이 늦어지게 되므로 아기에게 크게 무리가 아니라면 낮잠 1회로 밤잠을 일찍 재우는 것이 엄마 아빠에게 더 나은 전략이 되기도 합니다.

이 시기에 중요한 것은 아기가 실제로는 졸립지만 너무 신이 나서 졸린 것을 못 느끼고 있는 것일 수도 있다는 것을 이해하는 것입니다. 따라서 아기의 잠 타이밍에 가까워지면 너무 과한 자극을 받거나 피로하지 않도록 해주는 세심한 주의가 필요합니다. 아기가 과하게 자극을 받아서 각성과 흥분이 높아져 있는 경우 이완이 어려워져 입면도 어려워지기도 하므로 활동시간의 마지막에는 자극적인 장난감들은 모두 치우고 아기를 안아 주거나 스킨십을 해주는 등, 각성을 낮추는 시간을 갖는 것이 좋습니다. 또한 사인이 안보이더라도 아기가 졸려하는 타이밍이라고 생각이 될 때 재우기를 시도해 보는 시행착오를 통해 기본 활동시간을 확인하는 것이 필요합니다.

이 시기에 처음 교육을 시작한 것이라면 10~12개월에 기재한 내용과 같이 들어 안기 위안에 제한을 두며 교육을 해주는 것이 좋습니다. 아기가 이미 많이 무거워진 시기이기도 하고, 침대에 누워 잔다는 행위 자체를 이해할 수 있게 되는 시기이기 때문입니다. 아기의 수용언어가 많이 발달하였을 것이므로 짧은 문장과 베이비사인을 통해 '침대에 누워서 자야 한다는 것'을 반복하여 알려 주어야 합니다.

또한 아기가 인지적으로 엄마 아빠의 위안을 이해하고 요구하게 되므로 최종목표까지의 위안 과정을 접촉과 흔들림, 세워 안기 정도에 따른 계단식으로 설정하는 것은 잘 맞지 않을 수 있습니다. 아기 입장에서 엄마 아빠가 바로 옆에서 반응을 해주느냐, 어느 정도 반응을 해주느냐가 중요해지고 서서 안아 주느냐, 앉아서 안아 주느냐, 어느 정도 흔들어 주느냐 등은 아기에게 크게 중요하지 않게 되기 때문입니다. 이럴 때는 목표 위안을 거리와 반응의 조절로 설정하는 것이 조금 더 교육을 진행하기에 수월합니다. 침대부터 문 밖까지 거리를 기준으로 어느 정도 아기에게서 멀어지느냐, 목소리와 터치 반응을 어느 정도 해주느냐로 목표 위안과 도움 위안을 설정하는 방식으로 최소 위안을 찾아가며 교육을 진행해 볼 수 있습니다.

아기의 인지발달이나 언어발달이 빠른 경우 그 발달에 맞게 수면의식과 기상의식을 바꾸어 가는 것도 중요합니다. 아기의 인지가 빨라 잠을 잔다는 행위를 명확하게 이해하고 있다면 수면의식에서 스스로 침대에 걸어 들어가게 하거나 엄마 아빠의 도움 없이 직접 불을 켜고 끄게 하는 것이 좋습니다. 아기가 시동어를 직접 말할 수 있게 되었다면 더이상 시동사인은 하지 않고 시동어만 사용합니다. 시동어 외에도 자고 깨는 과정과 연관된 아기가 말할 수 있는 단어가 생기면 잠을 재울 때마다 아기가 할 수 있는 단어를 최대한 활용하여 점차적으로 베이비사인을 언어로 바꾸어 갑니다. 이렇게 아기의 인지와 언어발달에 맞게 수면의식과 기상의식을 맞추어 주면 아기가 스스로 잠을 받아들이고 수면교육을 오래 유지하게 하는데 큰 도움이 됩니다.

3

소통이 되기 시작한 큰 아기들을 위한 수면교육 팁

아기가 말을 하기 시작하면 수면교육은 서서히 아기가 '언어로써 인지적으로' 수면을 이해하고 받아들이도록 바뀌어야 합니다. 지금까지와 마찬가지로 수면에 있어서 아기가 어려워도 노력하면 할 수 있는 영역을 지속적으로 개발하여 주되, 아기의 건강과 행복을 위한 잠습관을 말로 이해시키고, 위안도 언어로 바꾸어 아기가 스스로의 의지로 진정해보도록 하는 노력이 필요합니다.

이런 노력을 하는 데 있어서 말이 트이면서 발생할 수 있는 어려움에 대해서도 미리 알고 있다면 대응하기 훨씬 쉬워집니다. 이 장에서는 말로 소통이 되기 시작한 아기들을 위한 수면교육의 팁을 알려드리도록 하겠습니다.

말을 하기 시작하는 18개월 이상 큰 아기들을 위한 수면교육

아기들이 18개월이 넘어가면 수용언어가 충분히 발달하여 많은 말들을 알아듣습니다. 언어 발달이 빠른 아기들은 이때 쯤부터 문장을 구사하기도 합니다. 그러면서 아기의 이 '말'로 인하여 수면교육은 또 새로운 국면으로 접어듭니다.

그 전에는 아기가 그저 울음으로 자신의 감정을 표현했기에 기다리는 것이 어렵지 않았다면, 아기가 자신의 어려움을 말로 직접 표현하게 되며 부모의 마음을 크게 자극하기 쉽습니다. 게다가 아기들은 18개월 무렵이 되면 재접근기에 들어서며 다시금 부모에게 매달려 부모를 통해 불안을 해소하려는 모습을 보이기도 합니다. 이 두 가지가 합쳐지면 불안해진 아기의 '엄마 무서워요', '도와주세요', '빨리 와주세요'와 같은 온갖 말들로 인해 공들여 유지해온 수면교육이 무너지기도 합니다.

아기의 이와 같은 말들을 들으면 수면교육으로 인해 아이의 마음에 크게 상처가 생긴 것일까봐 크게 불안해지고 걱정될 수 있습니다. 하지만 아이의 이러한 말을 단어 그대로 해석해서는 안 됩니다. 아이는 정말로 무섭고 도움이 필요해서 그러한 이야기를 한 것이 아니라 그 말이 엄마의 반응을 가장 잘 이끌어 내는 말이기에 그런 단어를 사용한 것입니다.

아기들이 부모의 반응을 이끌어내기 위하여 많이 사용하는 미끼는 '무섭다', '목 마르다', '화장실에 가고 싶다'입니다. 아마도 이 말들이 부모의 불안을 가장 크게 자극하여 '정말로 아기의 말이 사실이라면 이렇게 기다려서는 안 되지 않을까?'라는 생각을 하게 만들기 때문일 것입니다. 그리고 바로 그것이 아기가 원하는 것입니다. 아기는 부모를 반응하게 하여 자신의 불안을 부모에게 해결해 달라고 하는 것입니다. 저 말들의 진짜 의미는 '엄마 아빠, 저 불안한데 이 불안을 어떻게 해야 할지 모르겠어요, 이 불안 좀 어떻게 해주세요.'이지 정말로 목이 마르거나 무섭거나 화장실에 가고 싶은 것이 아닙니다.

그런데 아기가 불안하여 부모를 찾는 것이라면 그 요구사항이 무엇이든 오히려 들어주며 불안이 사라지도록 해줘야 하지 않을까 생각할 수도 있습니다. 아기의 표면적인 요구를 들어주는 것이 아기의 불안을 낮춰 줄 수 있다면 그 말이 맞습니다만 그렇지 않습니다. 아기의 요구를 들어주는 것은 일시적으로 아기의 불안을 낮춰 줄 수는 있어도 아기가 불안을 다루어 내는 법을 알려 주지는 못합니다.

아기가 스스로 불안을 다룰 줄 모르게 되면 아기는 자신이 다루지 못하는 불안이 언제 다시 찾아올지 몰라 더욱 불안해지며 그것을 해결해 줄 수 있는 존재인 엄마 아빠가 항상 자신의 옆에 있어 주기를 더욱 강하게 바라게 됩니다. 하지만 불안한 감정은 아기의 것이므로 엄마 아빠가 해결해 주는 것에는 한계가 있습니다. 그 한계에 부딛히게 되는 때가 오면 부모도 아기도 어쩔 줄 모르는 상황을 맞닥뜨리게 됩니다. 결국 자신의 불안을 낮추기 위한 아기의 요구를 쉽게 들어주는 것의 문제는 아기가 결국 자신이 가진 불안을 엄마 아빠를 통해 해결하게 된다는 데 있습니다.

그렇기 때문에 이럴 때에 아기의 불안을 낮춰주려면 오히려 엄마 아빠가 따뜻하되 단호한 태도로 일관성을 유지하며 아기 스스로 불안을 해결할 수 있도록 도와줘야 합니다. 아기의 불안은 충분히 공감해 주되, 아기가 무엇을 해야 하는가에 대해서는 단호하고 일관되게 알려 주는 것이 바로 그 방법입니다. 아기는 처음에는 자신의 불안을 바로 해결해 주지 않는 부모에게 저항하거나 화를 내겠지만 시간이 지날수록 따뜻하면서도 단단한, 그리고 일관된 부모의 태도를 보며 자신의 감정을 가라앉히고 통제하는 방법을 배울 수 있습니다.

아기의 발달에 따른 불안과 그 대응 방법을 이해한다면 큰 아기라고 해서 수면교육의 방법이 크게 달라지는 것은 아닙니다. 아기에게 필요한 최소 위안만 주되 아기가 완전히 잠들기 전에 위안을 중단하고 아기에게 스스로 진정할 수 있는 기회를 주는 것은 동일합니다. 하지만 말을 하게 되었으므로 이제는 언어적인 소통이 적극적으로 포함되어야 합니다.

이때부터는 하루의 마지막인 밤잠 수면의식에 책읽기나 대화시간을 포함해도 좋습니다. 책읽기나 대화를 하려면 시간이 좀 더 필요하므로 수면의식의 최대 시간도 30분까지 늘려도 됩니다. 또한 시동어를 문장으로 바꾸어 대화식으로 잠에 대해서 이야기를 나누는 것도 좋습니다. 스스로 책 골라오기, 하루에 있었던 이야기 나누기 등 아기가 직접 참여할 수 있는 게 있다면 최대한 아기도 수면의식에 참여할 수 있도록 해줍니다.

아기의 수용언어와 인지발달이 상당히 이루어졌을 때이므로 '스스로 자고 스스로 일어나는 아기가 더 건강하고 행복하다'에 대한 것을 아기가 깨어 있고 기분이 좋을 때 계속해서 알려 줍니다. 이야기의 형식을 빌리거나 인형극으로 보여주는 것도 좋습니다. 아기가 스스로 잘 자고 일어나면 충분히 칭찬해 주는 것도 잊지 않습니다. 이제는 아기가 직접 잠에 대해 이해하고 스스로 자신의 몸을 건강하게 하기 위한 노력을 시작해야 할 때입니다.

그리고 아기에게 사전에 알려준 바를 위안 시간에도 반복해서 알려주며 스스로 자야 한다고 말로 설득하는 과정을 넣어 줍니다. 아직 어린 아기이므로 당장 한 번에 말로 설득되기는 어렵지만 이러한 경험들이 차곡차곡 쌓이면 어느 순간부터 아기가 자발적으로 건강한 수면을 유지하려는 의지를 보여 주게 됩니다. 당장 성과가 없더라도 눈에 보이지 않을 뿐 지금 겪는 경험들이 아기의 머리와 마음에 잘 저장되고 있다는 것을 잊지 말고 꾸준히 노력하시기 바랍니다.

문장을 말할 수 있는 큰 아이들을 위한 감정코칭

감정코칭이란 아이에게 스스로의 감정을 이해하고 받아들일 수 있게 해주고, 감정을 올바로 표현하는 방법을 알려 준 후, 스스로 문제를 해결해 나갈 수 있게 도와주는 코칭 방법입니다. 아이가 커감에 따라 수면교육을 유지 하는 데 있어서 아이의 감정을 다루어 주는 것의 중요성은 점점 커집니다. 아이의 불안정한 감정은 성장 발달에서 필연적으로 따르는 것이기에 아이가 커서도 수면교육을 유지하려는 가정에서는 어느 순간 아이의 이유를 알 수 없는 저항에 크게 부딪히는 날이 올 수밖에 없기 때문입니다.

이러한 문제에 있어서 가장 바람직한 해답은 바로 감정코칭입니다. 감정을 이해받는다는 것은 자신의 존재를 이해받는 것과 같습니다. 감정은 원초적인 자기 자신을 있는 그대로 반영하기 때문입니다. 감정에는 좋은 것도 나쁜 것도 없습니다. 기분 좋으면 좋은 감정이고, 기분이 나쁘거나 화가 나면 나쁜 감정인 것은 아닙니다. 사람은 감정과 별개로 옳다고 생각하는 행동을 하는 것이 가능하기 때문입니다. 우리는 모두 성인이지만 누구나 한번쯤 친구나 형제 자매와 싸워 화가 났을 때 '아 정말 얄미워서 한대 때리고 싶네' 라고 생각해 본 적이 있을 것입니다. 하지만 화가 난다고 정말로 상대방을 때려본 사람은 없겠지요.

아이 역시 감정과 생각은 별개일 수 있습니다. 감정적으로 화가 나 있거나 속상해서 할일을 거부한다고 정말로 해야 하는 일을 안 해도 된다고 생각하는 것은 아니라는 것입니다. 이때 상황에 부적절한 감정이라고 해서 아이의 감정을 돌봐주지 않고 이성적인 부분만 강조한다면 아이는 자신에게 있는 그 감정 자체가 잘못된 것이라는 생각을 하게 되어 자신의 자연스러운 감정을 받아들이기 어려워하게 될 수 있습니다.

감정은 오히려 충분히 받아들여져야 사그라듭니다. 위에 예로 든 친구에게 화가 난 일에서 화난 감정이 아주 커서 일상에 크게 영향을 미치는 경우 감정을 사그라뜨리는 가장 좋은 방법은 가까운 사람에게 자신의 감정에 대해 공감을 받는 것입니다. 공감을 받고 감정이 해소되고 나면 친구를 때리고 싶을 정도로 화가 났던 일도 별일이 아닌 것으로 느껴지고, 다음에는 같은 일이 일어나더라도 좀 더 유연하게 넘겨야겠다는 생각이 들기도 합니다.

수면교육 시 아이의 감정에 대해서도 이러한 원리를 적용해야 합니다. 아이가 수면에 대해 해야 하는 것과 별개로 아이가 표출하는 감정은 충분히 이해하고 공감해 주는 것이 좋습니다. 감정코칭은 지금까지 해온 기다림 위안의 핵심과 비슷합니다. 아이의 감정을 충분히 읽어 주되 진정의 주체를 아이에게 두어 아이가 진정할 때까지 기다려 주는 것입니다. 아이의 진정에 도움이 될 것 같다면 아이를 쓰다듬어주거나 포옹해 줘도 괜찮습니다. 아이가 충분히 진정할 때 까지 위안을 주거나 부드러운 태도로 감정을 언어로 읽어주며 기다린 후, 아이가 충분히 진정하고 나면 아이와 대화하며 스스로 자는 것이 왜 중요한지, 건강한 수면이 아이에게 얼마나 필요한 것인지를 차근차근 알려 줍니다. 그리고 지금 아이가 무엇을 해야 하는지 정확한 지침을 주고 아이 스스로 따르게 해줍니다. 아이의 감정을 읽어 줄 때나 대화할 때는 언제나 아이의 현재 언어발달 수준에 맞추어 이야기를 해주는 것이 좋습니다. 아이가 이해하고 쓸 줄 아는 단어를 활용하면 아이가 훨씬 더 쉽게 잘 이해할 수 있습니다. 언어와 지침의 수준을 아이 눈높이에 맞추고 아이가 잘 이해했는지 아이를 관찰하고 아이에게 질문하며 판단합니다.

감정코칭으로 아이의 진정을 기다리는 것은 단기적으로는 직접 아이를 진정시켜 주거나 아이의 요구사항을 들어주는 방식보다 어렵고 시간이 더 오래 걸릴 수 있습니다. 하지만 장기적으로 보면 점점 더 빠르게 스스로의 감정을 다루어낼 수 있게 되고 수면에 있어서 아이의 자율성도 훨씬 커지므로 시간이 갈수록 그 효과에 가속도가 붙습니다. 또한 수면교육을 통해 배운 감정 통제 능력은 육아를 하면서 발생할 수 있는 다른 여러 문제상황에서도 큰 힘을 발휘할 수 있다는 비교할 수 없는 큰 장점이 있습니다. 이러한 이유로 대화가 되는 아이에게 수면교육을 하며 위안을 줄 때는 감정코칭의 방식으로 아이가 스스로 진정하고 스스로 수면의 중요성에 대해서 이해하고 규칙을 따를 수 있도록 이끌어 주는 것을 적극적으로 권합니다.

4

오래오래 수면교육을 유지하고 싶다면 반드시 알아야 하는 팁

수면교육을 할 때 가장 두려워지는 것은 아기가 크게 저항하며 우는 것입니다. 울어도 기다려야 한다는 수면교육의 원칙은 아기에게 충분히 반응해 주어야 한다는 애착 이론에 정면으로 대치되는 것처럼 느껴지기 때문입니다. 보통의 울음도 기다리는 것이 쉽지 않을진대, 아기가 크게 저항하며 울면 부모는 더더욱 아기의 상처가 걱정되기 마련입니다.

아기가 울더라도 언제나 진정하고 잘 잠들어 주면 좋겠는데, 무턱대고 아기가 크게 저항하는 경우가 절대 없을 것이라고 장담하기는 어렵습니다. 어떻게 하면 아기의 저항에서 떼부림과 진짜 힘듦을 구별해 내고, 일관성을 유지하면서도 아기에게 필요한 도움을 줄 수 있을까요? 또 어떻게 하면 애써 이룬 수면교육을 가능한 오래 유지할 수 있을까요?

이번 장에서는 수면교육을 긴 시간 유지하고자 할 때 맞닥뜨릴 수 있는 여러 상황들에 대한 대응 팁을 살펴보겠습니다.

아기가 다시 잠을 어려워할 때 도와주기 vs 일관성 지키기

일관성은 수면교육뿐만 아니라 모든 육아와 교육에 있어서 필수적인 요소입니다. 아직 울기만 하는 어린 아기들은 말로 소통하는 것이 불가능하므로 부모의 일관된 행동은 아기가 무엇을 해야 하는지를 이해하는데 있어 중요한 역할을 합니다. 이러한 이유로 많은 육아 서적과 전문가들은 일관성의 중요성을 강조합니다.

그런데 이 일관성은 오히려 수면교육의 어려움을 가중시키는 요인이 되기도 합니다. 수면교육을 한번 시작하면 아무리 울고 악을 써도 일관되게 기다려야 한다니, 예측 불가한 아기의 울음이 두렵지 않은 부모는 없을 것입니다. 많은 부모들이 이 때문에 수면교육을 주저할 만큼 일관성이라는 규칙은 어린 아기에게 적용하기에는 상당히 딱딱하고 매정하게 느껴집니다.

실제로, 용기를 내어 수면교육을 시작해 성공했음에도 불구하고 익히 알려진 이 일관성의 중요성 때문에 부모가 어쩔 줄 모르고 우왕좌왕하게 되는 경우가 꽤 있습니다. 특히 수면교육을 시작할 당시에는 잘 잤는데 시간이 지나면서 오히려 더 많이 울게 되었거나, 새로운 습관에 적응 중 갑자기 예측할 수 없는 큰 울음이 발생하였을 때가 그렇습니다. 수면교육을 통해 아기의 잠의 질이 훨씬 좋아졌는데, 울음이 크고 길다고 섣불리 빠르게 도와주었다가 지금까지 해온 것이 모두 무너지지 않을까 염려가 되기 때문입니다.

그렇다고 일관성이 모든 것을 해결해 주는 것도 아닙니다. 긴시간 노력하여 아기가 잠이 드는 것에 성공했다고 하더라도 그 성공이 바로 그 이후의 모든 잠에서 울음을 줄여주지는 않아 어느날 갑자기 알 수 없는 이유로 다시 잠이 어려워져 아기 목이 쉬어버리기도 합니다. 힘들어도 이를 악 물고 성공할 때까지만 버티면 끝날 줄 알았는데, 도대체 이 괴로움이 언제 끝날지 알 수 없게 되는 시점의 좌절감은 이루 말할 수 없습니다. 그렇다고 수면교육을 이제와서 그만두자니 지금까지 울린 시간에 대한 죄책감이 물밀듯 밀려 오게 됩니다. 이 시점에서 결국 아예 울음에 대응하지 않아 매번 긴 시간을 울리게 되거나, 아니면 포기하고 안아 재우거나, 모 아니면 도의 선택만이 남습니다.

일관성은 물론 중요합니다. 일관성이 없는 육아는 아기를 혼란스럽게 만들고 불안하게 할 수 있습니다. 잠에 있어서 정신 건강은 너무나 중요한 부분이기에 아기가 불안하면 아무래도 수면이 더 어려워 질 수밖에 없는 것도 사실입니다. 하지만 일관성은 정확하게 동일한 플랜을 매번 반복하는 것을 의미하지 않습니다. 일관성이란 꾸준히 목표를 향해 가는 것입니다. 목표를 향해 가는 길에는 꼭 빠르게 직선으로 가는 길만 있는 것은 아닙니다. 천천히 갈 수도 있고, 돌아갈 수도 있고, 심지어 잠시 후퇴했다가 다시 가는 방법도 있습니다. 어떻게 가더라도 나의 목표가 무엇인지 알고, 그 방향으로 향해 가고 있다면 그것이 일관성입니다.

예를 들어 지금까지는 늘 10분의 울음 대기시간을 가져왔는데 아기가 어떠한 이유로 잠드는 것을 너무 힘들어 한다면 그때는 5분만 대기할 수도 있는 것입니다. 단순히 힘들어 한다고 얼른 재워 주기 위해 빠르게 개입하는 것이 아니라 아기가 너무 힘들지 않도록 도와주면서도 아기가 어떤 이유로 잠을 힘들어 했는지를 파악하는 것이 중요합니다. 그리고 파악한 내용을 토대로 다시 아기에게 필요한 도움만 주며 스스로 자기를 해볼 수 있도록 지지 해주는 것이 필요합니다. 이러한 과정은 도움을 더 주게 된 잠만 보면 마치 일관성이 부족한 것처럼 보일지는 몰라도 수면교육을 진행해 나가는 전체 과정을 보면 명확하게 목표를 향해 가는 것이 됩니다.

이렇게 플랜을 유연성 있게 진행하는 것이 아기를 혼란스럽게 하여 잠을 더 어렵게 만드는 것은 아닐까 걱정할 수도 있습니다. 하지만 오히려 그렇지 않습니다. 미국 오버린 대학 심리학 교수인 낸시 달링(Nancy Darling) 박사의 연구 결과에 따르면 오히려 부모가 자녀에게 규칙을 엄격하게 강요하는 경우, 규칙을 유연하게 적용하는 것보다 자녀가 규칙을 어기기 위한 거짓말을 더 많이 하게 된다고 합니다. 즉, 아이가 규칙을 지키지 않으려는 마음이 더 커진다는 것입니다.

이 연구결과가 이해가 가지 않는다면 아이의 입장이 되어서 생각해 보았으면 합니다. 물론 규칙은 중요합니다만, 사람의 인생은 살다 보면 여러 가지 변수가 생기기 마련입니다. 엄마 아빠가 정해준 규칙을 따르려고 애를 쓰다가도 때로는 너무 속상한 일이 생겨, 혹은 엄마 아빠에게 화가 나서 규칙에서 벗어나고 싶을 때가 생길 수도 있습니다. 그럴때 부모가 네가 뭐라고 하든 규칙은 무조건 지켜야 한다 라고 이야기 한다면 아이는 무슨 생각이 들까요? 아마도 '엄마 아빠는 내 마음보다는 규칙이 중요하구나' 하는 생각이 들 것입니다. 그리하여 반감으로 더더욱 규칙을 지키기 싫어질 것입니다.

하지만 엄마 아빠가 적절히 예외를 허용해준 경우는 다릅니다. 평소에 규칙의 중요성을 명확하게 알려 주던 엄마 아빠가 자신의 상황을 이해하여 "그러면 이번 한번만 예외를 두도록 하자." 라고 이야기를 해준다면 어떤 마음이 들까요? 엄마 아빠가 자신을 이해해줬다는 안도감에 엄마 아빠에 대한 애착심이 올라갈 것입니다. 그리고 나를 이렇게나 사랑해주는 엄마 아빠를 위해서 자발적으로 규칙을 따라야겠다는 생각이 들게 될 것입니다.

수면교육도 마찬가지입니다. 물론 일관성도 중요하고 스스로 자는것도 중요합니다만, 가장 중요한 것은 아이라는 것을 잊으면 안 됩니다. 우리는 아이를 위해서 이 교육을 하고 있는 것입니다. 그렇기에 아이가 정말로 잠을 어려워할 만한 어떤 이유가 명확히 있는 것이라면, 그것을 무시해서는 안 됩니다. 일단 아이의 어려움에 귀기울이고 도움을 주며 엄마 아빠가 아이를 계속해서 주시하고 있고, 사랑하고 있음을 알려 주되, 어려움이 지나가면 다시 아이가 가야 하는 길을 명확하게 알려 줘야 합니다.

실제로 저 역시 오히려 수면교육 컨설팅을 하면서 아기들의 사정에 따라 규칙을 유연하게 적용하는 것이 오히려 아기들의 배움을 훨씬 수월하게 한다는 것을 깨달았습니다. 아기들의 수면에 대한 어려움을 이해하고 거기에 맞는 적절한 도움을 제공하는 방식이 일방적이고 완벽하게 일관된 플랜을 적용하는 것보다 아기들을 훨씬 편하게 잠들게 만들었기 때문입니다. 게다가 이 방식은 놀랍게도 아기들에게 스스로 자기를 더 빠르게 배우도록 하였습니다.

그러니 이 책을 읽고 마음읽기 수면교육을 하려는 여러분들도 잠을 어려워하는 아기에게 유연성 있게 도움을 주는 것을 두려워하지 않았으면 좋겠습니다. 항상 아기가 원하는 바에 귀 기울이고 필요한 도움을 준 후에 한층 편안해진 상태의 아기에게 다시한번 스스로 자야 한다는 것을 알려 주세요. 이러한 방식으로 수면교육에서 정한 목표를 유연하게 달성 한다면 아기는 오히려 더 엄마 아빠를 의지하며 스스로 자기를 해내기 위해 애쓰게 될 것입니다.

떼쓰기 저항에 대응하는 방법

아기들이 수면에 저항하며 무언가를 요구할 때 그것이 떼를 쓰는 것이라면 아기가 원하는 대로 반응해 주는 것이 오히려 도움이 되지 않는다는 것은 잘 알고 있을 것입니다. 하지만 초보 부모들에게는 어떤 요구사항이 떼쓰는 것이고 어떤 요구가 정말로 도움이 필요한 것인지 참 구별하기 어렵습니다. 특히 말을 하는 아기들이라면 울거나 짜증을 내는 것에 더하여 부모에게 명확한 요구사항을 이야기하기에 더더욱 그렇게 느껴질 수 있습니다.

아기의 마음을 들어주자니 너무 허용적이 되는 것 같고, 들어주지 않자니, 아기의 마음을 무시하게 되는 것은 아닌지 걱정이 됩니다. 또한 어떨때는 아기의 요구나 울음에 반응해 주고, 어떨 때는 반응해 주지 않게 되면 아기가 크게 혼란스러워 하게 되는 것은 아닌지 염려가 되기도 합니다.

이러한 초보 부모들의 고민은 아기의 떼쓰기를 명확하게 구별해낼 수 있다면 크게 줄어들 수 있습니다. 사실 조금만 생각해 보면 간단합니다. 떼쓰기 저항, 혹은 엄마 아빠의 반응을 이끌어 내려는 울음과 저항은 아기의 요구를 들어주면 들어줄수록 그 울음과 저항이 강화 되는 것이 느껴지기 때문입니다.

입면 시 '물을 마시고 싶다'라고 말하며 울고 저항하는 아기를 예로 들어 보겠습니다. 만약 물을 달라는 요구가 떼쓰기를 위한 저항이었다면, 물을 주는 순간에는 그 문제가 해결된 것 같아도 그 이후로 아기가 점점 더 자주 같은 요구를 하고 그것을 들어주지 않았을 때의 저항도 더 강해지게 됩니다. 아기가 정말로 원한 것은 부모의 반응이지 물이 아니기 때문에 '물을 마시고 싶다'고 얘기하면 부모의 반응을 얻을 수 있다는 것을 학습한 것입니다.

만약 물을 마시고 싶다라는 요구 사항에 물을 주었더니 그것으로 만족하고 그 다음에는 그러한 요구를 하지 않았다면 그때는 정말로 물을 마시고 싶었던 것이 맞습니다. 아이가 말한것이 정확하게 아기가 원한 것이었으므로 문제가 해결된 것입니다. 따라서 아이가 요구하는 것을 들어주었을 때 아이가 만족하지 않고 같은 요구를 더욱 빈번하게 한다면 그것이 부모의 반응을 끌어내기 위한 떼쓰기임을 감지하고 단호하게 안 된다고 해야 할 필요가 있습니다.

이때 감정적인 반응을 하게 되는 것을 막기 위하여 아기가 요구하는 것에 대한 규칙을 정하고 아기에게도 규칙을 알려준 후 그것을 따르게 하는 것이 가장 좋습니다. 물을 마시는 것으로 예를 든다면 잠자기 30분 전에 미리 물을 마시게 하고 수면시에는 물을 마시지 않는 다는 것과 같은 규칙이 도움이 됩니다.

만약 꾸준히 노력하는데도 아기가 잘 때마다 떼부리기를 너무 자주 한다면 혹시 아기가 깨어 있는 시간동안 아기에게 반응해주는 시간이 적은것은 아닌지 한번 생각해 볼 필요가 있습니다. 모든 케이스에 해당하는 것은 아니지만 아기가 이러한 떼부리기를 하는 것은 자신에 대한 엄마 아빠의 반응이 부족하다고 느껴 부모에게서 더 많은 반응을 유도하려고 하는 것일 수 있기 때문입니다. 아기에게 필요한 부모의 반응을 매번 부정적인 반응으로 채우게 되는 것은 아기의 정서에 도움이 되지 않습니다.

하루에 아기와 주고받은 상호작용 중 아기가 떼썼을 때 주는 반응보다 더 길고 확실하게 긍정적인 반응을 해준 적이 있는지 떠올려 보고 그렇지 못하다면 아기에게 집중하는 시간을 좀 더 늘려 주는 것이 필요합니다. 아기와 하루 종일 함께 있다고 아기의 부모와의 관계에 대한 욕구가 충족되는 것은 아닙니다. 1:1로 아기의 행동이나 말에 대하여 반응을 해주는 질좋은 상호작용 시간이 필요합니다. 만약 이러한 시간이 평소에 부족하다면 엄마 아빠 각각 하루에 단 15분에서 30분 정도 만이라도 다른 모든 것을 중단하고 완전히 아기의 행동과 말에만 귀 기울여 집중하는 시간을 가져주는 것이 잠자리에서의 떼를 줄이는데 도움이 될 것입니다.

수면교육을 하면서도 아이를 끌어안고 자고 싶을 때

수면교육에 성공하고 나면 처음에는 다시 생긴 자유시간에 기쁘고 행복합니다. 그런데 막상 아기가 스스로 너무 잘 자주는 날이 길게 지속되면 그땐 조금 서운하기도 하고 아쉽기도 합니다. 아기는 금방 커 버릴 텐데 부모로서 가끔은 천사처럼 잠든 아기의 얼굴을 바라보며 행복을 느끼고 싶을때도 생기기 마련입니다. 그렇다고 안고 잤다가 다시 예전처럼 크게 고생하게 될까봐 두려운 마음도 큽니다.

수면교육을 오래 유지하다 보면 분명 이런 마음이 들 때가 찾아올 것입니다. 이런 마음이 꼭 욕심인 것은 아닙니다. 수면교육은 부모와 아기 모두의 행복을 위해 하는 것이므로 아기를 안고 자지 못하는 것이 아쉽다면 방법을 찾아 볼 수 있습니다. 이런 사람들을 위한 팁은 다음과 같습니다.

치팅데이를 이용하세요

수면교육을 한다고 아무데도 가지 않고 집에만 있을 수는 없습니다. 적어도 명절이면 시댁이나 친정을 가야 하고, 때로는 아기를 데리고 친구집에 가거나 여행을 가게 될 때도 있습니다. 이렇게 다른집에서 재우게 되는 경우 주변에 다른 사람들이 있으면 울음을 기다리기가 쉽지 않습니다. 이럴 때가 바로 치팅을 위한 날입니다.

하루 이틀 정도는 아기를 끌어안고 자도 바로 아기의 습관이 크게 틀어지거나 하지는 않습니다. 외출로 인해 졸린게 명확한데도 환경적 요인으로 잠을 어려워한다면 피로감이 너무 높아지지 않게 해주는게 오히려 더 도움이 되므로 이럴 때는 안아서라도 자게 해주는 것이 수면교육을 잘 유지해주기 위한 차선책이기도 합니다.

만약 외부 환경에서도 잠드는 것을 어려워하지 않는 아기라면 침대에 내려놓은 상태에서 잠들게 한 후 아기가 잠들면 옆에 누워서 토닥여주고 쓰다듬어 주면서 잠든 천사의 얼굴을 원없이 바라보세요.

그리고 집에 온 후에는 다시 원칙대로 일관성을 회복하여 진행합니다. 오랜 기간 수면교육을 잘 유지해 왔다면 하루 이틀의 치팅 정도로 재교육까지 갈 정도로 잠이 어려워지는 일은 드뭅니다. 만약 재교육을 해야 하는 상황이라고 하더라도 오래 유지해온 습관이 있으므로 다시 배우는것도 예전에 비하면 훨씬 빠르기도 합니다. 그러니 도저히 스스로 자기를 유지할 수 없는 환경이 닥친다면 스트레스 받지 말고 가끔은 치팅 하면서 아기냄새 맡으며 안고 재우는 행복감도 느껴 보셨으면 좋겠습니다.

주말 아침만이라도 함께 잠을 즐기세요

황금 같은 주말, 아기는 일찍 일어나는데 엄마 아빠는 늦잠을 자고 싶을때라면 일찍 일어난 아기 옆에 가서 잠을 더 자는 방법이 있습니다. 기상을 했더라도 잠욕구가 남아있는 아기라면 엄마 아빠가 옆에 온 것만으로도 마음이 편해져 좀 더 자기도 합니다.

주말 오전, 아기의 기상시간 이후에만 함께 자는 것이라면 아기가 부모의 잦은 개입으로 점점 더 일찍 일어나게 되는 부작용을 줄일 수 있습니다. 이 전략이 잘 통한다면 주말 마다 아기냄새를 맡으며 좀 더 꿀맛 같은 아침잠을 누릴 수 있다는 장점도 있습니다.

단, 안전을 위해 아기를 엄마 아빠 침대에 데려오는 것은 권장하지 않으므로 아기 침대가 엄마 아빠도 함께 누울 만큼 크기가 큰 범퍼침대나 데이베드인 경우, 그리고 아기가 돌이 넘은 이후에만 시도해 주셔야 합니다.

돌 이후, 낮잠이 한 번으로 줄어든 다음에는 밤잠 정도는 한 침대를 써도 됩니다

아기와 분리된 침대를 사용하는 것은 영아돌연사 방지의 목적과 생리적으로 잠을 자주 깰 수밖에 없는 시기에 아기와 부모 모두의 잠의 질을 최대한 높여 주려는 목적이 있습니다. 아기가 돌을 넘어가면 영아돌연사 위험이 줄기도 하고 생리적으로 잠을 어렵게 만들었던 요인들도 많이 좋아지므로 패밀리 침대*(만1세를 넘는 경우 영아돌연사 위험은 줄어들지만 위험은 여전히 있을 수 있습니다. 어린 아기와 패밀리 침대로 같이 주무시는 선택을 하는 경우에는 침대 안의 안전을 반드시 살펴 주세요.)로 같이 자는 선택을 하는 것도 나쁘지 않습니다.

밤잠을 함께 잔다고 해서 수면교육을 포기하라는 의미는 아닙니다. 아기의 밤잠 시작 시간이 엄마 아빠보다 빠르므로 스스로 자기는 그대로 유지하고 엄마 아빠가 잘 시간에 같은 침대에서 같은 침대에서 자는 것입니다. 함께 자는 중간에 아기가 깼을 때는 자는 척하며 기다려 주다가 필요할 때만 위안을 주면 되므로 같은 침대에서 잔다고 하더라도 수면교육을 유지하는 데 있어서 해야 하는 것들의 차이는 크지 않습니다.

이를 위하여 패밀리 침대로 바꾸게 된다면 매트리스 가드를 사용하여 난간을 만들어 주는 것이 좋습니다. 아기가 크면 영아돌연사의 위험은 줄지만 낙상의 위험이나 침대와 벽 사이 공간에 아기가 끼이는 위험은 동일하기 때문입니다. 매트리스 가드로 사방을 둘러주면 패밀리 침대가 거대한 아기 침대가 되며 엄마 아빠가 밤잠을 함께 자는 것 외에는 모두 침대를 분리하고 수면교육을 하는 것과 동일하게 할 수 있어 함께 자는것의 부작용을 최소화 할 수 있습니다.

이렇게 아기와 한침대에서 자는 선택을 하는 경우의 성공여부는 아기의 기질에 크게 달려 있습니다. 아기가 불안이 높거나 작은 자극에도 잘 깨는 예민한 기질이라면 같은 침대에서 자는 것이 오히려 아기의 저항을 키우고 아기를 자주 깨게 만들기도 합니다. 또한 아기가 완전히 깨지 않고 쭉 잘 수 있다고 하더라도 아기의 잠은 성인의 잠보다 훨씬 부산스럽기에 굴러다니고 걷어차고 엄마 아빠 위에 포개지는 등, 엄마 아빠의 잠을 크게 방해할 수 있습니다.

하지만 아기도 부모도 무던한 기질이라면 한 침대에서 같이 자고 깨는 것이 가족의 유대감을 더욱 돈독히 해줄 수 있다는 큰 장점이 있으므로 이러한 선택지도 생각해 볼 수 있습니다. 다만 잠자리를 합치는 것은 쉬워도 다시 분리하는 것은 신규 교육이라고 생각해야 할 만큼 어려울 수 있으므로 충분히 생각해 본 후 신중하게 가족의 행복을 위해 더 나은 결정을 내리기를 바랍니다.

Part 7

FAQ
자주 묻는 질문

마음읽기 수면교육 셀프 진행시 발생할 수 있는 질문과 답변

Q1. 아기가 너무 졸려 해서 바로 잠들어 버리는데 이러면 스스로 자기 교육이 안 되는 거 아닌가요?

A. 수면교육은 아기가 졸려할 때 재워야 하는 것이 맞습니다. 잠은 의지로 통제할 수 있는 것이 아니기에 어른도 졸립지 않으면 잠드는 것이 불가능합니다. 아기에게 인지적으로 잠을 가르친다는 것은 아기가 느끼는 불편감이 잠욕구임을 알려 주는 것이지 졸립지 않은 상태의 아기가 자야 한다고 생각하고 잠을 스스로 부를 수 있게 되는 것은 아닙니다. 꾸준히 교육을 하다 보면 아기가 잠욕구가 어떤 느낌인지 더 잘 알게 되므로 점차적으로 아주 많이 졸립지 않아도 스스로 자는 것을 어려워하지 않게 되니 걱정하지 마세요.

Q2. 아기가 많이 피로해하는데 계속해서 깨워 두는 것이 맞나요?

A. 아기가 피로해하는 시간과 졸려하는 시간은 다를 수 있습니다. 특히 아기의 일과가 충분히 안정되지 못해 잠의 질이 떨어져있는 상태라면 더욱 일찍 피로

해하게 됩니다. 피로해하더라도 깨워둬야 하는 상황은 피로해하면서도 막상 재우려고 하면 잠들지 못할 때입니다. 이럴 때는 아기의 활동시간 니즈보다 아기가 일찍 피로해하는 상태라고 볼 수 있습니다. 잠을 더 잘 자게 하기 위해서는 활동시간의 확보가 필수이기에 잠 일과가 어느 정도 안정이 되기 전까지는 필요한 만큼 깨워 두는 중에 피로해하는 것을 완전히 막기는 어렵습니다. 이러한 현상은 수면교육으로 잠의 질이 좋아질 때까지 지속될 수 있으므로 인내심을 가지고 기다려 줘야 합니다. 만약 아기의 잠 일과가 충분히 안정됐는데도 너무 피로해 한다면 활동시간을 조금씩 줄이면서 입면이 쉽고 잠 중간에 깸이 가장 적으면서도 하루에 잘 수 있는 총잠이 가장 많은 일과를 찾아보세요.

Q3. 잠을 꼭 깨워 나와야 하나요? 더 자려는 아기를 억지로 깨우는 게 마음이 불편합니다.

A. 과한 낮잠은 그 순간에만 아기를 잘 자게 만들 뿐 그 이후의 잠에 도움이 되지 않습니다. 특히 하루 중 기상부터 밤잠까지의 시간이 정해져 있기에 낮잠을 너무 많이 자면 필요한 활동시간의 확보가 어려워집니다. 이로 인해 아기 본연의 니즈를 충족하지 못하게 되면 밤중깸으로 이어질 수 있습니다. 또 이 밤중깸은 다시 낮잠을 많이 자게 만드는 악순환을 만듭니다. 게다가 1개의 낮잠에서 너무 많이 자면 뒤의 낮잠은 길이가 굉장히 짧아져 아기의 컨디션 관리가 어려워질 수도 있으므로 아쉽더라도 권장하는 낮잠의 최대 시간은 넘기지 말고 꼭 깨워 나오세요.

Q4. 수면교육 초반에는 잠을 2시간씩 길게 잘 자서 좋았는데 갑자기 낮잠이 1시간 정도로 짧아졌어요. 뭐가 문제인가요?

A. 1시간 정도라면 1사이클을 넘어서 자고 깬 것이어서 낮잠이 부족하다고 말하기는 어렵습니다. 수면교육이 제대로 되기 시작하면 처음에는 잠의 양이 갑자기 많아졌다가 다시 줄어드는 현상을 자주 볼 수 있는데, 이는 기존에 충분히 자지 못해 쌓인 잠피로가 회복되면서 일시적으로 길게 자게 되기 때문입니다. 아기가 원래 가진 잠의 니즈는 최종적으로 줄어든 형태의 잠인 것으로 봐야 하는 것이지요. 무조건 길게 자야지만 좋은 잠인 것은 아니므로 기대치를 아기에게 맞게 가져주세요.

Q5. 우리 아기는 몸부림치며 짜증내고 울 정도로 졸려서 힘들어하는 게 분명한데도 세워 안고 걷기 1~2분 정도로는 처지거나 눈이 풀리지 않습니다. 매번 최대 활동시간까지 깨워 두게 되는데 아기가 잘 때 너무 힘들어 합니다. 어떻게 해야 할까요?

A. 간혹 자극에 예민한 아기들이 이런 경우가 있습니다. 이런 아기들은 충분히 자극이 차단된 상태에서 조금 더 길게 이완이 될 수 있도록 도와줘야 잠에 시동이 걸리기도 합니다. 만약 아기가 이런 타입이라면 크게 힘들어 하기 시작할 때 잠환경(암막+백색소음) 안에서 최대 5분까지 안아 주며 잠이 쏟아지는 타이밍을 확인해 보세요. 크게 짜증을 내거나 울더라도 진정된 후에 금방 쳐진다면 맞는 타이밍입니다. 반면 그 시간 내내 계속 어딘가를 보려고 하거나 장난을 치거나 더 에너지가 넘치게 운다면 아직 졸음이 쏟아지는 것은 아니니 좀 더

깨워 두시면서 가장 힘들어하는 시간이 적으면서도 잘 자는 적정 활동시간을 찾아보세요.

Q6. 관찰 기간 중에 1사이클 이상 자는 낮잠이 너무 없어 기본 활동시간 파악이 어렵습니다.

A. 3일 이상 진행해보아도 비슷하다면 현재 진행하고 있는 활동시간보다 5~10분씩 더 늘려가며 잠길이에 변화가 있는지 확인해 보아야 합니다. 만약 활동시간을 늘려보아도 잠길이에 변화가 없거나 이미 너무 졸려하여 활동시간을 늘리기 어렵다면 1사이클을 자는 것을 기본 활동시간으로 보고 거기에 맞는 최선의 일과를 찾아 가야 합니다. 보통 이런경우 짧은 잠-짧은 활동의 반복으로 구성된 일과가 만들어지며, 이러한 일과로도 아기의 활동시간과 잠 니즈를 충분히 충족시킬 수 있다면 크게 문제가 되지는 않습니다. 아기의 일과나 잠의 특징은 매번 비슷하게만 유지되는 것은 아니므로 커가면서 일과가 변할 확률이 높으니 아기의 잠이 짧은것에 대해서 너무 실망할 필요는 없습니다.

Q7. 아기가 밤에 깼다가도 스스로 잠들기는 하지만 깨는 것이 사라지지 않습니다.

A. 이 문제는 생각을 전환하여야 합니다. 아기가 수면교육을 했는데도 깨는 것이 아니라 수면교육을 했기 때문에 깼는데도 스스로 다시 잠든 것입니다. 이 책에서 여러 번 설명했듯이 아기의 잠은 원래 불안정하기 때문에 수면교육으로 어

른처럼 깨지 않고 쭉 자도록 만드는 것은 불가능합니다. 수면교육의 역할은 깨더라도 다시 잠들 수 있게 해주는 것이고 현재로서는 그 역할을 너무 잘 하고 있는 것입니다. 스스로 다시 잠든 깸이라면 잠 중간에 깬 것으로 보지 마세요.

Q8. 처음에 재우는 데 걸린 시간과 중간에 깬 시간을 빼면 밤잠이 10시간도 되지 않습니다.

A. 아기의 잠은 중간에 깬 시간도 포함하여 수면의식 시작 시간부터 기상의식으로 깨워 나올때까지를 모두 잠으로 보아야 합니다. 부모의 기준으로 봤을 때 아기가 깬 것처럼 보이더라도 실제로는 깬 것이 아닐 수 있기 때문입니다. 또한 아기가 일찍 기상하여 밤잠이 10시간 이하가 된 경우라면 아기 스스로의 의지로 잠을 줄인 것이기 때문에 문제가 되지 않습니다. 게다가 일찍 기상하여 전날의 밤잠이 짧아졌다고 하더라도 기상한 당일에는 일찍 기상한 만큼 밤잠 시작 시간이 더 일러지므로 알아서 부족한 잠을 회복하게 되기도 합니다. 밤잠을 꼭 몇 시간을 자야 문제가 없다고 정의된 것은 없으므로 무조건 10시간 이상을 자게 하는것 보다는 아기가 필요한 만큼 자게 하는 것이 중요한 것입니다. 아기는 10시간을 넘게 잘 수 있는데 일과 운영 상 10시간 이하의 밤잠을 자도록 하는 것은 아기를 많이 피로하게 할 수 있지만, 아기 스스로 일찍 기상하여 잠이 10시간 이하가 된 것이라면 걱정하지 마세요. 만약 일과의 밤잠 시작시간이 늦어 밤잠량이 적어진 것이라면 낮잠을 줄여 밤잠을 당겨 밤잠을 더 잘 수 있도록 일과를 운영하는 것이 좋습니다.

Q9. 아기가 계속 5시대에 기상합니다. 어떻게 고칠 수 있을까요?

A. 아기 본연의 니즈를 반영한 일과를 잘 만들어주었는데도 아기가 5시대에 기상을 한다면 이것은 생리적인 이른 기상이므로 수면 문제로 보기는 어렵습니다. 아기의 이른 기상은 대부분 시기의 문제이며, 보통 낮잠 2회 변환기인 5~7개월쯤 많이 나타납니다. 아무것도 시도하지 않더라도 기상시간은 아기가 커가면서 점차 늦춰지므로 걱정할 것은 없습니다. 생체리듬을 늦추기 위해 아기를 최대한 늦게까지 깨워 두는 일과를 며칠 연속으로 반복하면 기상시간도 늦춰지기도 하나 이 방법은 가성비가 그리 좋지는 않습니다. 한동안 많이 피로해 할 수 밖에 없기도 하고, 또 미루는 밤잠 시간에 비해 늦춰지는 기상시간은 적은 편이기 때문입니다. 하지만 아기가 일찍 기상하는 것이 너무 괴롭다면 시도해 보셔도 좋습니다.

Q10. 시동어, 시동 사인 해봐도 아기가 너무 어려서 알아듣는 것 같지 않습니다. 계속 해야 하나요?

A. 당장 눈에 보이는 반응이 없을 뿐 아기는 매 잠마다 배워나가고 있습니다. 처음에는 그 뜻이 무엇인지 모르고 듣던 아기라도 때가 되면 그 단어를 이해하기 시작하며, 어느 순간부터는 그 단어를 직접 이야기하여 잠에 대한 자신의 욕구를 표현할 수 있게 됩니다. 그리고 이러한 발달은 기존에 쌓아온 반복적인 자극에 의해 더 빠르고 쉽게 이루어질 수 있습니다. 포기하지 않고 꾸준히 해줘야만 어느 순간 아기가 스스로 그 사인을 이용하여 '자고 싶다'고 표현하는 놀라운 경험을 할 수 있습니다.

Q11. 수면교육을 하면 외출은 포기해야 할까요?

A. 수면교육 진행 도중에는 외출을 자제하는 것이 좋습니다. 아기의 잠 일과를 파악해 나가는 과정중에 외출이 있으면 아무래도 평소와 다르게 일찍, 혹은 늦게 졸려할 수 있어 일과 파악이 어려워지기 때문입니다. 교육 진행 중 최종 목표 위안까지 진도를 나갔고, 아기의 잠 일과가 어느 정도 안정되어 잠 패턴이 충분히 파악되었다면 외출해도 괜찮습니다. 만약 외출로 일과가 예상 밖으로 크게 벗어 났다면 다음 날부터는 다시 외출을 자제하고 잠 일과를 문제가 없었던 마지막 잠 패턴으로 원상 복귀하기 위해 노력해 주세요.

Q12. 배우자나 할머니 등 수면교육을 하던 주양육자가 아닌 다른 사람이 재워도 되나요?

A. 가능합니다. 다만 부득이한 경우가 아니라면 아기의 교육이 어느 정도 완성이 된 안정 기간부터 해주는 것이 좋습니다. 미리 아기를 재우기로 한 가족과 이야기를 충분히 나누어 주양육자와 동일한 방식으로 수면교육을 진행할 수 있도록 해주세요. 또한 그 가족이 아기가 평소 깨어 있을 때 칭얼거리거나 울더라도 달랠 수 있을 정도로 아기와의 애착이 충분히 형성되어 있는 것이 좋습니다. 또 한 가지 중요한 것은 아기의 잠을 담당하기로 한 사람은 어렵더라도 아기가 잠들 때까지 잠 한개를 끝까지 책임지고 담당하여 진행하여야 한다는 것입니다. 진행하다가 중간에 어렵다는 이유로 아기를 주양육자에게 넘겨주는 것을 허용하게 되면 어려움을 아기와 함께 넘어갈 각오가 되지 않아 조금만 어려워도 포기하게 되기 쉽습니다. 이러한 과정이 반복되면 아기는 주양육자를 부르

기 위해 일부러 더 크게 저항하게 되어 결과적으로 실패로 이어질 수 있습니다.

Q13. 목욕은 언제 하는 것이 좋은가요?

A. 목욕은 활동시간 중 잠에 방해가 되지 않는 시간이면 언제 하여도 괜찮습니다. 아기의 성향에 따라 목욕 이후에 쉬이 졸려하는 아기가 있고, 오히려 각성되어 버리는 아기가 있으므로, 아기의 성향에 맞추어 잠에 도움이 되는 시간에 목욕을 시켜 주세요.

Q14. 스와들업이나 좁쌀이불은 언제쯤 떼는 게 좋을까요?

A. 두 개 모두 안전을 위해 잘 때 뒤집기 방지가 안 되기 시작하면 떼어줘야 합니다. 혹은 뒤집기 방지가 되더라도 스스로 되집기가 가능하면 떼어 주세요.

Q15. 산책은 언제 어떻게 해야 하나요?

A. 낮잠 3회 이상의 아기라면 안정 기간 이후부터 산책을 하는 것을 권장하고, 낮잠 2회 이하의 아기라면 최적화 기간부터 무리되지 않는 선에서 다녀오는 것을 권장합니다. 산책 중에 졸면 안 되므로 수면교육 시작 이후 처음 산책을 시작할 때에는 멀리가기보다는 가까운 곳에 3~40분 이내로 다녀올 수 있는 곳으로 다녀 오는 것이 좋습니다. 산책은 활동시간의 초중반에 다녀오는 것이 잠에 영향이 가장 덜한 편입니다. 테스트로 가벼운 산책을 다녀온 후에 일과 운영이나 잠드는 것에 영향이 있는지 보고, 크게 문제가 없는 것이 확인되면 조금씩 시간을 늘려서 다녀오세요.

Q16. 잠에서 깰 때마다 크게 울어요. 수면교육을 해서 잠이 싫어진 걸까요?

A. 그런 것은 아닙니다. 수면교육을 하고 편안하게 잘 자는 아기들도 잠에서 깰 때 울면서 깨는 경우는 종종 발생합니다. 이런 울음은 아기가 잠은 깼는데 몸과 정신이 충분히 각성되지 않아 불편감을 느껴 생길 수 있으며, 정서적인 문제는 아닙니다. 아기가 울면서 깬다면 기상의식에 시간을 좀 더 들여 충분히 진정하고 기분좋게 일어날 수 있도록 도와주세요.

Q17. 수면교육을 하고 나서 아기가 저와 눈을 맞추지 않고 힘이 없어 보여요. 상처 받은 거면 어떻게 하지요?

A. 일부의 아기들은 잠이 회복되는 과정에서 일시적으로 힘이 없어 보이거나 처져 보이기도 합니다. 이는 수면교육 전에는 잠의 질이 좋지 못해 크게 쌓였던 피로가 조금씩 풀리기 시작하면서 잠에서 깨기 힘들어져 보이는 현상입니다. 잠을 예전보다 깊이 자게 되니 깨기도 그만큼 힘들어지고 잠의 관성이 오래 가는 것입니다. 아기의 일과가 충분히 회복되어 잠이 안정되면 전보다 더 활기찬 모습을 보여주게 될 것이니 걱정하지 마세요.

Q18. 울음을 기다려 보려고 하는데 자다가 깼을때 악쓰고 우는 울음은 도저히 기다리지 못하겠어요. 이럴 때 바로 개입하면 일관성이 떨어져서 교육을 망치게 될까요?

A. 기다려 본다고 하여도 아기가 스스로 진정하지 못할것 같은 울음이고 마음이 너무 불편하다면 바로 개입하셔도 괜찮습니다. 잠 중간의 깸에서 아기의 울

음을 기다리는 것은 아기에게 스스로 진정할 수 있는 기회를 주려는 것이지 기다리면 무조건 수면교육이 되어서가 아니기 때문입니다. 하지만 본문에서 설명하였듯이 울음을 관찰하며 기다리는 시간을 갖지 않으면 아기가 스스로 진정할 수 있는 경험도 그만큼 하지 못하게 될 수 있다는 점에 유의하셔야 합니다. 울음을 기다려 보지 않고 바로 개입할 때에는 그만큼 바로 개입하는 울음에 대한 기준이 명확한 것이 중요합니다. 어떨 때는 조금만 울어도 개입하고, 어떨때는 크게 울어도 개입하지 않는다면 아기가 혼란을 겪을 수 있습니다. 만약 바로 개입하셔야 한다고 판단하셨더라도 개입 후에 아기를 관찰하면서 어느 정도의 도움이 어떻게 필요한지 판단한 후 꼭 필요한 위안만을 주세요.

Q19. 꿈나라 수유를 하면 밤중깸이 좋아진다는데 저희 아기는 꿈수를 하면 오히려 더 깨요. 어떻게 하지요?

A. 꿈나라 수유가 밤중깸 문제의 직접적인 해결책은 아닙니다. 일부의 케이스에서 꿈나라 수유가 밤중깸을 줄이는데 도움을 주기는 하나, 이는 아기의 생체 리듬 상의 잠 일과에 문제가 없으면서도 깨는 원인이 아기에게 있어 크게 불편하지 않은 정도일 때에 한해 그렇습니다. 꿈수가 크게 도움이 되지 않는다면 꿈수로 밤중깸을 없애려고 하지 말고, 아기가 깼을 때 위안을 주어 재워 주세요.

Q20. 깊이 잠들면 공갈을 빼줘야 한다고 하는데 꼭 그래야 하나요?

A. 공갈을 물고 자면 얕은 잠을 자게 된다거나 공갈을 빨면서 잠들면 나쁜 잠 연관이 되어 잠을 더 못자게 된다고 하는 얘기들은 사실이 아니므로 공갈 사

용에 제한을 두실 필요는 없습니다. 공갈을 빼주려다가 아기를 깨워 잠의 질을 더욱 떨어뜨리는 것 보다는 아기가 공갈을 입에 물고라도 쭉 길게 자주는 것이 훨씬 낫기도 합니다. 공갈을 물고 안물고와 상관 없이 아기가 자신에게 필요한 만큼 잘 자고 있느냐가 중요한 것이므로 공갈을 물고 자는 것을 크게 걱정하지는 마세요. 공갈 사용을 꼭 줄이고 싶다면 잠 중간에 공갈을 빼주는 것 보다 잠이 어느 정도 안정된 이후에 목표 위안을 '공갈 없는 상태에서 진정하고 잠들기'로 설정하여 아기에게 적응하는 연습을 시켜 주는 것을 권장드립니다.

Part 8

이 책을 읽는 데 도움이 되는 자료들

마음읽기 수면교육 플랜 정리표

해야 할 것	권장 기간	입면 습관 개선하기	낮잠 중간깸 대응 방법	밤잠 중간깸 대응 방법
관찰 기간	5~10일, 필요시 10일 이상	평소에 재우던 방식으로 재운다	– 울면 바로 개입하여 충분히 재우기 – 울지 않고 깬 경우 5~10분 대기 후 재워보고, 잠들기 어려워 하면 깨워 나오기 – 낮잠 최소시간 이전에 위와 같은 상황인 경우 잠 못 들더라도 최소 잠시간까지 잠환경 안에 있게 해주기	– 울면 바로 개입하여 충분히 재우기 – 울지 않고 깬 경우 15~30분 대기 후 재워보고, 잠들기 어려워 하면 목표한 기상 시간까지, 혹은 다시 잠이 올 때 까지 잠환경 안에 두기 – 도저히 재우기 어려울 시 수유 가능
가이드 기간	3~5일 필요시 2~3일 추가 진행	– 도구를 사용하지 않고 재운다 – 기존에 도구를 사용하지 않고 재웠던 경우 목표 위안을 설정하여 진도를 나가는 것도 가능		
최적화 기간	5~10일, 필요시 10일 이상	– 목표 위안과 도움 위안을 설정하여 최종 목표 위안까지 진도를 나간다	– 울음 기본 1~3분 관찰 후 개입 여부 판단 – 개입한 경우 완전히 재워 주기 – 울지 않고 깬 경우 5~10분 대기 후 재워보고, 잠들기 어려워 하면 깨워 나오기 – 울음 대기시 잠연장이 어려운 경우 울면 바로 개입	– 울음 기본 5분 관찰 후 개입 여부 판단 – 개입한 경우 완전히 재워 주기 – 울지 않고 깬 경우 15~30분 대기 후 재워보고, 잠들기 어려워 하면 목표한 기상 시간까지, 혹은 다시 잠이 올 때 까지 잠환경 안에 두기 – 울음 대기시 잠연장이 어려운 경우 울면 바로 개입 – 도저히 재우기 어려울 시 수유 가능

해야 할 것	권장 기간	입면 습관 개선하기	낮잠 중간깸 대응 방법	밤잠 중간깸 대응 방법
안정 기간	1~2주	– 입면 시 권장 기다림 시간 5분 – 위안은 항상 최소 위안 사용 – 항상 최종 목표 위안을 유지하도록 노력 – 잠퇴행 시 그 시점의 아기에 맞춰서 '어렵지만 노력하면 할 수 있는' 난이도로 조정 후 잠퇴행이 끝나면 원복하기	– 울음 기본 5분 관찰 후 개입 여부 판단 – 개입한 경우 완전히 재워 주기 – 울지 않고 깬 경우 10~15분 대기 후 재워보고, 잠들기 어려워 하면 깨워 나오기	– 울음 기본 10분 관찰 후 개입 여부 판단 – 개입한 경우 완전히 재워 주기 – 울지 않고 깬 경우 개입하지 않고 두기 – 재우기 어렵더라도 수유 금지 – 수유 보충이 필요시 꿈수로 보충
유지기간	이후 꾸준히 적용	– 스스로 자기 최종 진도 나가기 권장 – 입면 시 권장 기다림 시간 5~10분 – 도움 위안의 위안 크기나 종류 제한 – 잠퇴행 시 그 시점의 아기에 맞춰서 '어렵지만 노력하면 할 수 있는' 난이도로 조정 후 잠퇴행이 끝나면 원복	– 울음 기본 5~10분 관찰 후 개입 여부 판단 – 개입시 최소 위안으로 위안 줄이기 – 울지 않고 깬 경우 깨워 나오기	– 울음 기본 10~30분 관찰 후 개입 여부 판단 – 개입시 최소 위안으로 위안 줄이기 – 울지 않고 깬 경우 개입하지 않고 두기 – 재우기 어렵더라도 수유 금지 – 수유가 꼭 필요한 경우에만 꿈수로 보충

아기 관찰 기록지 예제

Day 9, 24.10.23

목표 설정

– 목표 위안 : 침대에 내려놓고 재우기

– 도움 위안 : 앉아서 아기를 가로로 안고 위안 주기

오전 기상 시

– 아기가 스스로 깼는지, 깨워나왔는지 : 6시 반에 아기가 깨어 옹알이를 하고 있었다.

– 아기가 어떻게 깼는지와 어떻게 대응하고 깨워나왔는지, 아기 반응은 어땠는지 : 5분 정도 지켜보다가 데리고 나왔고, 방에 들어가자 활짝 웃으며 신나 하였다.

활동 1

– 활동시간 전반의 피로감 : 전반적으로 컨디션 좋음. 기분 좋게 일어났으며 잘 웃고 잘 놀았다.

– 활동시간 가장 끝에 아기가 보인 사인, 얼마나 깨어 있을 때 그 사인을 보였는지, 어느 정도 졸려했는지에 대한 느낌 : 활동시간 1시간 텀 50분 텀이 되자 하품하고 눈을 비비기 시작하다가 2시간째가 되자 눈을 비비며 짜증을 내었다. 이때 안아 주자 1분도 안 되어 처지며 어깨에 기대고 눈이 풀려 수면의식을 시작

낮잠 1 : 입면 시

– 수면의식에 주었던 위안과 아기의 반응 : 기저귀를 가느라고 눕히자 울기 시작하였기에 얼른 슬리핑백으로 갈아입히고 안아 주었다. 수면의

식 마지막에 세워 안고 자장가를 부르며 걷자 금방 진정하고 눈이 풀리며 잠들 것 같았다.

- **재울 때 주었던 위안 및 아기의 반응** : 수면의식의 위안만으로 잠들 것 같아서 더 위안을 주지는 않고 침대에 내려놓았더니 울음을 터뜨렸고 공갈을 물려 주자 이내 빨며 잠들었다.
- **재우는데 걸린 시간** : 3분

낮잠 1 : 1차 연장

- **얼마나 잔 후에 울기 시작했는지** : 수면의식 시작 기준 50분, 실제 잠든 시간 기준 40분
- **울음 강도**(0~10 중에 어느 정도인지) : 3으로 울기 시작했는데 설거지를 끝내고 가느라고 1분정도 늦게 들어갔더니 5~6 정도로 울음이 거세졌다.
- **주었던 위안과 아기의 반응** : 공갈을 물려 주고 토닥이는 것으로 안 되어 아기 흔들기 위안과 백색소음 흔들기 위안을 추가해 주자 이내 진정이 되었다. 하지만 위안을 중단하면 금방 다시 울어버려서 최종적으로는 앉은 채로 세워 안고 위안을 주며 충분히 재워 내려놓았다.
- **연장이 되었는지 여부** : 10분 정도 위안을 주자 잠들어서 연장이 되었다.

낮잠 1 : 2차 연장

- **얼마나 잔 후에 울기 시작했는지** : 1차 연장에서 다시 잠든 시간으로부터 기준 40분, 실제 잠든 시간으로부터 90분
- **울음 강도**(0~10 중에 어느 정도인지) : 처음부터 8~9 정도로 강한 울음
- **주었던 위안과 아기의 반응** : 침대에서는 진정이 안 되어서 앉은 채로 가로 안고 흔들어 보았는데 울음을 그칠 듯 말 듯 그치지 않아 세워 안게 되었다. 세워 안아 주자 울음이 잦아들고 자려고 하였다.
- **연장이 되었는지 여부** : 연장이 되었다. 하지만 길게 자지는 않고 10분

후에 깨었다.

낮잠 1 : 기상 시

– 아기가 스스로 깼는지, 깨워 나왔는지 : 아기가 깼다.

– 아기가 어떻게 깼는지와 어떻게 대응하고 깨워 나왔는지, 아기 반응은 어땠는지 : 5 정도로 울기 시작해 들어갔는데, 위안을 주려고 보니 눈을 뜨고 나를 또렷이 보아서 더 잠들 것 같지 않았다. 이미 가이드 일과에 설정한 낮잠 중 최대치에 가까웠기 때문에 데리고 나왔다.

활동 2

– 활동시간 전반의 피로감 : 활동 1과 동일하게 아주 잘 놀았다.

– 활동시간 가장 끝에 아기가 보인 사인, 얼마나 깨어 있을 때 그 사인을 보였는지, 어느 정도 졸려했는지에 대한 느낌 : 활동시간 2시간 40분 텀이 되자 무언가 굉장히 흥분한 듯 보였는데, 3시간이 가까이 되어도 졸려 하기는커녕 흥분한 채로 짜증을 내었다. 안아줘 보자 처음에는 품에서 팔짝팔짝 뛰는듯 하다가 이내 눈이 풀리며 어깨에 기대었다.

낮잠 2 : 입면 시

– 수면의식에 주었던 위안과 아기의 반응 : 낮잠 1과 마찬가지로 기저귀를 갈고 슬리핑백을 입힐때 잠시 울었다. 하지만 다시 안아 올리자마자 금방 처지며 눈이 풀렸다. 잠들것 같아 서둘러 방 안으로 데리고 들어갔다.

– 재울 때 주었던 위안 및 아기의 반응 : 방 안에 들어갈때 이미 반쯤 눈이 감겨 수면의식의 위안을 생략하고 내려놓았더니 공갈도 물지 않고 그대로 잠들었다.

– 재우는데 걸린 시간 : 1분

낮잠 2 : 연장

연장 없음

낮잠 2 : 기상 시

– 아기가 스스로 깼는지, 깨워 나왔는지 : 깨워 나왔다.

– 아기가 어떻게 깼는지와 어떻게 대응하고 깨워 나왔는지, 아기 반응은 어땠는지 : 2시간 될 때까지 너무 잘 자고 있어 깨워 나왔다. 처음에는 눈을 심하게 비비며 짜증을 내었는데 위안을 잘 주고 나니 기분이 좋아졌다.

활동 3

– 활동시간 전반의 피로감 : 컨디션 너무 좋음. 아빠랑도 잘 놀았다.

– 활동시간 가장 끝에 아기가 보인 사인, 얼마나 깨어 있을 때 그 사인을 보였는지, 어느 정도 졸려했는지에 대한 느낌 : 3시간이 넘어가도록 졸려보이지 않았고 목욕을 하자 더더욱 신나 보였다. 활동시간 4시간 텀이 다 되어 수유를 해주니 급격히 눈이 풀리며 졸려했다.

밤잠 : 입면

– 수면의식에 주었던 위안과 아기의 반응 : 기저귀와 슬리핑백을 수유하기 전에 미리 갈아입혀둔 상태여서 수유하고 졸린 상태로 그대로 수면의식 위안을 해줄 수 있었다. 바로 잠들 것 같았는데 자장가 한곡을 다 불러줄 때까지 눈을 꿈뻑거렸다.

– 재울 때 주었던 위안 및 아기의 반응 : 침대에 내려놓아도 울지 않고 눈을 꿈뻑거리기에 인사를 하고 방 밖으로 나왔고 3분 정도 조금 뒤척이며 꿈뻑이다가 잠이 들었다.

– 재우는데 걸린 시간 : 5분

밤중깸

– **얼마나 잔 후에 울기 시작했는지** : 수면의식 시작 기준 1시간 15분, 실제 잠든 시간 기준 1시간

– **울음 강도**(0~10 중에 어느 정도인지) : 처음부터 7~8 정도로 강하게 울었고 줄어들 기미는 보이지 않았다.

– **주었던 위안과 아기의 반응** : 침대에 눕힌 채로는 위안이 되지 않아 세워 안아서 걸어서 진정시켰다.

– **연장이 되었는지 여부** : 15분 정도 세워 안아서 충분히 진정시킨 후 내려놓자 다시 잠들었다.

밤중깸 2

– **얼마나 잔 후에 울기 시작했는지** : 새벽 3시 30분

– **울음 강도**(0~10 중에 어느 정도인지) : 처음부터 1~2 정도의 옹알이하는 것 같은 약한 울음

– **주었던 위안과 아기의 반응** : 없음. 스스로 진정했다.

– **연장이 되었는지 여부** : 연장되어서 아침까지 쭉 잤다.

총평

아기가 스스로 자고 싶어 하는 타이밍에 맞춰 재워 주니 훨씬 잠들기 쉬워하는 게 보인다. 하지만 잠을 연장해 주는 것은 아직 많이 어렵다.

영유아돌연사 방지 가이드

(Safe Sleep 2022년 배포 자료)

1. 아기를 등으로 눕혀 재운다.
2. 사이즈가 딱 맞는 커버가 씌워져 있고, 눌리더라도 금방 원상태로 돌아올 수 있는 단단하고 평평한 매트리스를 사용한다.
3. 모유 수유를 한다.
4. 6개월까지는 아기와 같은 방을 쓰되 아기와 침대를 분리하고 아기에게는 아기 전용 침대를 사용한다.
5. 인형이나 장난감 등 어떠한 물건도 침대 안에 넣지 않는다.
6. 공갈을 사용한다(유두 혼동이 없는 경우).
7. 임신 중에 담배와 전자담배를 피하고 아기가 생활하는 환경에서도 담배와 전자담배를 피우지 않는다.
8. 너무 더운 환경에서 자게 하지 않고 자는 동안 얼굴이나 머리를 덮지 않는다.
9. 임신 중에 술을 마시거나 약물을 접하지 않고 정기적으로 의료검진을 받는다.
10. 아기를 돌보는 사람은 약물이나 술을 마시지 않는다.
11. 아기에게 주기적으로 의료 검진을 받게 하고 백신을 맞춘다.
12. 영아돌연사를 방지한다고 광고하는 제품이나 아기의 심박, 호흡을 모니터하여 영아돌연사를 막을 수 있다고 하는 기기를 사용하지 않는다.
13. 아기가 뒤집기를 시작하면 속싸개를 떼 준다. 속싸개는 영유아돌연사를 방지하지 않는다.
14. 아기가 깨어 있을 때 누군가가 아기를 확인할 수 있는 환경에서 터미타임을 충분히 하게 해준다.

Safe to Sleep® campaign은 미국립아동보건인간발달연구소(NICHD: National Institute of Child Health and Human Development)가 다른 기관 및 단체와 협력하여 실시하는 캠페인으로 영유아돌연사 비율을 낮추기 위해 아기에게 안전한 수면을 제공하는 방법을 교육합니다.

에필로그

2018년, 둘째 아이를 낳은 해의 겨울, 분명 누군가에게는 도움이 되겠지 싶어 시작한 수면교육 컨설팅이었지만 이 것이 저의 업이 될거라고는 생각하지 못했습니다. 이미 오랜시간 경력을 쌓아온 본업이 있었고, 그 본업으로 많은 인정을 받았기 때문입니다. 둘째를 출산하며 상황이 여의치 않게 되어 일을 그만둔 상태이기는 했어도 업계 사람들이 소식을 듣고 잊을만 하면 좋은 조건에 복직 제의를 주었기에 언제든 돌아갈 수 있을거라고 생각하고 있었습니다. 수면교육 컨설팅 일이 즐거웠지만서도 막상 수입이 안정적일 수 없는 전혀 새로운 일에 완전히 발을 들여 버린다고 생각하면 나중에 어찌 될지 모른다는 두려움이 앞섰던것도 큽니다.

마지막으로 복직을 거절하며 결단을 내렸던 날, 저는 제가 이 수면교육 컨설팅으로 큰 사명감과 깊은 보람을 느끼고 있다는 것을 깨달았습니다. 저의 조언으로, 저의 도움으로, 아기들 한 명 한 명의 하루가 바뀌고, 그 바뀐 하루들이 모여 아기들의 미래가 바뀌는 것을 지켜 보는 것은 상상 이상의 깊은 행복이 되어주었기 때문입니다.

사실 수면교육은 아기들의 마음과 올바른 육아에 대한 이야기를 하고 싶어 부모들에게 제가 던진 '미끼'입니다. 제가 보기에 수면교육은 무의식의 근간이 되는 생애 초기부터 아기들의 생활 습관을 바로잡으며 정서를 안정적으로 성장시키기에 아주 적절한 교육이었기 때문입니다. 그 뿐만 아니라 후배 부모들에게 올바른 부모가 되려면 어떻게 해야 하는 것인지를 알려 주기에도 너무나도 적합한 교육이었습니다.

이 책에서 수면교육을 주제로 알려드린 많은 마음에 대한 이야기들은 원래 '어린 저'를 위한 것이었습니다. 여러분에게 고백하자면 저는 다 큰 성인이 되고도 내면아이에 머무르며 늘 불안과 우울에 짓눌리는 삶을 살아왔습니다. 숨쉬기도 어려울 정도로 마음의 고통이 심해 하루를 버텨내는 것 조차 너무 버거운 날에는 괴로웠던 어린 시절의 기억을 끄집어내 그때 엄마 아빠가 이렇게 해주었으면 어땠을까, 저렇게 해주었으면 어땠을까 상상을 하곤 했습니다. 마치 아이 혼자 하는 인형놀이처럼, 그 상상에서는 제가 아기인 저도, 저의 엄마도 되었던 것이지요. 상상속의 이상적인 부모를 구체화 하기 위해 처녀적부터 육아책과 심리책을 얼마나 보았는지 모릅니다. 그런 부모가 실제로 존재한다면 제가 구원받을 수 있을것 같았습니다.

그만큼 오랜 시간 '이상적인 부모'에 대하여 생각해왔기에 엄마가 되면 정말 잘 할 수 있을 것이라고 생각했지만, 막상 첫째 둘리를 만나자 그게 쉬운 일이 아님을 깨달았습니다. 아이는 '상상속의 어린 나'가 아니었습니다. 엄밀히 다른 존재였기에 '사랑받으며 건강하고 행복한 마음으로 커가는 것'에 대한 대리 만족에도 한계가 있었던 것입니다. 현실에서는 엄마로서의 나-하지만 한번도 어른이 되어본 적이 없는-만 존재 가능하다는 것을 깨닫자 저는 어설픈 부모가 되어 둘리를 또 다른 아픈 저로 만들게 될까봐 크게 두려워졌습니다.

하지만 더 이상 길을 잃기 싫었습니다. 이제는 혼자가 아니라 아이의 손을 꼭 쥔 채였기에 더더욱 이 캄캄한 어둠 속에서 어디로 가야 하는지 스스로 알아야만 했습니다. 그리고 그때 인연이 닿은 정신분석은 그런 저에게 등불과 지도가 되어 주었습니다. 원초적인 마음인 무의식을 알게 된다는 것은 손에 마음에 대한 지도를 쥐게 되는 것과 같았습니다. 저는 그 지도를 보며 불을 밝히고, 한 손에는 제 아이, 다른 손에는 어린 저의 작은 손을 꼭 쥔 채로 빛이 보이는 방향, 즉 성장으로 가는 방향을 찾아 한걸음씩 걸어 나가기 시작했습니다. 그리고 그 한걸음 한걸음이 모여 저의 인생은 완전히 180도 바뀌게 되었습니다.

진정한 애착이란 무엇인지, 올바른 사랑이란 무엇인지, 부모로서 무엇을 어떻게 해줘야 하는지, 하나하나 깨달아 갈 때마다 저는 성장한 제가 어린 저와 제 아이 둘을 모두 구원하고 있다는 것을 알았습니다. 그것은 인생에서 처음 맛보는 마음 깊은 데서 우러나오는 안정적인 행복감이었습니다. 그리고 저는 이러한 깨달음과 안정적인 행복감을 저처럼 길을 헤매고 있을 다른 후배 부모들에게도 꼭 알려주고 싶었습니다.

수면교육 컨설팅을 미끼로 한 저의 작전은 큰 성공을 거두었습니다. 컨설팅을 받은 많은 부모들이 제가 이야기하고자 하는 것의 핵심을 이해하고 수면이 아니라 아기를 바라보기 시작했습니다. 제 컨설팅을 무사히 마친 분들을 애정을 담아 졸업생이라고 부르는데, 제가 운영하는 수면교육 카페에 올라오는 졸업생 분들의 글을 보면 벌써 부모가 아기를 바라보는 관점이 다르다는 것이 느껴집니다.

둘리와 무지개뿐만이 아니라 이제는 유치원생이 된 초창기 컨설팅 졸업생 아가들은 정서적으로도 안정적이고, 자신에 대한 통제력이 높으며, 생활 습관이 좋은 아이들로 무럭무럭 성장하고 있습니다. 적어도 이 아이들은 어린 시절의 저처럼 부모의 실수로 영문도 모르는 무의식적인 아픔을 가지고 클 일이 없을 뿐만 아니라 자신의 인생을 훨씬 더 건강하고 주체적으로 살아가게 될 것입니다.

수면교육이 그저 잠을 잘 재우려고 아기를 끌고 가는 교육이 아닌, 아기의 인생을 바꾼 교육이 된 것입니다. 그러니 어떻게 이 직업을 사랑하지 않을 수 있을까요? 저는 제가 하는 이 일이 비단 한 아기의 미래를 바꿀 뿐만 아니라 정서적으로 건강한 사회구성원을 키워 내 세상을 바꾸는 일이라고 믿어 의심치 않습니다.

여러분이 선택한 이 책은 저의 새로운 미끼입니다. 미끼에 끌려 여기까지 오게 된 여러분도 이 책을 계기로 단순히 오늘 몇 시간을 잤다, 몇 번을 깼다는 식으로 단편적으로 수면만을 보는 시선에서 벗어나 아기의 눈을 바라보고 아기가 무엇을 필요로 하는지, 어떤 아기인지를 읽으려고 노력하는 부모가 되면 좋겠습니다. 그러한 노력으로 여러분 자신과 아기의 미래 또한 바뀔 수 있다면 저는 오랜 시간 애써 가며 이 책을 쓴 보람을 충분히 느낄 것입니다.

주석

1. 매슈 워커, 《우리는 왜 잠을 자야 할까》.

2. Tsai MH et al.(August 2016). Current Psychiatry Reports 18(8):76., Hvolby A. (2015). Associations of sleep disturbance with ADHD: implications for treatment. Attention deficit and hyperactivity disorders, 7(1), 1-18.

3. 국무조정실, 청년 삶 실태조사, 2022, 하루 수면시간

4. 경찰청 2017년~2022년 졸음운전 교통사고 현황

5. Zimmermann, A., Monteiro de Carvalho, K. M., Atihe, C., Vieira Zimmermann, S. M., & Moura Ribeiro, V. L. (2019). Visual development in children aged 0 to 6 years. Arquivos brasileiros de oftalmologia, 82(3), 173–5.

마음읽기 수면교육

초판 1쇄 발행일 2024년 6월 10일

지은이 경수현
펴낸이 유성권
편집장 이재선
기 획 유지인
마케팅 임태완, 김호철, 최성규, 김진형, 정명한, 김모란, 노예련, 한태수, 김지현, 김채환
일러스트 김문교
판 형 170*225 mm

펴낸곳 범문에듀케이션
출판등록 2011년 1월 3일 제 2011-000001호
주소 서울시 양천구 목동서로 211 범문빌딩 (우 07995)
전화 02)2654-5131 팩스 02)2652-1500
홈페이지 www.medicalplus.co.kr

ISBN 979-11-5943-445-7(13590)

아침사과는 ㈜범문에듀케이션의 건강 실용서 브랜드입니다.